浙江外国语学院博达科研提升专项计划
"学校恐惧论"（2020HQZZ4）课题研究成果

学校恐惧的双重性及缓解机制研究

周　全　著

ZHEJIANG UNIVERSITY PRESS
浙江大学出版社

图书在版编目(CIP)数据

学校恐惧的双重性及缓解机制研究 / 周全著. —杭州:浙江大学出版社,2021.6
　　ISBN 978-7-308-21472-8

　　Ⅰ.①学… Ⅱ.①周… Ⅲ.①恐惧—教育心理学—研究　Ⅳ.①G44

　　中国版本图书馆 CIP 数据核字(2021)第 110855 号

学校恐惧的双重性及缓解机制研究

周　全　著

责任编辑	石国华	
责任校对	杜希武	
封面设计	周　灵	
出版发行	浙江大学出版社	
	(杭州市天目山路 148 号　邮政编码 310007)	
	(网址:http://www.zjupress.com)	
排　　版	杭州星云光电图文制作有限公司	
印　　刷	广东虎彩云印刷有限公司绍兴分公司	
开　　本	710mm×1000mm　1/16	
印　　张	12.75	
字　　数	230 千	
版 印 次	2021 年 6 月第 1 版　2021 年 6 月第 1 次印刷	
书　　号	ISBN 978-7-308-21472-8	
定　　价	48.00 元	

前　言

学校恐惧是不可忽略的现象。现有研究大多将之视为阻碍学生发展的消极因素，此种观点虽不无道理，但似乎不甚全面。其实，其作用具有双重性质，既可阻碍学生发展，亦可促进学生发展。只有辩证地认识其作用的正反两个方面，客观地展现其是非功过，才能使人们对之有更深入、更准确的理解。

厘定学校恐惧的概念是本书的起点。学校恐惧是指学生就学校教育情境（或其特定要素）对自身存在价值的作用进行评估而产生的防御性焦虑。这意味着它是主、客观的统一体。从客观方面看，学校教育情境是其根源，没有情境，学校恐惧便成无源之水。从主观方面看，学生的感受是其反应形式，如果学生虽面对特定教育情境却毫无感受或仅有愉悦感受，学校恐惧也无从谈起。学校恐惧具有多种品格，文化性与历史性、被建构性与感染性等尤为突出。按照特定标准可将之划分为多种类型。除了具有根本性意义的"缺爱恐惧"外，还有"学业恐惧"与"人缘恐惧"，"失败恐惧"与"成功恐惧"，"积极恐惧"与"消极恐惧"，"自然恐惧"与"人造恐惧"之别。

学校恐惧有影响程度的差异性和发展上的层级性。在发展层级上，学校恐惧具有轻度、中度、重度和极度四个层级，是由低到高的序列。但它们不是线性关系，不同层级的内容彼此重叠或交融。而且不同层级的主要表现虽有差异，但根源大致相同。

学校恐惧的成因虽多种多样，但可大致分为家庭与教育两大种类，即"家庭成因"和"教育成因"。由家庭因素产生的学校恐惧，主要特征是"虚弱主体性"，指家长弱化孩子主体性的状态。也就是说在家庭教育过程中，家长认为孩子不具备完全的主体性或低估其主动性，采取种种手段以自己的主体性取代孩子主体性，以致孩子的主体性被遮蔽或弱化。由此生产学校恐惧的主要路径有二：一是过度保护，二是过度控制。由教育因素产生的学校恐惧，主要特征是学校教育以精英文化为本，标准文化、胜者文化和控制文化大行其道，对所有学生进行毫无变通的刻板要求。它生产学校恐惧的主要路径有三：其一，教育制度生产，通过筛选式的精英教育制度制造学校恐惧。其二，教育过程生产，使等级制师生关系、严峻的教导方式、苛刻的学校规范、竞争性学生关系等成为致恐因子。其三，教育评价生产，唯分数的单一的教育评价催生并强化学校恐惧。

学校恐惧虽然对学生发展有诸多阻碍作用，但亦有积极意义。这是由学生身心特定状况和学习的特殊性等决定的。尽管一般情况下消极意义居多，两种意义不能平分秋色，但看到学校恐惧的双重性十分重要。因而正确对待学校恐惧的态度不是简单地否定和消解，而是合理地利用其积极因素，将消极因素转化为积极因素。它的积极意义分存于"本体"和"工具"两个方面。其本体意义来自恐惧的原始内涵，警示学生"远离危险、保存价值"。由此衍生出多种工具意义，如学习驱动作用和道德发展作用以及战胜消极学校恐惧对完善学生自我的作用等。不过，这些积极意义的发挥至少要满足以下条件：利用学校恐惧的计划性、确保学校恐惧的教育性、发挥学校恐惧的辅助性以及使用学校恐惧的个别性。应当强调，与积极意义相比，学校恐惧的消极影响更不可小觑，处理不当，它会造成信任丧失、权威屈从和保守行事等限制学生发展的后果。

深入探索缓解或转化消极学校恐惧是本书的重要使命。帮助学生重构可欲状态，引导学生确认自身价值安全，任重道远，须攻坚克难。这需要整体变革教育文化，使其消极方面褪色甚至根除，让以关怀为核心的关心文化登场并扮演主要的教育角色。关心文化之路可分为教育之路和人格之路，前者着重改变学校教育中不合理的致恐因子，帮助学生形成合理的恐惧观念、改善学生在校人际关系、增加学生的教学参与，构建学术安全课堂。后者重在转变学生容易受恐惧束缚的人格特质，变自卑为自尊、变片面归因为全面归因，加快学生"掌握导向"的发展。

目　录

绪　论

一、研究缘起

恐惧本是生物的一种情绪体验，现象并不复杂。但当它进入社会生活并发挥着出乎人们意料的作用时，一些人不得不千方百计规避之，从而令恐惧的内涵远远超出了单纯的情绪体验层次，具备了更丰富的内容。教育作为一种发展人的活动，无法摆脱恐惧的幽灵。恐惧与教育如影随形，这要求人们正视学校恐惧，尽力揭开其神秘的面纱。

（一）作为教育问题的学校恐惧

尽管人们常常对将学校教育与恐惧联系在一起感到颇为不安，但恐惧总是存在并对学生发展产生影响的事实，使得人们不能视而不见。

学校恐惧的表现是多方面的，甚至是全过程的。从幼儿入园或小学生入学之初，儿童就开始感受到与父母分离的恐惧。他们告别无拘无束的家庭童年生活，开始接受学校种种规则的磨炼，最直接的感受也许是迟到受罚的恐惧。同时，从老师的奖惩中，他们感受到评价的恐惧。随着年级升高，考试成绩与学生的班级身份高度相关，这又令他们面临着考试恐惧，相应地也就产生了对失败的恐惧。小学、初中、高中的学制划分和高中阶段的分班，每次都使学生进入一种不同的新环境，对于适应性较弱的学生来说，改变的恐惧、不确定性的恐惧等油然而生。竞争激烈的高考筛选制度，不但制造了学生的考试恐惧，同时强化了学生对身份的焦虑。上重点大学的学生春风得意，上普通大学的学生黯然神伤。更有高考失利者，面临着被人歧视的恐惧，抑或重入高三炼狱的恐惧。不一而足。

尽管学生在教育情境中面临着许多恐惧，但并非所有的恐惧都是有害无益的。既存在着促进学生发展的健康恐惧，也存在着阻碍学生发展的病态恐惧。当然，由于认识等方面的缘故，当前学校中的恐惧更多地以消极面孔出现在人们面前。以考试焦虑（严重者即恐惧）为例。有研究者采用分层整群抽样方法，应用中学生考试焦虑诊断测验、学习动机诊断测验量表、考试行为困扰量表和在校心理适应能力测验等工具,对北京市 622 名中学生进行调查,发现焦虑处于镇定水平的学生占总体的 29.4%,轻度焦虑者占比为 47.6%,中度焦虑者占比为 19.8%,重度焦虑者占比为 3.2%。[1] 也有研究者对安徽省某市普通高级中学高三 721 名学生进行测评,结果显示总考试焦虑检出率为 69.5%,其中重度考试焦虑为 1.7%,中度考试焦虑为 18.7%,轻度考试焦虑为 49.1%。[2] 还有一项研究揭示了"什么是你最害怕的东西?"中国学生最常见的回答是考了低分,这是他们最恐惧的事情。[3] 这种消极学校恐惧为教育质量的提升制造了巨大的障碍,形成了学校的恐惧氛围。要想突破这一困境,需要我们对学校恐惧进行全面的认识。在注重保留、利用学校恐惧的正面价值的同时,探索缓解病态学校恐惧的策略。做到化恐惧为力量,而不是为恐惧所束缚,甚至去制造负性恐惧。

(二)学校恐惧与教育改革的关系

教育改革是当前我国教育的主旋律,已深入教育的各个层面,以至于有研究称其为"总体性社会事件"。[4] 成功的教育改革有诸多表现,其一是可以使学生避免消极学校恐惧的困扰。21 世纪初国家颁布的《基础教育课程改革纲要》(简称《课改纲要》),在总目标中就有多处与学生的恐惧有关,如它强调应培养学生初步的创新精神,塑造良好的心理素质等。大家知道,创新精神的一大内核就是要有突破常规和传统的勇气,不惧可能的压力,这会大益于那些容易被恐惧束缚的人,解放思想,增加勇气,不为消极学校恐惧所累。在具体目标部分,《课改纲要》提出了六个改变:"改变课程过于注重知识传授的倾向,改变课程结构过于强调学科本位、科目过多和缺乏整合的现状,改变课程内容'难、繁、偏、旧'和过于注重书本知识的现状,改变课程实施过于强调接受学习、死记硬背、机械训练的现状,改变课程评价过分强调甄别与选拔的功能,改变课程管理过于集中的状况。"这六大改变表面上没有言及与恐惧有关的任何事情,但实际上这些旧有课程的问题或多或少都与学生的恐惧存在着内在的联系。譬如过于注重书本知识容易导致学生学习意义感的缺失,加重学生负担,令他们对学习产生恐惧;课程

① 陈晨.北京市城区中学生考试焦虑及影响因素分析[J].中国学校卫生,2010(11):1323-1324.
② 苏普金.高三学生考试焦虑影响因素及其与焦虑抑郁症状的关系[J].中国学校卫生,2011(7):850-852.
③ Li H,Prevatt F. Fears and Related Anxieties in Chinese High School Students[J]. School Psychology International,2008,29(1):89-104.
④ 吴康宁.中国教育改革为什么会这么难[J].华东师范大学学报(教育科学版),2010(4):10-19.

评价过分强调甄别与选拔的功能则容易使学生产生评价恐惧、失败恐惧等。

　　作为我国近 10 年教育改革指导文件的《国家中长期教育改革与发展规划纲要(2010—2020)》(以下简称《规划纲要》)的精神也涉及教育改革与学校恐惧的关系。在工作方针部分,它就强调育人为本,这要求充分发挥学生的主体性,把促进学生健康成长作为学校一切工作的出发点和落脚点。它还强调要提高教育质量,将促进人的全面发展、适应社会需要作为衡量教育质量的根本标准。确实,简单地说,所谓好的教育,或者说质量高的教育一定是能够真正促进学生发展的教育,而要想促进学生发展最重要的方式就是合理发挥其主体性,调动他们参与学校生活的积极性。人们难以想象一个被消极学校恐惧束缚的人的主体性会得到充分发挥,学生莫名其妙地恐惧教师、恐惧学习,很可能会远离学校生活。

　　可见,教育改革是明灯,它会给生活在消极学校恐惧中的学生指出自我解放的道路,也会给整个教育环境更多光明。这提示人们,合理地认识学校恐惧问题,并探求缓解消极学校恐惧的可能路径是实现教育改革目标的核心议题和重要任务,急需提上理论研究和实践探讨的日程。

(三)学校恐惧与社会发展

　　学校恐惧不仅是个体心理问题,也与教育改革的成败密切相关,而且是社会发展必须解答的问题。人的素质是社会安定与发展的最重要因素,因为社会的政治建设、经济建设、文化建设、生态建设等任务,都落在人的肩上。当然,社会需要这样的人,他胆量过人,对一切艰难困苦都无所畏惧;他睿智理性,对自己面对的事物能审时度势,即使面对他人感到恐惧之事,他也能深切理解,直面恐惧。同时他还会保持必要的恐惧意识,清楚该对什么恐惧(譬如对法律的敬畏等),明白何时克服消极恐惧(譬如遇到工作上的困难等)。而这些品质需要在教育中培养。成人的恐惧多可追溯至童年的家庭生活,以及青少年时期的受教育经历。反过来说,在接受教育过程中经常感受到关心、正确理解恐惧的学生,走向社会后更可能成为一个可以与恐惧和谐相处的对社会更有用之人。以社会责任为例,承担责任就意味着要勇于面对由责任可能带来的不良后果,所以只有合理处理责任恐惧的人才能成为一个有社会责任心的公民。有人分析过学生责任恐惧,指出"有的学生在大家很拥护的情况下,却不愿担任班长、学习委员等为大家服务的角色,这其实就反映了一种不愿承担责任或害怕承担责任的恐惧心理"[①]。这种现象具有一定的普遍性,如果不能得到有效处理,不光是对学生个

---

　　① 李飞.为了让恐惧的学生不再恐惧[J].现代教育论丛,2009(11):37-40.

体的成长起到阻碍作用,也不利于社会的长远发展。这就需要教育能够帮助学生摆脱消极学校恐惧的束缚,培养他们管理恐惧的能力和对抗恐惧的勇气等。然而当前的教育,非但未能发挥这些恐惧的正面作用,反而在很多情况下制造恐惧束缚学生。这使得人们需要对学校恐惧在教育中的运作逻辑、生产与再生产方式,以及它对学生的影响等进行研究。

(四)已有学校恐惧研究的缺陷

对于现有的学校恐惧研究,可根据对象的不同,将之归为四类:幼年儿童学校恐惧研究、中学生学校恐惧研究、大学生学校恐惧研究和学生整体学校恐惧研究。此外,还有两类比较特殊的研究——学校恐惧的正面意义研究和学校恐惧的文化政治研究。

1.幼年儿童学校恐惧研究

幼年儿童学校恐惧研究主要关注的是儿童作为未成熟个体,由于知识的不足和对外界不良影响抵抗力的低下,容易对事物产生不理性、不准确的感知,这常使他们产生恐惧,以至影响他们的发展。有研究者探讨了幼儿的恐惧心理问题,认为在幼儿中,恐惧心理是一种普遍现象。个体经历或替代学习、恐惧性信息、事物的新颖性、媒体信息等都有可能让幼儿产生恐惧感。恐惧心理作为一种心理状态,会对幼儿的行为、生理、认知的发展等造成一定影响,因而消除幼儿不必要的恐惧心理意义重大。为此,研究者提供了这样一些可选择的策略:为幼儿创造一种良好的环境;对幼儿进行适度的科学知识教育;给幼儿进行直观示范;学会循序渐进地消除恐惧心理。[1] 与此不同,还有学者集中探讨了恐惧信息对儿童心理发展产生的不良影响,他们认为在信息社会,儿童接触到的恐惧信息日益增多。且恐惧信息也呈现了一些新情况,如来源的渠道更广泛;表现得更为直接和暴露,更为复杂,更加贴近现实生活;表现内容与日常生活联系更加紧密;表达的深层次寓意更趋向于非理性。恐惧信息会对儿童的认知、心理健康、个性社会化发展、道德品质的发展产生不良的影响。[2]

在著名的夏山学校创始人尼尔的自由教育中,恐惧也是其不能回避的问题。他不光研究了父母的恐惧对孩子的不良影响,指出孩子的很多恐惧来自家长恐惧的影响,也深入分析了学生恐惧的弊端。尼尔眼中的恐惧更多地强调了恐惧的负面影响,他坚持教育不能制造学生的恐惧,认为:"恐惧实在是一件可怕的

① 司升宝,朱霞.国外幼儿恐惧心理研究简述[J].教育导刊(下半月版),2011(3):24-26.

② 傅丽萍,丁芳.恐惧信息与儿童心理发展[J].中国教育学刊,2004(11):5-8.

事,孩子对大人的恐惧、对处罚的恐惧、不被认可的恐惧和对上帝的恐惧等,都应该消除。在恐惧之下,只有仇恨滋长。"[1]与尼尔类似,国内有学者研究了儿童的过度恐惧,将其称为童年恐慌。所谓童年恐慌是指儿童因面临巨大压力而不能理解、不能承受所导致的一种较强烈持久的焦虑心态。在儿童的日常生活中,与学习有关的压力是他们面临的最主要压力,且呈现逐渐增长的趋势。童年恐慌主要表现在三个方面:(1)儿童承受着与学习有关的巨大压力;(2)儿童扭曲的学习动机和较高的成就焦虑;(3)儿童焦虑不安的情绪体验和较低的心理健康水平。他认为有三大原因导致了童年恐慌:(1)父母过高的学历期望和不当的教育方式是导致童年恐慌的直接原因;(2)教育评价指标单一,学校过度追求升学率是导致童年恐慌的重要原因;(3)社会上扭曲的价值观念和舆论导向是导致童年恐慌的深层原因。[2]

前述的一些研究主要从理论层次上研究了幼年儿童的恐惧问题,相对而言比较缺乏一手实证资料的佐证。其实国内外也有较多的实证研究,如彼得·缪斯(Peter Muris)等人研究了 290 名 8～13 岁儿童的恐惧,并通过结构式访谈来诊断他们的焦虑症程度,最后得出结论:童年恐惧是经常发生的,在大多数儿童中,童年恐惧是孩子发展中的正常现象,但是在某些儿童中,这些恐惧反映了严重的焦虑问题,严重干扰了孩子的日常生活。他们的研究发现儿童的恐惧包括死亡、被袭击、有人冲进家里抢劫、被绑架等一般性恐惧,以及在陌生的地方迷路、蜘蛛、打雷下雨、火、从高处坠落、不能呼吸等特质恐惧。其中排在前列的是蜘蛛恐惧、死亡恐惧、被绑架恐惧等。他们认为应针对童年的焦虑问题实施早期干预计划,这样的计划以学校为基础,可以取得显著的效果。[3]国内也有研究者运用访谈法专门针对 4～6 岁学前儿童的恐惧源进行了研究,发现学前儿童恐惧源既有现实存在的事物,也有虚构的不存在的事物。学前儿童的恐惧有多种主客观原因,恐惧的来源有多种途径。同时,学前儿童在恐惧源上存在一定的性别和年龄差异。同前两位研究者一样,该研究者也认为学前儿童对某些事物具有一定程度范围内的恐惧是一种正常的精神成长现象。针对幼儿的不正常恐惧现象,研究者强调应尽早找出他们恐惧的事物、恐惧的成因和恐惧的来源,对症下药。[4]除此之外,还有研究者专门探讨了儿童在具体学科学习中的恐惧问题,如

① [英]A. S. 尼尔.夏山学校[M].王克难,译.海口:南海出版公司,2010:100.

② 孙云晓.捍卫童年[M].南京:江苏教育出版社,2007:61-67.

③ Muris P, Merckelbach H, Mayer B, et al. How Serious Are Common Childhood Fears? [J]. Behaviour Research and Therapy, 2000, 38(3): 217-228.

④ 周意.4～6 岁学前儿童恐惧源的访谈研究[J].教育导刊(下半月),2011(3):20-23.

有研究者设计了心算加法和图形旋转/平移两类数学任务,同时采用儿童数学焦虑问卷、工作记忆和抑制任务,以探讨数学焦虑影响儿童数学任务表现的作用机制。共有 213 名小学五年级儿童参与研究,其中 89 人参与正式实验。结果发现:首先,数学焦虑与数学成绩呈显著负相关;其次,高数学焦虑组在工作记忆和两类数学任务中的得分均显著低于低数学焦虑组,而两组在抑制任务指标上差异不显著。[①]

与前述一些学者的研究视角不同,布鲁斯·佩里(Bruce D. Perry)则从成人的学习出发,探讨了童年时代的恐惧对成人学习所产生的影响。他认为童年的一些创伤性事件改变了大脑的结构,影响了人的获得信息和提取信息的能力,进而影响到其在学校的学业成绩。而这又使得受过伤害的儿童容易受到更多的因为成绩不好而产生的侮辱,形成了恐惧不断强化的循环。研究者进一步分析,认为即使那些没有在校外受过伤害的儿童也可能会在课堂上经历羞耻、屈辱,进而对学校产生厌恶。他指出人固有的好奇心能使人不断地去学习、探索新的东西,进而得到发展,而恐惧消解了儿童的好奇心,并阻止了探索性活动的发生。人们处于恐惧之下是不会学习到新东西的。如果人们不愿意探索,或者当面临新事物时产生焦虑,他们将会对自己产生更多的限制。要想避免这些后果,教育者需要通过使得学习环境对学生而言更加熟悉、更具可预测性来创设安全的学习氛围。教育者与学生之间,以及学生与学生之间的有力的合作性网络是良好学习环境的关键。[②] 缪斯等人的研究得出与佩里类似的一些结论,如"高程度的焦虑症状和不好的学校功能联系紧密。具体而言,焦虑症状和在学校的低自尊和差的表现有关"[③]。

2.中学生学校恐惧研究

对中学生的学校恐惧研究主要集中于考试焦虑。有研究者主要研究了中学生的成功恐惧与成就动机的关系问题,他们将成功恐惧分为四种:学业恐惧——对能否在未来学习中仍然保持领先地位的担忧;人际恐惧——担心成功会带来人际关系的敏感和疏远的想法;家庭恐惧——担心成功会带来家庭生活不幸福、

① 崔吉芳,等.数学焦虑影响儿童数学任务表现的作用机制探析[J].心理发展与教育,2011(2):118-125.

② Perry B D. Fear and Learning: Trauma-related factors in the adult education process[M]//Johnson S,Taylor K. The Neuroscience of Adult Learning: New directions for adult and continuing education. San Francisco:Jossey-Bass,2006:382.

③ Muris P,Merckelbach H,Meesters C, et al. Cognitive Development and Worry in Normal Children[J].Cognitive Therapy and Research,2003,26(6):775-787.

夫妻或子女之间关系难以协调的想法；事业恐惧——怀疑能够取得事业成功与自我实现的想法。研究发现，不同类型学校的中学生的成就动机存在显著差异，重点中学学生的成就动机总分以及追求成功动机的得分均显著高于普通中学，但他们避免失败的动机分数却明显低于普通中学学生。在性别因素方面，研究显示，成功恐惧不仅表现在女生身上，男生也表现出相当水平的成功恐惧。重点中学学生、高中生的成功恐惧高于普通中学学生、初中生。他们将产生这种现象的原因归结为两点：一方面，重点中学人才济济，竞争更为激烈；另一方面，高中生面临的升学压力大于初中学生，前者对自己的学业、未来发展有更多的忧虑。该研究的主要结论为：追求成功的动机与成功恐惧呈显著的负相关，而避免失败的动机与成功恐惧呈显著的正相关。[①]

不过也有研究得出的结论与他们的并不完全一致。李慧君（Huijun Li）和弗朗西斯·普雷瓦特（Frances Prevatt）的研究表明恐惧的层次以及相关的焦虑在学校和年级之间没有显著差异，在性别中差异则十分明显。他们的研究非常强调家庭在儿童恐惧中的特殊地位，他们认为在中国来自不同高中的学生面临着独特的学术和感情的挑战。由于父母和教师对他们高考成功以及为家庭和学校争光的期待和压力，这些学生处于一种弱势的位置。此外，父母的不当教育方式也可能使学生处于弱势地位。因而他们的研究对家庭的期待进行了控制。除了前述的结论，两位研究者还考察了在一般意义上，中国学生所报告的恐惧与焦虑是否与标准样本相异，以及是否对恐惧的标准化测量能够抓住中国学生独特的恐惧等问题。研究显示：积极的家庭环境可以降低焦虑的程度；中国的高中生要比西方国家高中生表现出更高程度的恐惧和相关的焦虑。[②]

失败恐惧是成功恐惧的另一端。有研究者从性别差异、年级差异、是否独生子女差异等方面，系统地研究了我国高中生的失败恐惧状况，并探讨了失败恐惧、学习投入与学业成绩三者之间的关系。研究得出结论：高中生失败恐惧、学习投入与学业成绩的相关分析表明，高中生失败恐惧与学习投入、学业成绩均呈显著负相关，学习投入与学业成绩呈显著正相关。高中生失败恐惧、学习投入均能有效预测学业成绩，学习投入在失败恐惧和学业成绩间起部分中介作用。在此基础上，研究者提供了一定的教育建议：通过家庭辅导等形式来改善亲子关系、促进家庭内部的沟通，进而降低个体的失败恐惧水平；培养良好的、适当的自

---

① 陈俊，张积家.中学生成就动机与成功恐惧的研究[J].心理科学，2003(1)：107-110.

② Li H，Prevatt F. Fears and Related Anxieties in Chinese High School Students[J]. School Psychology International，2008，29(1)：89-104.

我期望;进行认知矫正,纠正不合理信念;进行情绪管理训练,提高高中生的情绪调节能力。[①] 研究者们提出了各种各样的克服学生失败恐惧的策略,如康罗伊·大卫(Conroy E. David)从家长和教师两个维度分别提出了克服学生失败恐惧的教育建议。对于家长而言,需要做到:①提高觉察自己的言行对孩子的影响的能力;②让家长知道孩子需要在家庭以外的情境下获得肯定;③让家长了解自己的奖惩措施对孩子自我概念形成的影响;④让家长有意识地融入孩子的活动中,促进孩子的成就概念的形成。对于教师而言,需要做到:①对自己在儿童发展过程中所充当的指导者的角色有深刻认识;②注意区分那些比较脆弱,心理弹性低的孩子,以便给予积极的引导;③注意自己语言和行为对孩子自我概念的影响;④帮助孩子和家长沟通。[②]

考试焦虑则是成功恐惧和失败恐惧的综合体。有学者探讨了中学生考试焦虑的元担忧问题,他通过使用元担忧问卷,对 1152 名中学生的元担忧及其与考试焦虑之间的关系进行了研究。研究发现中学生的元担忧项目共分为 5 个类型:社会评价、考试过程、家庭冲突、前途命运和父母状况。对考试焦虑贡献显著的元担忧项目有 18 个,涉及所有 5 个方面,家庭和考试过程是中学生元担忧的 2 个主要来源。男女学生共有的元担忧项目有 8 个,家庭和考试过程是初中和高中学生共同的主要元担忧来源,但是,考试过程因素更可能构成男生元担忧的来源,社会评价更可能构成女生元担忧的来源。初中学生更倾向于出现对结果期望的元担忧,高中学生则更倾向于出现对将来工作的元担忧。[③] 还有学者则通过问卷调查法研究了考试焦虑与学生学习动机和人格特质的关系。该研究随机选取初中学生 226 名,采用艾森克人格问卷、中学生学习动机问卷及考试焦虑量表进行施测。结果发现,人格特质的 3 个维度——内外向、神经质和精神质直接影响考试焦虑,学习动机的 2 个维度——动机太强和动机太弱既能直接影响考试焦虑,也能通过间接路径(神经质或精神质)影响考试焦虑,学习目标维度通过神经质或内外向间接影响考试焦虑。在此基础之上,研究者从心理健康教育的角度提出了相应的解决策略,认为在心理健康教育中如能针对不同人格特质的学生,根据其学习动机状况采用不同的教育策略和途径进行辅导,可能有助于

---

① 朱晓鑫. 高中生失败恐惧、学习投入与学业成绩的关系研究[D]. 石家庄:河北师范大学,2010.

② David C E. Fear of Failure: An exemplar for social development research in sport[J]. Quest, 2001,53(2):165-183.

③ 郑希付,许锦民,肖星. 中学生考试焦虑与元担忧[J]. 心理学报,2006(3):392-398.

考试焦虑维持在适当的水平,促进正常应试,维护心理健康。[①] 还有的研究则采用元分析的方法,主要关注国内中学生考试焦虑干预研究的效果问题。研究显示总干预效果是十分有效的。在干预方法方面,精神分析疗法的效果最好;干预技术方面,沙盘游戏效果最好;组织形式方面,个体训练比团体训练效果好。在干预时间方面,总疗程在 2～3 个月,干预次数在 5～8 次,干预间隔时间在 1 周以内,每次干预时间在 60 分钟以上的干预效果将会是最好的。[②]

3.大学生学校恐惧研究

对大学生的学校恐惧研究主要涉及大学生社交焦虑,少数研究则探讨了大学生专业学习的恐惧问题。针对大学生社交焦虑,有研究者采用正向评价恐惧量表、负向评价恐惧量表、自尊量表、社交互动焦虑量表,研究了评价恐惧在自尊与社交焦虑间的作用。结果表明:正向评价恐惧、负向评价恐惧在自尊与社交焦虑间起着部分中介作用,即自尊一方面直接影响社交焦虑,另一方面通过负向评价恐惧、正向评价恐惧影响社交焦虑。[③] 还有研究者以 555 名大学新生为研究对象,探讨了大学新生的交流恐惧与自我概念的关系问题。研究结果表明:①大学新生的交流恐惧在性别上有显著差异;②自我概念与交流恐惧存在较高的负相关;③个人自我、身体自我、现实自我对大学新生交流恐惧具有显著预测作用。[④] 针对大学生专业学习恐惧,有研究者研究了英语专业学生课堂焦虑问题,得出结论:造成英语专业学生课堂焦虑的个人和人际方面的三个因素包括负面评价恐惧、英语表达能力的自我评价以及目前英语水平的同比自评。研究还显示当前英语专业学生课堂焦虑呈现以下特点:①高年级和低年级学生的课堂焦虑水平没有显著差异;②对低年级学生而言,负面评价恐惧越大,课堂焦虑程度越高,对高年级而言两者没有相关性;③对高、低年级而言,英语能力的自我评价越高,课堂焦虑水平越低;④对高、低年级而言,目前英语水平的同比自评越高,课堂焦虑水平越低。[⑤]

4.一般意义上的学校恐惧研究

一般意义上的学校恐惧研究涉及学校恐惧,但没有明确界定其研究对象。

---

① 莫书亮,孙葵,周成,等.中学生考试焦虑与学习动机和人格特质的关系[J].教育研究与实验,2009(6):56-59.

② 孔博鉴,路海东.国内中学生考试焦虑干预效果元分析[J].上海教育科研,2011(8):59-62.

③ 钟佑洁,张进辅.大学生评价恐惧在自尊与社交焦虑间的中介效应分析[J].心理发展与教育,2011(5):24-26.

④ 王洪礼,胡寒春,潘运.大学新生交流恐惧与自我概念的关系[J].心理科学,2006(6):1464-1465.

⑤ 闫静.英语专业学生课堂焦虑成因分析[J].西南民族大学学报(人文社会科学版),2010(6):232-236.

这样的研究多以哲学分析和理论思辨为主。安德里亚·英格里希(Andrea Eng-lish)和芭芭拉·施腾格尔(Barbara Stengel)采取了教育哲学的视角,考察了进步主义教育理论家视野中的恐惧。他们认为恐惧不是那些最著名的,如卢梭(Jean-Jacques Rousseau)、杜威(John Dewey)、弗莱雷(Paulo Freire,也叫保罗·弗雷勒)等进步主义理论家所认为的教育经验的首要特征,但这些理论家都详尽诠释了恐惧在学生学习成长中的作用。也就是说,在进步主义传统中存在着对学习中的负面情感的考量,恐惧既可能促进也可能阻碍孩子的成长,教师们应该在教学实践中考虑负面情感对学生学习的影响。对于教育中的恐惧问题,他们认为恐惧在教育互动中的地位是含糊不清的,但是它的影响却是不可避免的。[①] 我国也有学者认为教育始终与恐惧有关,今天的教育也不例外,但性质有所改变。他认为教育的发展最初源于对恐惧的消除,但是对照现实,今天的教育在制造恐惧,甚至将教育活动奠基于学生和教师的恐惧,形成了一种风格独特的"恐惧教育学"。在他看来,教育中的恐惧制造表现在:首先,身份的焦虑,对未来的恐惧;其次,紧张恐惧的教育气氛;最后,学校的监狱化。这种恐惧教育学将带来严重的后果,如塑造焦虑、恐慌的一代,病态竞争的常态化,助长对人性的不信任。在归因方面,他认为恐惧教育学的产生与存在不是孤立的,而是"风险社会在教育领域的回响"。[②]

还有研究者对学生恐惧的研究以"让恐惧的学生不再恐惧"为基本基调,将学生恐惧分为在同伴交往中的不自信、在师生关系中的不如意、对当下学习的不满意、对未来生活的没目标等四类。他认为有五大原因制造了学生恐惧,包括:自我认识不足导致在同伴和师生关系中过分关注别人的感受,自身成长过程中出现的责任恐惧,学习障碍的影响,在学校"话语权"的缺失,来自学校和家庭的压力。针对学生恐惧,他认为可通过四大策略以消除之:(1)反求诸己——教师要真正理解学生恐惧的根源;(2)直面恐惧,从恐惧中找寻积极的因素;(3)师生交心——走出恐惧的基本途径;(4)帮助学生掌握当下的力量,展现本真自我。[③] 也有研究者认为教学作为一种培养人的活动,本应该是一件能够使个体生命潜能多方位得以彰显和丰富的、充满幸福和富有乐趣的事情。然而,在现实中它有时成了传递恐惧、制造恐惧的"暴力机器"。他们指出,所谓教学恐惧指的是教师和学生在教学情境中面临并企图摆脱某种危险性情境所产生的防御性反应,并

---

① English A,Stengel B. Exploring Fear:Rousseau,Dewey,and Freire on fear and learning[J]. Educational Theory,2010,60(5):521-542.

② 高德胜.学校教育与恐惧制造[J].教育研究与实验,2010(1):1-7.

③ 李飞.为了让恐惧的学生不再恐惧[J].现代教育论丛,2009(11):37-40.

伴有不安全感、危机感、无能为力感等情绪体验。可见他们理解的教学恐惧内含了学生恐惧。他们认为恐惧将阻碍学生的发展，不但导致学生生理功能紊乱，而且阻碍学生智力和个性的发展。而克服恐惧的策略则与李飞之研究有接近之处，主要有三点：(1)直面恐惧，巧用积极因素；(2)克服恐惧，鼓足教学勇气；(3)超越恐惧，引发心灵共鸣。[①]

印度的克里希那穆提也强调了教育对恐惧的消除，他认为教育应该帮助学生消除恐惧，净化心灵，否则恐惧会扭曲学生的心灵，使学生的生活乏味、枯燥，甚至晦暗。教育者的一个基本任务就是帮助受教育者了解恐惧，这是教师的职责，教师不能压制学生或利用恐惧打击学生。只有这样，当学生离开学校时，他们的头脑才能时刻保持清醒状态，有较强的观察力、敏锐性，不会轻易被恐惧吓倒。然而，现实的种种因素造成教师利用恐惧来对学生进行控制，如产生恐惧的竞争激烈的教育背景，班级过多的学生人数等。[②] 拉斯·史文德森则批判了成人对孩子的过度保护，他认为"恐惧不应成为孩子待人接物的首要考虑……今天我们似乎走到了另一极端，不断向他们灌输这个世界是如何的险恶。同时，我们的保护显得过于急切，对可能产生的一切危险严阵以待。对'陌生人'的防范，就是一个典型的例子。盘旋于孩子们脑中的恐惧对象，不再是恶魔和巫婆，而是有恋童癖的攻击者，或概而言之，一切的陌生人"[③]。

另外，也有学者探讨了学生恐惧与学生批判性思维发展的问题，麦考尔·艾瓦(McCall L. Ava)以地理教学为例指出："如果教师希望鼓励学生在地理中的批判性思维培养，他们必须鼓励学生去质疑，鼓励不止一个正确答案，将知识视为不断改变的，并鼓励学生检验自己的想法，以及自己不同的观点，而不用害怕遭受批评。"[④]

5.教育中恐惧的正面意义研究

有部分研究涉及教育中恐惧的正面意义。这方面的研究虽然为数不多，但有重要作用。美国学者帕尔默认为恐惧也有健康、病态之分，如果我们懂得怎么样去破解恐惧，许多恐惧就能帮助我们生存，甚至帮助我们学习和成长。大抵上帕尔默所说的恐惧的正面作用主要指的是我们恐惧某物，说明我们在意该物，所以恐惧可以成为人们反思该物是否出现异常的契机。譬如教师对教学感到恐

---

① 罗祖兵，李丽.教学恐惧：涵义、危害与对策[J].全球教育展望，2012(7)：7-11.

② [印度]克里希那穆提.恐惧的由来[M].凯锋，译.上海：学林出版社，2007：52-56.

③ [挪威]拉斯·史文德森.恐惧的哲学[M].范晶晶，译.北京：北京大学出版社，2010：50.

④ Ava M L. Promoting Critical Thinking and Inquiry Through Maps in Elementary Classrooms[J]. The Social Studies，2011，102(3)：132-138.

惧,这就说明他关心自己的教学。帕尔默将此类恐惧称为健康恐惧。①

但是帕尔默对恐惧正面意义的论述到此为止,随即转向了对病态恐惧的研究。由此反观前述的多项研究,会发现一个共同的现象,即很多研究者认为适度的恐惧可能有利于学生的发展,但都浅尝辄止即转向了对病态恐惧的研究。尽管如此,从笔者检索到的文献来看,也有一些研究者对适度恐惧问题展开了研究。如有研究者认为焦虑变量与非英语专业学生的英语学习成绩有密切关系,过高或过轻焦虑都不能达到最佳行为结果,适度的焦虑才会带来最佳教学效果。提高教学效果的一个行之有效的方法就是关注学生的心理状态,创设良好的学习氛围,使学生处于适度焦虑状态;注重教学方法,激发学生学习动机和兴趣,做到因材施教。良好的课堂气氛很大程度上取决于教师。在外语课堂教学中,学习者要经常使用自己难以驾驭的语言来进行课堂交际活动,难免会有无助的感觉。教师应科学地对待和纠正错误,适时得法地表扬和鼓励,这有利于增强学生的自信心,更有利于营造轻松愉快的课堂气氛。② 还有研究者探讨了道德教育中恐惧唤起问题,认为在道德态度改变过程中,恐惧唤起即道德惩戒是常用方式,其运用的"过"与"不及"都有悖道德教育的初衷。在教育中适度运用道德惩戒,要求在尊重的前提下因人而异、因事而异。③

6. 教育中恐惧的文化政治维度研究

教育中恐惧的文化政治研究与上述研究有很大差异,为人们提供了一种独特的恐惧视角。它们多将恐惧视为一种文化现象。此种研究超越了将恐惧视为人心理活动的局限,大大丰富了教育中的恐惧研究。该方向的恐惧研究起步较晚,主要研究都集中在国外。

布鲁斯·库柏(Bruce S. Cooper)和约翰·苏诺(John Sureau)从恐惧视角透析了教师工会与管理者关系发展的历史,他们指出教师工会和管理者的关系从资本主义诞生之初就充满了恐惧,公立教育也是如此。工人们恐惧业主的剥削,而资本家则常常担心工人阶级的暴动。在公立教育中,教师们通过美国教师联盟和全国教育协会,利用集体的力量来增强自己有关工资、利益、工作条件等方面的声音与力量。20 世纪 90 年代以后,尽管恐惧仍然潜伏,但是罢工已经很少了,并且教师们得到很好的组织,能赢得比以前更高的薪水和好处。时至今日,

---

① [美]帕克·帕尔默. 教学勇气——漫步教师心灵[M]. 吴国珍,余巍,等译. 上海:华东师范大学出版社,2005:40-41.

② 付洪军,郑桂玲. 语言焦虑对大学英语课堂教学影响研究[J]. 教育研究,2011(3):83-85.

③ 郭毅然. 道德教育中恐惧唤起的社会心理分析[J]. 教育学术月刊,2010(12):24-26,45.

恐惧仍然是美国的教师工会存在的力量。在现今美国教师工会对公立教育的未来感到恐惧,为此他们需要变成一个专家的联盟,并且开始帮助创建对社会、家长更具回应性的学校。[①] 这一研究提示我们恐惧可以成为人们社会活动的极为重要的影响力量,并且可能发挥正面的意义,所以我们不宜单方面将恐惧视为负面的因子。

里克·金斯伯格(Rick Ginsberg)和利夫·弗雷德里克·里奇(Leif Frederick Lyche)分析了《国家在危机中》和《不让一个孩子掉队法案》,认为它们都是一种基于恐惧逻辑的教育政策,体现了国家的恐惧政治。如前者的诞生就是出于一种对美国被苏联赶超的恐惧,两位研究者将《国家在危机中》视为教育被恐惧意识控制的开端,并指出时至今日,这种意识仍然充斥媒体,却忽视了事实上美国如今在诸多的领域都处于领先地位,这充分证明了《国家在危机中》背后逻辑的荒谬。两位学者对美国的教育展开辩护,并且抨击了各种利益群体的政见,因为他们夸大了美国教育的糟糕程度,这种夸大就始于《国家在危机中》。至于《不让一个孩子掉队法案》,两位研究者更是对其大加批判,认为它体现了政治家利用恐惧来获得人们的注意力,集中资源和做出改变。《不让一个孩子掉队法案》正是建基于恐惧之上。当学校的教育质量没能达到国家要求,学校就可能被关闭,家长可以选择将孩子从差的学校转到好学校,资助私立学校来取代差的公立学校,或者开设特许学校来淘汰差的学校等。所有这些选项都是利用恐惧作为一种特殊的惩罚,使得人们能够按照国家所希望的方式行为。《不让一个孩子掉队法案》正是利用失败恐惧来作为学校转变、改革以及私有化的主要推动力。[②] 与这两位学者的观点有类似之处,保罗·拉姆齐(Paul Ramsey)也认为美国保守主义政策制定者都是被一种恐惧情境所塑造——对社会变革和动乱的恐惧。他们都坚信教育可以被用来控制和管理对变革和动乱的恐惧,其典型的表现就是《国家在危机中》,它是右派对社会与经济变革表示不安的一个绝佳例子。在这个法案中,他们出于对未能成功得到教育的学生的恐惧,而强调学校系统的失败。[③] 这两项研究表明,制造和利用恐惧可以帮助政党加强对教育的控制。

莎伦·康利(Sharon Conley)和纳菲塔莉·格拉斯曼(Naftaly S. Glasman)

① Cooper B S,Sureau J. Teacher Unions and the Politics of Fear in Labor Relations[J]. Educational Policy,2008,22(1):86-105.

② Ginsberg R,Lyche L F. The Culture of Fear and the Politics of Education[J]. Educational Policy,2008,22(1):10-27.

③ Ramsey P. Plato and the Modern American Right: Agendas, assumptions, and the culture of fear [J]. Educational Studies,2009,45(6):572-588.

提出了教育中的干预政治和控制政治。他们将围绕学校的恐惧分为学校外部恐惧和学校内部恐惧。其中外部利益相关者的恐惧包括：学业成就低下、学校暴力、有争议的意识形态渗透进课程、没能为劳动力提供合适的技能准备，以及效率低下的财政和文化问责制等。在学校内部，组织参与者的恐惧包括基于问责制的惩罚、财政支援的降低、满足不同学生需求的难度，以及对内在工作特点的控制的降低。在内部，恐惧由两个不同的教育群体所体验，即教师和管理者。由于外部利益相关者、教师、学校管理者各自所处位置的不同，他们对恐惧做出了不同的反应。其中，外部的恐惧内含一种干预政治，因而，当学校外部人员感受到恐惧时，他们更强调对学校的干预，强调问责制；而当学校内部人员感受到恐惧时，他们更强调自己对自己事业的控制，如作为对问责制可能导致部分教师失去工作的恐惧的回应，他们更强调保证教师工作的稳定性，教师们才能最大限度地提升其专业能力。在内部，参与者可能会保护他们自身，以避免潜在的诸如被解雇或者专业特权的消失，来回应恐惧。两位研究者批判了问责制，认为问责制在教师中制造出评价恐惧，它激化了本就内在于教师评价中的冲突。结果导致教师恐惧评价不再是为了个人的发展，而仅仅是一种政治障碍。[①] 卡洛琳·杰克逊（Carolyn Jackson）的研究从某种程度上佐证了教育中的干预政治，他指出在英国中学，学术失败恐惧普遍存在。产生的原因在于英国政府担心自己不能在世界的竞争中站稳脚跟，因而不断地强调标准，不断增加压力以使英国的学校教育能打败国际上的竞争对手。因而，在过去的 20 年中，英国不断提升标准，对学校施加压力，同时引进各种各样的监督机制。[②] 在卡洛琳·杰克逊看来，很多对恐惧的回应本是旨在避免恐惧，但实际上却增强了恐惧。

上述的一些研究偏向恐惧政治，即他们更关注的是恐惧如何塑造了与教育相关的权力关系。另有一些研究更偏向文化，强调社会恐惧对教育的运作，乃至教育内部人士恐惧的影响。

希瑟·派普（Heather Piper）等人研究了在恐惧心理的笼罩下，教师和学生的肢体触碰问题。作者将触碰视为孩子社会化过程中的重要因素，但是由于对性侵犯的恐惧，家长们将诸多的正常触碰视为潜在的性侵犯；而教师们则出于对家长质难、起诉的恐惧，不敢与孩子进行肢体接触。于是，一方面，学校教给教师如何与孩子进行正常的肢体接触；另一方面，教师又被告知为了保护自己，不要

---

① Conley S,Glasman N S. Fear, the School Organization, and Teacher Evaluation[J]. Educational Policy,2008,22(1):63-85.

② Jackson C. Fear in Education[J]. Educational Review,2010,62(1):39-52.

与孩子发生肢体接触。在这种矛盾中,最终受到伤害的其实是孩子。[①] 在他的另一项研究中,他也指出"不能触碰"的话语以多种方式渗透在成人生活中,在一些非正式的场合,成人承认在商店、超市或者街上对孩子说话会感到不安,因为这些孩子都非常理解"不要和陌生人说话"的话语。在专业场所,对孩子的触碰不再是一种放松或本能,也不再主要是对孩子需求的回应,它已经变为一种要求与孩子身体保持距离的消极行为,成人更多是被恐惧而不是关怀所控制。[②] 此外,亨利·吉鲁(Henry Giroux)还探讨了媒体的恐惧信息与学校加强监控之间的关系。[③] 与吉鲁类似,艾伦·库普奇克(Aaron Kupchik)则探讨了由学校安全恐惧所激起的种种不理智的监控行为,他们认为这些手段最终非但不会缓解恐惧,反而本身就会成为激发学生恐惧的因子。[④]

7. 简要评述

总体而言,尽管恐惧研究在其他学科,如心理学、文化学、政治学等中已经取得不少成绩,但是在教育学研究中还远没有引起人们的广泛重视。从现有研究来看,将"恐惧"作为主要问题进行探讨的教育研究成果非常之少,除了有限的论文外,专著中的恐惧问题往往只是作为研究的子问题出现。而且在这些研究中,恐惧多被视为一种错误的、需要克服的情绪。具体而言,当前的恐惧研究主要存在以下不足:

第一,概念含糊不清,缺乏专门的教育恐惧概念。套用式和不证自明式的恐惧概念,出现在相关教育研究文献中。前者简单地套用心理学对恐惧的界定,然后冠以学校之名。后者没有对学校恐惧的准确界定,而将其视为常识,忽略了学校恐惧概念本身的复杂性。也许一个更重要的问题是,缺乏对健康(积极)恐惧和病态(消极)恐惧的区分。一些研究提到适度的恐惧对人是有益的,但是究竟怎样的恐惧是适度恐惧?适度恐惧与病态恐惧仅仅是程度上的不同,还是有本质上的差异?这些问题都没能得到很好的回答。

第二,研究视角较为单一,少有综合分析。目前国内外恐惧问题的研究者多为心理学人士。他们的研究取向偏重对师生焦虑程度的测量、焦虑现象的

① Piper H, Powell J, Smith H. Parents, Professionals, and Paranoia: The touching of children in a culture of fear[J]. Journal of Social Work, 2006, 6(2): 151-167.

② Piper H, Smith H. Touch in Educational and Child Care Setting: Dilemmas and Responses[J]. British Educational Research Journal, 2003, 29(6): 879-894.

③ Giroux H A, Giroux S S. Challenging Neoliberalism's New World Order: The promise of critical pedagogy[J]. Culture Studies Critical Methodologies, 2006, 6(1): 21-32.

④ Kupchik A, Monahan T. The New American School: Preparation for post-industrial discipline[J]. British Journal of Sociology of Education, 2006, 27(5): 617-631.

揭示,而忽略恐惧的更多深层次的内容。在对恐惧的根源进行探析时倾向于从个人经历中寻找源头。如有研究者认为,儿童焦虑症的发病原因主要可以分为三个部分:其一,与孩子相关的弱势因素,包括生理的脆弱性和基因的差异性;其二,环境中的危险因子,包括负面的生活事件、学习经历,以及家庭问题;其三,保持因素,包括逃避的行为和认知歪曲。①

从文化政治维度研究教育中的恐惧问题属于较为新颖的视角,国内此类研究较少,西方也刚起步。这个视角本身也存在两大问题:其一,主要以批判和揭示问题为主,较少论及突破恐惧框架的策略。其二,主要侧重从外部看教育,这一方面是优点,另一方面是个软肋,缺乏对学校微观世界的考察,不能很好地建立起教育系统内外恐惧间的联系与转化。因此如何将侧重微观的偏向心理学的研究和偏向宏观的文化政治学的研究结合起来,综合地理解学校恐惧问题也成为本研究的生长点之一。

第三,研究取向上否定为主,忽略了恐惧的正面价值。心理学研究多将恐惧视为一种心理疾病,这可从将孩子不正常的恐惧与焦虑称为恐惧症、焦虑症上看出。在处理恐惧问题上,以消除恐惧为对策,关键词为治疗。如通过认知行为疗法(Cognitive-Behavioral Treatment),即强调结合行为治疗和认知干预来治愈焦虑症。② 尽管有些研究者将儿童中出现的恐惧视为正常现象,但是这种"正常"的意思等同于"人犯错误是正常的""正常",虽属正常但不正确,需要克服。恐惧的文化政治学研究多为揭示社会的恐惧文化、恐惧氛围是如何导致人们做出错误的选择,以及政治家是如何利用恐惧来控制人们的思想和行为进而达到其政治目的的。也就是说,研究背后存在的是一种批判取向。教育学学者的研究多受心理学的影响,故而探讨更多的也是恐惧如何对人造成束缚,如何不利于人的发展,却忽视了对积极恐惧,或者说是教育性恐惧的研究,这使得系统探讨学校恐惧的正面意义成为必然。

二、研究方法

本研究主要采用了文献法和案例分析法。使用文献法,对相关文献进行检索与分析,找出可资借鉴之处,发现规律,为我所用,使本研究站在前人的肩膀

---

① Muris P. Normal and Abnormal Fear and Anxiety in Children and Adolescents[M]. London: Elsevier Inc,2007:30.

② Muris P. Normal and Abnormal Fear and Anxiety in Children and Adolescents[M]. London: Elsevier Inc,2007:226.

上。同时发现其不足,找到突破口,使本研究有所超越和创新。本研究所用之文献主要来自四个方面:一是心理学研究恐惧的文献。学校恐惧虽有其特殊性,但归根结底是恐惧,有恐惧的一般性,这使得心理学的研究成果成为本书的重要基础。二是哲学研究恐惧的文献,或可谓之"恐惧哲学",包括如存在主义中有关恐惧的研究,也包括专门以恐惧为研究对象的哲学文献。三是文化学研究恐惧的文献。此部分研究借助恐惧透析社会生活和教育现象。四是教育学研究学校恐惧的文献。这部分研究虽少,但是也有一些探索,值得借鉴。

使用案例分析法,选择一些现实的学校恐惧问题或事件进行分析,可得实践之益。学校恐惧是一个现实问题,有它存在的土壤与条件。选择一些现实案例进行分析,拉近与实践的距离,有助于形成更具体更丰富的学校恐惧图景。尽管这些案例不无个别枚举之嫌,抑或有以偏概全的危险,但只要对它们的这些不足保持警惕,发现文献中难以发现的有力证据是完全可能的。

三、研究意义

从学术价值角度而言,本研究至少有两方面意义:第一,可以丰富这方面的理论认识,发展教育学的相关理论。与教育研究的其他领域相比,人们对学校恐惧的研究尚不成熟,缺乏对学校恐惧的性质、运行逻辑等方面的系统探讨。国内如此,国外亦然。而本书正是针对这些现存的研究问题展开的。第二,与现有学校恐惧相关研究相比,本书非常鲜明地提出了学校恐惧具有双重性的假说,不但探讨恐惧之于学生的负面作用,同时深入分析恐惧可能给学生发展带来的正面意义,或曰探讨作为一种负面情绪的学校恐惧的正面价值。当然,要特别强调的是,论证学校恐惧作用的双重性,并不简单地认为正负作用是平分秋色或势均力敌的,它的负面作用也许更多一些。这样研究,一方面有助于人们更辩证地看待恐惧之于学生发展的意义,另一方面也对当前以批判恐惧为主,分析恐惧正面意义不足的研究起到补充作用。第三,与当前学校恐惧研究的心理学取向相比,本书力图突破心理学的框架,将学校恐惧视为社会建构的产物,借鉴西方恐惧文化研究的成果,力开我国教育中恐惧文化研究的新局面。

从教育实践而言,本研究有益于教师深入认识和合理管理学校恐惧。毋庸讳言,学校恐惧的双重性质,意味着一方面发挥积极作用使学生发奋向上,另一方面也可能产生消极影响令学生畏缩不前。关键在于掌握调节其双重性的规律与奥秘,将其正面作用发挥到适当的程度,而尽量减少或消除学校恐惧的负面效应。在现实教育中,学校恐惧的淫威往往源自人们对之缺乏深刻的辩证的理解,以致恐惧文化负面效应不断扩大化。这说明了学校恐惧的社会文化根源。当前社会文化将恐惧等同于懦弱,属于不应该轻易表达的感情,甚至将表达出恐惧视为羞耻之事。这迫使不少教师和学生忌讳和逃避恐惧,也就不会在合理管理恐惧上做文章。在这里,恐惧被视为人之常情,学校恐惧也司空见惯。这有利于人们转变对恐惧的偏见,增强直面恐惧的勇气与信心,并学会将消极恐惧转化为积极恐惧,从而发挥学校恐惧的积极作用。

四、研究框架

除绪论与结语外,本书分为四章。

第一章正本清源,以分析一般意义上的恐惧概念为起点,着重解决学校恐惧的概念问题。对一般意义恐惧的分析主要通过四个层面展开:首先分别将恐惧置于中英文语境中,对之进行词源分析。其次对中外多名学者的恐惧定义进行辨析,取长补短。再次分析恐惧与焦虑的异同。最后在前文分析的基础上界定本书的恐惧。学校恐惧由恐惧衍生,是恐惧的下位概念,其特殊之处不可忽略,因而分析其特殊性成为本书的重要问题。这就产生了学校恐惧的特性与类型学分析两部分内容。

第二章着重解决两大问题:学校恐惧的层级与学校恐惧的生产。学校恐惧是整体性概念,包含不同层级的具体恐惧。根据严重程度划分,学校恐惧分为轻度恐惧、中度恐惧、重度恐惧和极端恐惧。从各自的特征和影响力方面展开论述,并探讨层级间的关系是本章的任务。接下来是对学校恐惧生产的研究,主要思考学校恐惧的家庭成因和教育成因。家庭成因的主要特征是"虚弱主体性",即对学生的主体性持消极的观点。具体的影响路径则与父母的恐惧有着较大关系,父母的人生威胁与过度保护、未来恐吓与过度控制都可能生产学校恐惧。教育成因的主要特征为学校教育以精英文化为本,标准文化、胜者文化和控制文化大行其道,对所有学生进行毫无变通的刻板要求。生产学校恐惧的主要路径有三:教育制度、教育过程和教育评价。

第三章的重点在于辩证地分析学校恐惧之于学生的双重意义。在对其积极意义的分析中,首先证明了学校恐惧的客观存在,即将学校恐惧视为学生发展过程中不可避免的现象。在此基础上,本书研究了学校恐惧的本体意义,及在本体意义得到彰显的前提下,可能产生的有益于学生发展的学校恐惧的工具意义。这里强调了学校恐惧虽存在积极意义,但是其发挥需要多种条件的支持,于是对这些条件的探讨便成为该章的最后一个问题。相较于积极意义,学校恐惧的负面景观更加丰富多样,本书主要展示了消极学校恐惧可能造成的具有代表性的三大后果:信任丧失、屈从权威和保守行事。

第四章主要研究如何通过教育缓解消极的学校恐惧。既然学校恐惧在很多情境中会导致不良后果,所以如何通过教育尽量缓解这些消极的学校恐惧就成为必要。本书首先分析了缓解消极学校恐惧必须重建学生可欲状态和极力形成自身价值安全感。而要实现这两大基础,必须使学校文化从恐惧文化向关心文化整体转变。此后,本书探讨两条具体的缓解恐惧路径,即教育路径和人格路径。教育路径主要有转变学校恐惧观念、改善学生在校的人际关系、增加学生参与学校活动的机会,以及构建学术安全课堂等四个相互联系的方面。人格路径包括发展学生坚实自尊、合理归因和掌握导向等三条。

第一章　学校恐惧概述

　　只有在同一平台上,富有成效的对话才有可能,这里旨在建立此平台。围绕着"什么是本研究所理解的学校恐惧"这一核心问题,本章依次重点探讨四个子问题,即本研究所理解的恐惧是什么,学校恐惧的内涵如何,有何特性,可以分为哪些类型。

第一节　解读"恐惧"

　　恐惧是人类最古老的情绪之一。据《圣经》所载,人类体验的第一种情绪就是恐惧。当亚当吞下了智慧果,意识到自己赤身裸体时,他选择躲藏起来以避开上帝。他对上帝说他很害怕,因为他没穿衣服。只有在吞食禁果以后,人类才有了情感体验。那么为什么人类体验的第一种情绪会是恐惧? 在科里·罗宾(Corey Robin)看来,这是因为《圣经》的作者认为恐惧是人类最强烈的情绪。罗宾指出,若是没有恐惧,亚当和夏娃仅仅是两个具有半意识(Semi-conscious)的行动者,他们难以体验生活中的善恶美丑。在体验到恐惧后,无意识行动开始让位于选择性行为,人类历史由此拉开序幕。[①] 恐惧同时又是人类的基本情绪[②](Basic Emotions)之一。在心理学史中,伊扎德首次提出基本情绪的概念,他认为人类存在着十三种基本的情绪,即兴趣、惊奇、痛苦、厌恶、愉快、愤怒、恐惧、悲伤以及害羞、轻蔑和自罪,恐惧即位列其中。[③] 恐惧与人们的日常生活紧密相

---

　　① Robin C. Fear: The history of a political idea[M]. New York:Oxford University Press,2004:1.
　　② 所谓基本情绪包含两层意思:一方面基本意味着不可再分性,即恐惧是其他一些更复杂情绪的组成成分;另一方面意味着恐惧的跨文化性,即不论何种文化背景之人都会体验到这种情绪。然而对于到底哪些情绪是基本情绪,学界并没有达成共识,譬如就扎伊德的基本情绪而言,人们对于他将害羞、轻蔑、自罪列为基本情绪并不赞同。
　　③ 孔维民.情感心理学新论[M].长春:吉林人民出版社,2002:96.

连,尤其在当代社会,恐惧弥散于报纸、网络、人与人的关系等之中,成为现代人存在的一种特质,以至于雷切尔·潘(Rachel Pain)和苏珊·史密斯(Susan J. Smith)认为"二十一世纪,恐惧是人类境况的一个中心议题"[①]。然而,恐惧之于个体和社会的重要性并不意味着这一概念得到了准确的理解,正如卡洛琳·杰克逊(Carolyn Jackson)所言,"恐惧是一个没有得到很好界定的、棘手的概念……对恐惧的不同界定导向对恐惧的不同的研究方式"[②]。概念的混乱至少缘起以下三个方面:第一,学者们对恐惧不同维度的关注带来了多样化理解,如不同学科对恐惧的理解就存在差异;第二,作为一个日常用语,诸多的研究者在使用恐惧概念时并未做出严格界定,而是假设大家对此已有共识,然而事实上并非如此;第三,恐惧本身的复杂性、丰富性和主观性也使人们难以对其进行精确的界定。这使得辨析"恐惧"概念成为必要。

一、恐惧的词源分析

(一)英语语境中的恐惧

恐惧的英文对应词为 fear(亦可译为"害怕"和"畏惧"等),在古英语中写作 fǣr,意为危险或突如其来的灾祸。从词源上来说,恐惧源于一个发音听起来酷似哭声的古撒克逊语,除了害怕担心之义外,"该撒克逊语还暗指某种不明之物在前方等待着我们……所有的恐惧情绪都混杂着一种要被伏击的感觉,一种害怕什么事情将要发生的担忧"[③]。恐惧的这一原始意义告诉人们:其一,恐惧涉及某种不良反应;其二,恐惧涉及未来的某种不确定性。

《美国语言遗产词典》给出了恐惧的五个要义。[④] 一是指对危险、痛苦、灾难的预料或预期所导致的惊恐不安的感觉。这是诸多词典中对恐惧所达成的一种共识性理解。如《情绪手册》认为恐惧是生物"面临危险时的一种不安情绪"[⑤]。《辞海》认为恐惧是"原始情绪的表现形式之一。面临危险情境,企图摆脱或逃避

---

① Pain R. Fear: Critical geopolitics and everyday life[M]. Burlington: Ashgate, 2008: 1.

② Jackson C. Fear in Education[J]. Educational Review, 2010, 62(1): 39-52.

③ [英]斯图亚特·沃尔顿. 人性: 情绪的历史[M]. 王锦, 等译. 上海: 上海科学普及出版社, 2007: 1.

④ Morris W. The American Heritage Dictionary of English Language[Z]. Boston: Houghton Mifflin Company, 1981: 480.

⑤ Lewis M, Haviland-Jones J M, Barrett L F. Handbook of Emotions[Z]. 3rd ed. New York & London: The Gulford Press, 2008: 710.

而又感到无能为力的情绪体验"①。这样的理解聚焦于个体心理层面,强调恐惧的主观感受性,与心理学对恐惧的理解较为一致。《心理学大辞典》将恐惧界定为:"有机体面临危险刺激或预期有害刺激时所产生的一种强烈的情绪反应。伴随内心极度不安的主观体验,有想逃离或进攻的欲望,以及交感神经兴奋、肌肉紧张、末梢神经收缩、呼吸急促、心跳加速等反应。"②二是指一种惊恐、惧怕的状态或情形。譬如学生在恐惧中度过了发放成绩单的前夜。对于这重含义,《韦伯斯特英语百科全书》的解释更为清晰:"焦虑、挂虑,如对某人安全的恐惧。"③三是指朝向强力权威的极度虔诚或敬畏,譬如基督徒对上帝的恐惧。此种意义上的恐惧不光包含了害怕的成分,也带有敬的含义。四是指一种惧怕或忧虑的理由,或者说是导致害怕的因素,是人们害怕的对象。譬如不治之症、死亡即为常见的恐惧。五是指对某种不良后果的避免与预防,如学生不敢不去参加考试,因为他害怕留级。综上可以看出,在英语语境中,恐惧这个词本身是中性的,是对一种消极情绪状态的描述,至于对这种消极情绪本身的好坏善恶,并没有价值判断。

在英语中有几个词与恐惧的意思相近:alarm(惊恐)、terror(恐怖)、fright(惊吓)、dread(畏惧)、panic(恐慌)、dismay(忧虑),这些词都涉及由已经存在或即将到来的危险、罪恶、伤害、巨大的不幸等引起的情绪反应。相对这些有自己较为独特意义的词汇而言,恐惧是一般性的术语。alarm 主要指人意识到逼近的危险而被激发的情感,通常是面临危险的第一反应,是一种惊吓或恐慌的感觉。terror 一般指带暴力的令人瘫痪的恐怖,这种情绪通常发生于巨大的危险中。fright 是由强烈的刺激物引起的突然的恐惧,一般只存在很短的时间。dread 是一种对将要发生却无力避免的危险的畏惧,它通常涉及一种对所预测的、具体的,经历时会产生不认同感的事件的态度,而不是具体的事件。panic 意指强烈的、突然的恐慌,通常没有直接的危险刺激物,容易导致不理性的行为。dismay 则表示一种强烈的忧虑,会剥夺一个人的勇气和有效行为的能力。

从对这 6 个词的分析中可以归纳出它们的主要共同点:第一,从主体角度而言,它们作为情绪状态都具有主观性。第二,从对象上而言,它们都由危险所引发,这种危险可以是直接的刺激,也可能是潜在的威胁。第三,从程度上而言,它们通常是较为强烈的情感反应。

---

① 辞海编辑委员会.辞海[Z].上海:上海辞书出版社,2009:1259.
② 林崇德.心理学大辞典[Z].上海:上海教育出版社,2003:695-696.
③ Webster's Encyclopedic Unabridged Dictionary of English Language(New Revised Edition)[Z]. New York/Avenel:Gramercy Book,1994:519.

（二）汉语语境中的恐惧

同大多数词语一样,在汉语中恐惧二字起初是分开使用的。恐字古文为𢖓,许慎的《说文解字》将其解释为:"恐惧也。从心,巩声。"[①]由此可见,恐字的古义当与惧字相同,换句话说恐惧这个词在汉语中是由两个同义字叠加而成,这个词的意思本身与恐、惧的字义相同。至于惧字的古文为𢞶,《说文解字》曰:"惧,恐也。从心,具声。"[②]对于许慎将恐与惧二字互为解释的做法,段玉裁认为"'恐'下曰'惧也'是为转注"。这就更加可以判定恐、惧二字为同义无疑。从"恐"字出发,如《荀子·天论篇》云:"星队木鸣,国人皆恐。曰:'是何也?'曰:'无何也,是天地之变,阴阳之化,物之罕至者也。怪之可也,而畏之非也。'"其中恐字即表达了人们对"星队木鸣"的恐惧之情。《荀子·非十二子篇》曰:"是以不诱于誉,不恐于诽,率道而行,端然正己,不为物倾侧:夫是之谓诚君子。"《史记·秦始皇本纪》曰:"李斯因说秦王,请先取韩以恐他国。"从"惧"字出发,如《孟子·公孙丑上》:"视不胜犹胜也;量敌而后进,虑胜而后会,是畏三军者也。舍岂能为必胜哉? 能无惧而已矣。"孟子此处谈到自己并不是战无不胜,只是能够做到无所恐惧而已。《史记·扁鹊传》曰:"简子疾,五日不知人,大夫皆惧,于是召扁鹊。"《老子》第七十四章说道:"民不畏死,奈何以死惧之。"此六段文字中"恐"与"惧"的意思大抵相同。另外从字形上看,惧字的繁体为懼,属于形声会意字,右上面的两个目字更是形象地表示出了人恐惧时的外部状态,段玉裁对这两个目字注曰:"左右视也。"张舜徽在《约注》中说"凡人惊恐,则两目左右视"。

据研究者搜集到的资料,恐与惧的连用始于《周易·震卦》。不过由于学界对于《周易》具体成书的年代尚存争议,所以不能就此断定此即为"恐惧"出现的最早文献。但是可以确定的是早在春秋战国时期,恐惧就作为一个词出现在诸多学者的著作中。对这些文献使用恐惧的情形进行剖析,大致可整理出古代恐惧的几种内涵:

其一,对感受到的即时危险的反应。《东周列国志》讲述了这么一个故事:"老宫人跪而答曰:'婢子闻夏桀王末年,褒城有神人化为二龙,降于王庭,口流涎沫,忽作人言,谓桀王曰:吾乃褒城之二君也。桀王恐惧,欲杀二龙,命太史占之,不吉。'"夏桀听了神龙的话,感受到它们会对自己产生威胁,故而产生恐惧之情。类似的意思也出现在离现代较近的《醒世恒言》中,书云:"王勃舟至马当,忽然风

① ［汉］许慎. 说文解字（校订本）[Z]. 南京:凤凰出版社,2004:308.
② ［汉］许慎. 说文解字（校订本）[Z]. 南京:凤凰出版社,2004:302.

涛乱滚,碧波际天,云阴罩野,水响翻空。那船将次倾覆,满船的人尽皆恐惧,虔诚祷告……"行船之时,碰到风暴,船只即将沉没,船上人们的生命面临危险,这时人们的反应就是恐惧。明朝的郎瑛在《七修类稿·奇谑一·参政梦》写道:"傍有大水漫漫,心甚恐惧。"这层意思恐惧的特点在于,它发生在具体可见的威胁情境中。

其二,对不希望看到的后果的害怕。《东周列国志》曰:"次日,范雎入见秦王,言:'魏国恐惧,遣使乞和,不须用兵,此皆大王威德所致。'秦王大喜。"《史记·秦始皇本纪》云:"诸侯恐惧,会盟而弱秦。"唐杜甫有诗《留花门》:"长戟鸟休飞,哀笳曙幽咽。田家最恐惧,麦倒桑枝折。"此处恐惧的内涵与上述内涵的区别在于,这里的恐惧涉及对危险的预期,这里的危险不是当下人们所直接面对的,而是涉及对未来一种不良结果的回避。如"麦倒桑枝折"这种情况本身并不具有直接危险性,但是由于"田家"预期到该事如果发生,自己和家人可能会饿肚子,顿生恐惧之心。

其三,一种小心谨慎的态度。《礼记·中庸》曰:"是故君子戒慎乎其所不睹,恐惧乎其所不闻。"君子在别人看不到听不见自己言行的情况下,仍然能够谨慎行为而不逾矩,以保持自己的德性。这就是所谓的"君子慎独"。这里的恐惧与小心翼翼地行事联系了起来。《易经·震卦·象传》:"震。君子以恐惧修省。"孔颖达注疏曰:"'君子以恐惧修省'者,君子恒自战战兢兢,不敢懈惰,今见天之怒,畏雷之威,弥自修身省察己过,故曰'君子以恐惧修省'。"[1]他认为所谓君子,应该对自己的行为语言保持一种谨慎的态度,经常反思自己的行为是否有偏颇之处。战战兢兢这个词很好地反映了君子"恐惧修省"时的状态。在这一情境中,人们保持一种恐惧的心理反而有利于其德行的发展。

其四,一种敬畏之情。《周易·震卦》的卦辞说:"震:亨。震来虩虩,笑言哑哑。"此处虽未直接出现恐惧一词,但是"虩虩"表示的就是恐惧的样子。王弼注曰:"震既威动,莫不惊惧。惊惧以威,则物皆整齐……震之义,威至而后乃惧也,故曰'震来虩虩',恐惧之貌也。"孔颖达疏曰:"'震'之为用,天之威怒,所以肃整怠慢,故迅雷风烈,君子为之变容,施之于人事,则是威严之教行于天下也。"[2]震卦由八卦中的两个震卦重合而成,在八卦中,震表示雷。在古人的心目中,天是至高无上的,一方面,天似乎无所不能,无所不知,人们对其抱有崇敬之心;另一方面,天又是易怒的,电闪雷鸣是上天对人类的警示,人们对其抱有畏惧之情,两

---

① [唐]孔颖达.十三经注疏·周易正义[M].北京:北京大学出版社,1999:210.
② [唐]孔颖达.十三经注疏·周易正义[M].北京:北京大学出版社,1999:209.

种情感合在一起就构成了世人对天的敬畏。震卦之所以"亨",也就是吉利的原因就在于,天之威严激发了人们的作为敬畏感的恐惧,进而使人们不敢胡作非为,达到社会的美好安定。韩愈在《贺太阳不亏状》中说道:"陛下敬畏天命,克己修身,诚发于中,灾销于上。"很明显,汉语语境中的作为敬畏的恐惧与英语有点不同,英语中的敬畏更多地指向上帝,如 fear of God,而汉语中的敬畏更多地指向天,就连皇帝也要通过自称天子来获得其统治的合法性。这种差异大抵与中西不同的文化传统有关。

　　现代汉语中恐惧与害怕的意思接近,在许多情形下,两者可以互相替换。《现代汉语词典》对恐惧的解释非常简单,即:"惊慌害怕。"[①]而对害怕的解释则更与英语语境中的恐惧类似:"害怕即遇到困难、危险等而心中不安或发慌。"[②]在日常用法中,恐惧和害怕的区别主要在于:其一,恐惧主要为书面语,人们很少在交谈中使用恐惧这一词,而往往以害怕指代它的意义,即使所要描述的状态就是恐惧。譬如"我"经过一所陌生的宅院,护院的狼狗对"我"狂吠不已,"我"感到心惊肉跳,急欲远离这一危险情境,此时"我"所体验到的情绪就是恐惧。但是当"我"对别人描述起那时的心理时,通常会说"感到很害怕",而不是说"感到恐惧"。在日记中却可以描述为"狂吠的狗令我恐惧不已"。其二,害怕与恐惧相比是一个更为一般性的词,适用范围更加广泛,在强度上所分的层次也较多,从对微小困难的惧怕之情,如怕劳动、怕学习,到对巨大威胁的强烈反应,如怕死,都可用害怕进行描述。相对而言,一般人们只用恐惧来描述强度较高的害怕情形。这一点从上文提到的段玉裁和张舜徽对人恐惧时的外部表情的描述就可看出,双目瞪圆显然是经受了较大的惊吓。除了上述两点,害怕与恐惧基本同义。

二、恐惧的定义分析

　　研究者们出于自身的研究立场、视角、目的,对同一个概念会有不同定义,对这些定义进行深入分析可以更好地把握此概念。表 1-1 为笔者从目力所能及的文献中所筛选出来的具有一定代表性的恐惧定义。这些文献来源于多个学科,涉及多种主题,既有对恐惧的一般性理解,也有对恐惧的情境性定义。

---

① 中国社会科学语言研究所.现代汉语词典[Z].北京:商务印书馆,2005:781.
② 中国社会科学语言研究所.现代汉语词典[Z].北京:商务印书馆,2005:533.

表 1-1　恐惧的定义集

编号	研究者	文献	定义
[1]	马丁·M.安东尼，理查德·P.斯文森	《羞涩与社交焦虑》	恐惧是人们直面真正的或想象中的危险时所产生的一种基本情感。①
[2]	艾伦·T.贝克，加里·埃默里，鲁斯·L.格林伯格	《焦虑症和恐惧症——一种认知的观点》	恐惧指对在给定情况下真实或潜在危险的评价。和情绪反应相比，它是一种认知过程②
[3]	孔维民	《情感心理学新论》	恐惧是指由于面临危险而引起的令人不愉快的情绪③
[4]	亚当·斯密	《道德情感论》	恐惧是由想象派生出的激情④
[5]	约翰·丹悉	《您焦虑的孩子：父母和教师如何缓解孩子的焦虑》	恐惧是对聚焦于一个具体目标、个体或环境的情境性威胁的反应⑤
[6]	维基百科	《恐惧》	恐惧是一种令人痛苦的负面感觉，由感知到的某个威胁引起。它是一种基本的生存机制，发生在对具体的刺激物，譬如病痛、危险的反应中⑥
[7]	安东尼·冈思	《与恐惧共舞——不安世界的生存之道》	人踏出舒适圈所经受的痛苦⑦

_____

① ［加拿大］马丁·M.安东尼，理查德·P.斯文森.羞涩与社交焦虑［M］.王鹏飞，译.桂林：漓江出版社，2011：5.
② ［美］艾伦·T.贝克，加里·埃默里，鲁斯·L.格林伯格.焦虑症和恐惧症——一种认知的观点［M］.张旭东，王爱娟，等译.重庆：重庆大学出版社，2010：7.
③ 孔维民.情感心理学新论［M］.长春：吉林人民出版社，2002：253.
④ Adam S. The Theory of Moral Sentiments［M］. Oxford：Oxford university Press，1982：30.
⑤ Dacey J S，Fiore L B. Yours Anxious Child：How parents and teachers can relieve anxiety in children［M］. San Francisco：Jossey-Bass Publishers，2000：6.
⑥ Wikipedia，the Free Encyclopedia. Fear［EB/OL］.（2012-5-3）［2012-5-7］. http://en. wikipedia. org/wiki/ Fear.
⑦ ［美］安东尼·冈思.与恐惧共舞——不安世界的生存之道［M］.梁婷，译.西安：西安出版社，2011：引言.

（续表）

编号	研究者	文献	定义
[8]	弗拉基米尔·施拉佩托格	《现代社会的恐惧：积极与消极影响》	恐惧是一种由真实或想象的危险导致的焦虑感①
[9]	雷切尔·潘	《恐惧：批判的地缘政治与日常生活》	对恐惧的一种常识性理解是，它是对现实危险的一种情感反应……另一种理解恐惧的方式是将其视为一种情感地理②
[10]	多米尼克·莫伊西	《情感地缘政治学——恐惧、羞辱与希望的文化如何重塑我们的世界》	恐惧不仅是一种面对即将到来的无论是真实还是夸大的危险的一种情感上的反应，而且是一种多面的现实③
[11]	弗兰克·富里迪	《我们所应恐惧的仅仅是"恐惧文化"本身》	人们应将恐惧视为一种社会现象，当今恐惧的主要作用是作为一种透镜，透过它来解释各种各样的经验④

对以上恐惧定义进行分析可发现：

第一，对恐惧可以有多种理解方式。首先，对恐惧的一个共识是它是主体对所感受到的危险的一种反应，这种危险可以是即时的，也可以是预期的、想象的。这类似于英语语境和汉语语境中恐惧的第一层意思，是人们对恐惧的一般性，或者说普遍性认识。表 1-1 所选取的定义也大多符合这一点。然而并非没有人对这种理解产生怀疑，艾伦·T. 贝克等人将恐惧视为认知过程，而不是情绪反应。作者如此"违反常识"式的界定恐惧的原因似乎不难理解，因为作者更强调对恐惧的自觉意识。恐惧可以是无意识的，如眼前突然出现一个不明物体，人们会感到一阵恐惧，这一过程在瞬间完成，并不需要人的意识参加，是一种本能反应。

---

① Shlapentokh V. Fear in Contemporary Society：Its negative and positive effects[M]. New York：Palgrave Macmillan，2006：1.

② Pain R. Fear：Critical geopolitics and everyday life[M]. Burlington：Ashgate，2008：9.

③ [美]多米尼克·莫伊西. 情感地缘政治学——恐惧、羞辱与希望的文化如何重塑我们的世界[M]. 姚芸竹，译. 北京：新华出版社，2010：96.

④ Furedi F. The only Thing We Have to Fear Is the "Culture of Fear" Itself[EB/OL]. (2007-4-4)[2012-4-28]http：//www. Spiked-online. Com/index. php？/site/article/ 3053/.

当强调恐惧是一种认知过程时,作者更关注行为主体面临恐惧的能动性。眼睛发现危险,大脑开始对危险进行评估,当认为威胁巨大时,会对身体发出一系列的指令,出现一般意义上的恐惧反应,如逃离危险情境。其次,在不排斥将恐惧视为一种情绪的前提下,人们还可以将恐惧理解为一种文化现象,这和表 1-1 中最后三个定义联系起来了。如定义[10],其中恐惧作为一种多面的事实指的是,受到恐惧影响,人们的行为会发生变化,恐惧成为人们行动的基础。在这种情形下社会现实往往表现出一种恐惧的特征。定义[9]将恐惧视为一种情感地理,作者更关注的不是具体的危险,而是什么激发了同危险并不一致的恐惧。在这种情形下,恐惧也是一种权力关系的产物,它塑造了日常教导层面和国际性实践中的道德规则,恐惧不仅涉及个体和各种各样的社会制度的关系,它还嵌入道德和政治的地缘网络之中。这也类似于定义[11]中弗兰克·富里迪所说的将恐惧作为透镜,来检视各种各样的经验。可见,出于各自的研究立场,学者们对恐惧有非常不同的理解。

第二,当前学界对恐惧的心理学式理解占据了主导地位。一方面,在所能搜集到的资料中,对恐惧的心理学研究占了主导,这从上述一些定义的出处就可以看出。另一方面,前文提及《心理学大辞典》对恐惧的定义,以及表 1-1 中取自心理学书籍的定义,同所选取的其他学科的定义相比照,可以发现其他学科对恐惧的理解通常与心理学相差无几。相对而言,心理学更关注恐惧在微观领域的意义,譬如恐惧对个体生活、学习、工作的影响,这种类型的研究将恐惧视为个体的私人事情。而实际上在中观、宏观领域也可见到恐惧的身影,譬如恐惧既可用来揭示两敌对国家的关系,也可用于形容一般组织,如学校中弥漫的对抗、防御性文化等。正如雷切尔·潘所言"恐惧是一种社会的或集体的经验,而不只局限于个体层面"[①]。

第三,当前学界对恐惧内涵的理解较为狭隘。比较突出的表现是忽略了恐惧的"敬畏"含义。这大概与研究目的有关。不少研究者通常聚焦于恐惧对人、社会所造成的负面影响上,而对恐惧的正面意义探讨较少,这使得他们较少关注更具正面意义的敬畏。此外,在日常用语中,敬畏一般以与恐惧不同义的面貌出现,人们很少将两者直接联系起来,这也可能是敬畏在恐惧家族中缺席的一个原因。

① Pain R. Fear: Critical geopolitics and everyday life[M]. Burlington:Ashgate,2008:9.

三、恐惧与焦虑辨析

之所以难以界定恐惧,除了上述一些原因外,还源自一个与其有千丝万缕联系的术语——焦虑。它们交织在一起的原因在于:其一,诸多学者将两者视为等同概念并换用,这在非心理学著述中较为普遍。其二,不同学者对恐惧和焦虑的内涵理解不同,造成了理解的混乱,使人难以明了其本义。其三,在现实生活中,恐惧与焦虑的界限本就很模糊,难以精确区分。

(一)恐惧与焦虑的区分

焦虑与恐惧相比,是一个更具形而上意味的概念。哲学家们,尤其是存在主义哲学家给予了焦虑深切的关注,认为焦虑是人的存在方式。"存在主义学者们认为焦虑与人的存在特性有关。萨特认为人存在的自由决定了焦虑的产生,克尔凯郭尔认为焦虑是自由选择的产物,海德格尔认为焦虑与人的存在如影随形。"[①]在一般意义上,人们将焦虑理解为:"个体预料将会有某种不良后果或模糊威胁时出现的一种不愉快情绪,其特点是紧张不安、忧虑、烦恼、害怕和恐惧。"[②]就此看来似乎焦虑和恐惧的区别是明显的,然而实际上并非如此。下文将以此定义为标杆来揭示焦虑与恐惧错综复杂的关系。出于简便,可将此定义称为"焦虑一般定义"。

一方面,从恐惧角度来说,按照前文对恐惧的词源分析,它似乎与焦虑是同义词,《韦伯斯特英语百科全书》对恐惧的一个解释就是焦虑。在表 1-1 中的定义[8],也强调恐惧是一种由真实或想象的危险所导致的焦虑感。另一方面,从焦虑角度来说,许多学者对焦虑的界定都指向了恐惧。如精神分析学派代表人物卡伦·荷妮就认为恐惧和焦虑都是对危险的一种情感反应,在生理上都伴随着诸如颤抖、盗汗、剧烈的心跳等。而在谈到两者区别时,荷妮则认为它们虽然都是对危险的不当反应,但是人恐惧时,危险是一种透明的、客观的东西,而当人焦虑时,危险则是一种深藏不露的、主观的东西。[③] 在这一意义上,荷妮认为焦虑乃是本质上包含有主观因素的恐惧。对此,她进一步解释道:"在恐惧的情形下,危险是实实在在地存在的,对这种危险的无助感是由现实决定的;在焦虑的

① 刘玉梅.道德焦虑论[D].长沙:中南大学,2010:13.
② 辞海编辑委员会.辞海[Z].上海:上海辞书出版社,2009:1095.
③ [美]卡伦·荷妮.我们时代的病态人格[M].陈收,译.北京:国际文化出版公司,2007:28-30.

情况下,危险是由心理因素造成的或想象出来的,这种无助感也是由个人自身的态度决定的。"[1]可见,荷妮认为焦虑和恐惧都是负面的,并且焦虑是一种特殊类型的恐惧。由此,对照前文马丁·M.安东尼对恐惧的定义:"恐惧是人们直面真正的或想象中的危险时所产生的一种基本情感。"(详见表 1-1 中的定义[1])可以发现,安东尼口中所谓的由于面对想象危险而产生的情感,就是荷妮理解的焦虑。

从理论上区分恐惧和焦虑是可能的。学者们主要通过以下几个方面来理解这种差异。

首先,从情绪类型上来看,如前文所言恐惧是一种基本情绪,所谓基本情绪,即包含了单一的意思。而焦虑则是一种复合情绪,如"焦虑一般定义"所揭示,它由紧张不安、忧虑、烦恼、害怕和恐惧等情绪复合而成。就此而言,焦虑比恐惧的内涵更加丰富,可以判断"恐惧发生时也有其他情绪,如痛苦的伴随,但是焦虑发生时有多种情绪并发"[2]。按照这种理解,人在焦虑时一般带有恐惧的情绪,或者说焦虑会使人们产生恐惧。就此而言,恐惧在少数情况下可能引起焦虑,而焦虑在大多数情况下包含着恐惧。

其次,从刺激源上来说,恐惧有具体的刺激物,而焦虑则没有。焦虑是就情境层次而言的,与对象关系不大,而恐惧则恰恰专注于对象。在某种程度上来说,焦虑通常是"前刺激的",譬如对可能真实、可能虚假的危险刺激的预期;而恐惧则是"后刺激的",譬如被具体的恐惧刺激引发。在恐惧中,有一个可能没有被清楚意识到但是明显的危险。而在焦虑中,威胁的性质和位置仍然是很模糊的。[3] 这也是诸多学者对恐惧和焦虑的主要区分。萨特赞同克尔凯郭尔对焦虑与恐惧差异的区分,他认为:"焦虑和恐惧的区别是,恐惧是对世界上的存在的恐惧,而焦虑则是在'我'面前的焦虑。晕眩之所以成为焦虑,不是因为我畏惧落入悬崖,而是因为我畏惧我自投悬崖。"[4]如果说对这种危险存在的反应叫作恐惧,那么焦虑则可称为对恐惧的恐惧。通过萨特的另一段话,人们可以加深理解,他说:"处境引起恐惧是因为它可能从外面使我的生活发生变化,而我的存在引起

① [美]卡伦·荷妮. 我们时代的病态人格[M]. 陈收,译. 北京:国际文化出版公司,2007:41-42.
② 陈少华. 情绪心理学[M]. 广州:暨南大学出版社,2008:49.
③ Lewis M,Havild-Jones J,Barrett L F. Handbook of Emotions[Z]. 3rd ed. New York& London: The Gulford Press,2008:710.
④ [法]让-保罗·萨特. 他人就是地狱:萨特自由选择论集[M]. 关群德,等译. 天津:天津人民出版社,2007:124.

焦虑是因为我对自己对这种处境的反应产生了怀疑。"①危险会引起恐惧，因为危险可能会破坏我存在的完整性，对我造成伤害。而当我怀疑自己能否适当地处理危险时，我的焦虑也就随之而生。所以焦虑类似日常生活中常用的"愁""烦"等字眼。当人们觉得生活没有意义的时候，常会感到莫名其妙的烦躁，甚至当事人自己也难以言明自己烦躁的原因，这时人们所处的状态大抵就是焦虑。"焦虑是没有对象的'恐惧'、无名的'烦恼'，是心灵绿洲上挥之不去的'沙漠'，是一种与人生死相依、死死纠缠、难解难分，寄生的'病魔'。"②

再次，从行为反应而言，恐惧一般涉及具体行为的产生，如经典的"逃—打(flight-fight)"说，即人们在恐惧时会在瞬间评估威胁，进而做出逃离现场以避免危险，或奋起搏击消除危险的反应，即恐惧激起的行为朝向对具体刺激源的远离。相对而言，焦虑由于没有明确的威胁对象，也不涉及具体的急需处理的危险情境，所以可能不出现积极行为。有时焦虑也被视为"未被处理的恐惧"，在这层意思上，"焦虑是对那些并不具有即时威胁的人或事的一种一般性反应"。③

最后，从神经生物学角度而言，恐惧发生的生理机制核心为杏仁核(central nucleus of the amygdala)，科学研究证明此部分机体受到损害的人即使大祸临头，也感觉不到恐惧。而焦虑则由终纹床核(bed nucleus of the stria terminalis)所控制。④ 这是从科学角度能对恐惧和焦虑所做出的最清晰区分。

综上所述，恐惧与焦虑的区别参见表1-2。

表1-2　恐惧与焦虑的差异

比较项	恐惧	焦虑
情绪类型	基本情绪	复合情绪
刺激源	明确	模糊
行为反应	处理	不处理
生理机制	杏仁核	终纹床核

① [法]让-保罗·萨特.他人就是地狱:萨特自由选择论集[M].关群德,等译.天津:天津人民出版社,2007:124-125.

② 陈树林.存在的勇气与哲学旨趣——蒂利希对存在的勇气与本体论分析及启示[J].哲学研究,2005(5):92-97.

③ Dacey J S,Fiore L B. Yours Anxious Child: How parents and teachers can relieve anxiety in children[M]. San Francisco:Jossey-Bass Publishers,2000:6.

④ Lewis M,Havild-Jones J M,Barrett L F. Handbook of Emotions[Z]. 3rd ed. New York & London:The Gulford Press,2008:722.

(二)恐惧与焦虑的联系

若以孰先孰后来分析恐惧与焦虑,人们往往有以下两种见解:第一种,恐惧先于焦虑。《心理学大辞典》中就认为:"焦虑……是出现于实际威胁之后的不适感,具体可由对身体的威胁、对自尊的挑战、工作和交往中的压力,以及各种冲突和挫折情境引起。"①人在遭遇恐惧情景后,虽威胁消除,但仍心有余悸,时时担心威胁会卷土重来,故而感到焦躁不安,这种情绪状态大抵就可描述为焦虑。类似的观点也可见于艾伦·T.贝克等人的研究中,他们从认知的立场出发,将恐惧视作认知过程,认为恐惧涉及对威胁刺激的智力评价,焦虑则是对这评估的情感反应。这样,人们对某事物的恐惧往往不会局限于当下的威胁,也会指向未来的危险,恐惧是"潜伏的","当一个人不论是心理或者生理上面临着自认为危险的刺激环境时,就会感到恐惧,当他感到恐惧时,焦虑便产生了……焦虑则是恐惧引发后产生的不愉快的感觉状态"。② 心理学家莫勒则认为焦虑来自人对恐惧的压抑。动物也会感到恐惧,但是通常不存在焦虑的问题,因为动物不懂得压抑自己的恐惧。莫勒赞同弗洛伊德的焦虑发生机制,即:"真实的恐惧→对此恐惧的压抑→神经性焦虑→形成症状以解除焦虑。"③

与上述一些学者相反,罗洛·梅坚持焦虑在于恐惧之先。他将人类回应危险的类型分为三类,首先是惊吓模式,产生于情绪反应之前,是人的本能反应。其次是焦虑,属于尚未分化的情绪反应。最后是恐惧,属于分化过的情绪反应。在此基础上他指出:"在初始的条件反应之后,接着会对威胁浮现出一种处于扩散状态和尚未分化的情绪性反应——也就是焦虑;最后在成熟期则会出现针对具体明确危险做出已经分化过的情绪性反应——也就是恐惧。"④简单地说,焦虑属于未分化的恐惧,在焦虑状态中,人们的不安无目标地指向不明确的威胁。当这种漂浮不定的威胁具体化,而被人所感知时,人们就出现恐惧反应。罗洛·梅的这一观点也回应了前文从刺激源角度对恐惧和焦虑的区分。同样,理查德·斯派克斯(Richard Sparks)在探讨人们对犯罪的不正常恐惧时,指出"将那些并不容易成为受害者的人对犯罪的恐惧简单地视为不理性的,这是不合适的。

---

① 林崇德.心理学大辞典[Z].上海:上海教育出版社,2003:600.

② [美]艾伦·T.贝克,加里·埃默里,鲁斯·L.格林伯格.焦虑症和恐惧症——一种认知的观点[M].张旭东,王爱娟,等译.重庆:重庆大学出版社,2010:8.

③ [美]罗洛·梅.焦虑的意义[M].朱侃如,译.桂林:广西师范大学出版社,2010:106.

④ [美]罗洛·梅.焦虑的意义[M].朱侃如,译.桂林:广西师范大学出版社,2010:184-186.

应将其视为一系列的更具传播性的,对个人在世界中的位置与身份的焦虑"①。正是对自身存在的焦虑,导致人们无限放大面临的危险,产生不理性的恐惧。

尽管恐惧与焦虑存在着上述一些差异,不过本书并不准备严格区分恐惧与焦虑,这主要因为在实际生活中,恐惧与焦虑的边界确实是模糊的。从理论上区分恐惧与焦虑是可能的,也是清晰的,如表 1-2 所示。不过这种区分很大程度上只是病理学式的,对于实践中的个体来说意义不大。如表 1-2 中对恐惧与焦虑的生理机制的区分,虽然清晰明了,但是否懂得这种机制,对人们在生活中体验恐惧与焦虑却影响不大。再以恐惧与愤怒为例,个体在生活中可以较为准确地区分两者,但实际上它们的生理机制却是相同的。相对而言,表 1-2 对恐惧与焦虑的第二种区分,即有无明显的刺激源是具实践意义的一般性的区分。此区分广泛见于多种学科,而不是如另外三种区分通常只出现在专业的心理学,尤其是情绪心理学著作中。但即使是这一区分在很大程度上也不能成为绝对标准,如齐格蒙特·鲍曼(Zygmunt Bauman)就指出:"当恐惧处于弥散状态、不明确、非附属、非固定、随处漂移、没有明确的结果和原因时,当我们一瞥就能感受到威胁却又无法发现其具体所在时,恐惧是最可怕的。"②也就是说他将没有明确目标的恐惧视为最大的恐惧。在这个意义上,恐惧与焦虑又呈现出重合的态势。卡洛琳·杰克逊赞同鲍曼的观点,在自己的文章中也将恐惧与焦虑视为可互换的概念③。这里可以通过一个实例来展示在实践中,焦虑与恐惧相互交织、难以区分的状态。

在临床现象学上,焦虑又经常和恐惧混杂在一起,叫人难以区分。譬如一个三岁的孩子发高烧,母亲的紧张和焦急究竟应该说是焦虑情绪还是恐惧情绪呢?如果这孩子发高烧引起了严重的并发症,我们可以说他的母亲的情绪更多地属于恐惧;如果仅仅是高烧,尚未引起其他的问题,母亲只是担心他会出现严重的并发症,甚至担心会威胁到生命,那就属于焦虑的情绪。但这孩子究竟会不会发生严重的并发症,恐怕谁也不敢妄断,即便是给孩子看病的儿科医生恐怕也难以说清。在这样的情形下,焦虑和恐惧二者的界限就呈现出模糊的状态,母亲的情绪可以说是焦虑,也可以说是恐惧。此时这两种情绪同样是一而二,二而一的事情……从生活中发生的具体现象来看,焦虑和恐惧并没有严格的区分,二者互换

---

① Sparks R. Television and the Drama of Crime: Moral tales and the place of crime in public life [M]. Bristol: Open University Press, 1992: 14.

② Bauman Z. Liquid Fear[M]. Cambridge: Policy Press, 2006: 2.

③ Jackson C. Fear in Education[J]. Educational Review, 2010, 62(1): 39-52.

是常有的事。①

教育实践中的恐惧与焦虑大抵与上述分析类似,人们很难离开焦虑去谈恐惧,也很难脱离恐惧去谈焦虑。两者相互交织,在一般情形中无须对它们做出严格区分。

四、本研究中的恐惧

经前文分析,可以发现现有研究对恐惧内涵的理解既有相似之处,又存在一定差异。差异之处主要在于恐惧内涵的大小方面。在最狭隘层面,恐惧是有机体面临危险时产生的一种本能情绪反应,这样理解的优点是最符合恐惧的原意,同时适用的对象比较广泛,它既可用来表征人类的恐惧,亦能解释其他种类生物的恐惧。此理解凸显的是进化论意义上来自本能的恐惧。从进化论的视角看,恐惧是哺乳动物进化的核心。人们更可能害怕那些对祖先的生存构成威胁的刺激物,譬如"对潜在的致命性食肉动物、高空和开阔的场所的恐惧要高于现代社会的一些致命性因素,如武器、摩托车"②。

与此同时,这种理解的缺点也显而易见,即它难以兼顾人的恐惧与其他物种恐惧的区别。人与动物最大的不同在于人所具备的理性,而进化论意义上的恐惧更多是非理性的。譬如大多数人对蛇有着天生的恐惧,甚至看到蛇的尸体都会感到害怕,即使理性告诉人们蛇一般不会主动攻击人类,面前的蛇已经死去,情形也不会发生太大变化。这大概是由于人类祖先的生命常受到蛇的侵害,因此在进化的过程中这种恐惧印刻在了基因之中。与本能式恐惧相反,人类的诸多恐惧往往来自自身的抽象思维能力,正因为这种能力,人类所感知到的恐惧比动物多得多。动物只会对正在发生,或即将发生在自己身上的危险感到恐惧,而人不仅对近在咫尺的危险感到恐惧,还会对远在他方、远在未来的威胁感到恐惧。动物只会对威胁生命的危险感到恐惧,而人恐惧的对象则多不胜数:恐惧衰老、恐惧得不到上司赏识、恐惧不能胜任工作等。显然,上述这种对恐惧的狭隘理解难以凸显出人类由于抽象思维能力而产生的诸多对非当下威胁的恐惧。

对恐惧内涵更宽泛的理解强调了恐惧主体——人,凸显了人的抽象思维能力在恐惧发生中的重要作用。同本能的恐惧不同,这种恐惧涉及人们对危险的

---

① 胡纪泽.中国人的焦虑——一次文化突围的尝试[M].北京:中国工人出版社,2008:6.

② Ohman A,Mineka S. Fears,Phobias,and Preparedness:Toward an evolved module of fear and fear learning[J]. Psychological Review,2001,108(3):483-522.

认知,具体地讲就是对什么是危险和危险程度的认识。如此,恐惧的对象则不仅是即时面对的危险,也可能是想象派生出的威胁,或者说是对危险的评估。以这种方式所理解的恐惧广泛地存在于日常生活中。正如前文恐惧的定义[7]所表达的,只要踏出自己的舒适圈,人就可能会感到恐惧,区别之处只在于不同个体对恐惧的处理方式。踏出舒适圈意味着个体存在于其中的熟悉情境被打破,未来的不确定性开始占据了人的意识,这意味着前方可能存在危险,恐惧之情随之而生。

不论是上述对恐惧的狭隘理解,还是宽泛理解,它们都有一个共同的特征,即将恐惧和某种可欲状态联系在了一起,这种可欲状态是恐惧主体所期望保持或追求的。这也就是拉斯·史文德森所谓的:"几乎所有的恐惧都包含着一种愿望——只有当你渴望非 X 的状态,你才会对 X 感到恐惧。"①也有研究者指出:"在当今社会,恐惧涉及人们体验到了什么,对他们而言什么是重要的。他们的希望是什么,什么会令他们绝望……恐惧指示了我们存在的问题"②。

但是,并不是说这种可欲状态受到损害时人们才会感到恐惧,而是当人们认为这种可欲状态可能受到威胁时,恐惧之情就已然而生。无论是直面即时的危险,还是预期可能的威胁,如果没有某种可欲状态的存在,恐惧都不会发生。演讲之所以是令人恐惧的,很大程度上并不在于这种行为本身,而是演讲失败所可能给个体带来的种种可怖后果。正因为此,有学者指出,"恐惧感乃是一种衍生的情愫,它是对于心之想望的一种内在防御"。③

行文至此,应该对恐惧是什么做出较为明确的回答了。本书将恐惧理解为:主体认为其希望保存或追求的某种可欲状态可能受到威胁时心理产生的防御性焦虑。④ 从这个恐惧定义也可以看出本书倾向于在更广泛的意义上理解恐惧。如果将前文提及的本能式的恐惧称为狭义恐惧,或可称此定义中的恐惧为广义恐惧。与前述恐惧定义相比,此定义有两大不同:一是凸显了人的意识在恐惧产

---

① ［挪威］拉斯·史文德森.恐惧的哲学[M].范晶晶,译.北京:北京大学出版社,2010:35.

② Bude H. Society of Fear[M]. Cambridge:Polity Press,2018:preface.

③ 许国贤.恐惧感与政治[J].人文及社会科学集刊,1989(1):79-101.

④ 这一定义并非研究者的原创。从实质上而言,它来自许国贤对恐惧的界定;就形式上而论,它借鉴了刘玉梅对道德焦虑的定义方式。详见许国贤.恐惧感与政治[J].人文及社会科学集刊,1989(1):79-101.在该文中,许国贤将恐惧同恐惧感视为同义。他认为恐惧的存在必然对应着一个人所试图保有或企求的某种可欲的状态。当一个人预期此种可欲的状态将受到威胁,他(她)在心理上所派生的带有防御性的焦虑和躁动,就是恐惧感。本书的定义即由此稍作修改而来。刘玉梅.道德焦虑论[D].长沙:中南大学,2010:19.她将道德焦虑定义为"主体根据良心对变化剧烈的外部道德环境或自身不圆满的道德现状进行省查和判断时所形成的担忧、不安、畏惧等复杂情绪"。

生中的重要作用。二是超越了将恐惧单纯地定位情绪层面,强调了人对威胁的预期与恐惧产生之间的联系,而非对即时危险的本能反应。

恐惧本是一种情绪,但是当恐惧成为一种习惯,成为人们看待任何事物的一种基本方式,它就可被视作拉斯·史文德森所言及的心理状态。"这种恐惧伴随在我们周围,并且组成了一个背景色,在这个背景的参照下我们体验和认识世界。"①如果这种习惯性恐惧仅存在于个体微观层面,那只是私人的一种病态恐惧。受过重大精神创伤的人往往带着恐惧的有色眼镜,视周围的一切人和事为潜在的威胁。而当它成为社会大部分人看待世界的透镜时,它就具备了更深刻的社会文化意义。在拉斯·史文德森看来,这就是现今社会所发生的情况,"在社会分层普遍化的今天,恐惧是我们拥有的共同情感,是对于生存的一致看法,已成为我们整个文化的一个基本特点"②。

第二节 学校恐惧的内涵与特性

"恐惧"广泛地存在于各种各样的人类活动中,教育也不例外。要理解学校恐惧,需要对这一概念进行深入剖析。本节从界定学校恐惧入手,进而从对象、形成、层次,以及影响这四个方面分析其主要特性。

一、学校恐惧的内涵

学校恐惧是一个动宾结构,即恐惧(动)学校(宾),完整意思是学生恐惧学校中的人或事,而不是学校自身的恐惧。如同死亡恐惧、黑暗恐惧等,死亡和黑暗都作宾语,是恐惧的对象,即恐惧死亡或恐惧黑暗。这里,参考上文对恐惧的多种界定,可将学校恐惧理解为"学生就学校教育情境(或其特定要素)对自身存在价值的作用进行评估而产生的防御性焦虑"(在不产生歧义的情况下,学校恐惧简称为恐惧)。换而言之,学校恐惧即学生在学校教育情境中感受到的恐惧。此定义表明学校恐惧的主体为学生,学校恐惧的形成是学生心理与学校情境相互作用的结果。

---

① 〔挪威〕拉斯·史文德森.恐惧的哲学[M].范晶晶,译.北京:北京大学出版社,2010:41.
② 〔挪威〕拉斯·史文德森.恐惧的哲学[M].范晶晶,译.北京:北京大学出版社,2010:11.

（一）学校恐惧同存于群体层面和个体层面

1.从群体层面理解学校恐惧

一般来说,恐惧多指个体面临威胁时的情绪体验。但这并不能否认恐惧的群体性质。具述有二:其一,群体内可能存在相同的恐惧,群体间可能存在不同的恐惧。恐惧的群体特征由恐惧对象的相似性或群体价值取向的相似性等决定。来自农村的学生比城市的学生更恐惧被同学贴上"乡下人""土"等身份标签。而在农村或城市学生群体内部,优生更恐惧的可能是考试失利让老师失望,差生则对被老师歧视深感恐惧。其二,在制造恐惧的教育文化下,恐惧将成为大多数学生的存在状态。这一方面意味着本书关注群体的共同性,而不只是个体的独特性。另一方面意味着作为存在状态的恐惧指的是低强度的恐惧。达尔文曾描述过人处于高强度恐惧时的生理状态:"一动不动;屏住呼吸,蜷缩/哭泣,心跳加速,脸色苍白,流汗,毛发悚然,呼吸加速,唾液分泌失调,口干舌燥;颤栗;失声;瞳孔放大;颈阔肌收缩。"[1]这种高强度的恐惧一般属于直面即时威胁的反应,且存在时间较短。很难想象学生可以长期生活在极度恐惧之中。所以说作为学生存在状态的学校恐惧不是致命性的,正如理查德·斯派克所言,"感到恐惧是以特定的方式去接近和解释世界"[2],学校恐惧正是如此。

2.从个体层面理解学校恐惧

任何群体都是具体的,由特定个体组成。[3] 尽管群体不是个体的简单相加,群体恐惧也不是个体恐惧的总和,但可以确定的是,没有个体恐惧,也就不会产生群体恐惧,或者说文化意义上的恐惧;群体恐惧也需要个体来进行体验和感受。恩格斯对社会利益和个人利益关系的见解对人们理解个体恐惧与群体恐惧的关系颇具启发,他认为社会利益绝非个体利益的简单相加,而是由个体利益中带共通性的部分游移出来的整体利益。[4] 类似于此,正是个体恐惧中共通性的部分塑造了群体恐惧的景观。可见个体恐惧与群体恐惧之间并非相互冲突的关

---

① ［英］斯图亚特·沃尔顿.人性:情绪的历史[M].王锦,等译.上海:上海科学普及出版社,2007:1.

② Sparks R. Television and the Drama of Crime: Moral Tales and the Place of Crime in Public Life[M]. Bristol:Open University Press,1992:14.

③ 这里涉及个体与群体之间的关系问题。本研究此处的观点得益于安·兰德的客观主义伦理学,她认为群体事实上并不存在,我们称其为群体只是一种形象化的说法。因而"正如不存在集体主义或种族主义思维,同样也不存在集体主义或种族主义成就。世界上只存在个人思维和个人成就,而闻名不是毫无差别的群众的匿名产物,而是个人智力成就的总和"。研究者虽然不赞同兰德的这种极端观点,但是认可她对个体的强调。详见:［美］安·兰德.自私的德性[M].焦晓菊,译.北京:华夏出版社,2007:128-137.

④ 王润生.西方功利主义伦理学[M].北京:中国社会科学出版社,1986:86.

系,而是一种循环往复的相互影响、相互生成的动态过程。个体恐惧形塑了群体恐惧的特征,而当这种群体恐惧建立起来时,它又会成为影响个体恐惧的重要因素。

(二)学校恐惧的根源在学校教育情境

这暗含了学校恐惧的两个重要方面。

其一,学校恐惧的主体是学生。这里把教师排除在学校恐惧主体之外,不是教师完全没有恐惧,而是为了突出本书主旨,只谈学生的恐惧,不言教师的惶惑。

其二,学校恐惧的发生地点是学校,学校教育活动中的人与事是产生学校恐惧的基本之源。学校过于苛刻的规则制度、教育人员生硬的态度、威胁性语言、十分严厉的处罚、无穷无尽的作业等,都是直接导致恐惧的因素。此外,学生对学校环境和教育形式与方法等的误解,也可引起学生的恐惧。当然,这里强调学校是学校恐惧的发生地,并不否认社会与家庭也是间接产生学校恐惧的场所。比如,家长把"上学"作为恐吓小孩的手段,使小孩形成了学校是"魔窟"的印象,从而产生学校恐惧。这里区分了主次,把焦点放在学校教育情境上,可确保本书不喧宾夺主。

(三)学校恐惧的直接原因是学生对学校教育情境对自身存在价值作用的评估

学校教育情境对学生自身存在价值发挥着或正或反的作用。正面作用是学生期望的称为"可欲状态"。负面作用是学生不期望的称为"厌恶状态"。学校恐惧就是学生对可能丧失某种可欲状态,或者说是产生某种厌恶状态的恐惧。按照前文对学校恐惧的界定,教育情境能实现学生的可欲状态,就是其自身存在价值的彰显。由于不同的个体或群体对自身存在价值的认识不同,因而要理解学校恐惧需要着重探讨学生形成对可欲状态或厌恶状态的认识过程,或者说是学生形成自我存在价值的认识过程。

同时,学生对"学校教育情境对自身存在价值作用的评估"是产生学校恐惧的关键。当评估为正作用时,产生的是满意或愉悦的体验,否则,产生相反的即否定的体验。当这种否定体验达到一定强度时,学校恐惧就产生了。可设想以下两种情形:一种是面对同样的教育情境,当学生认为负作用较小或几乎可以忽略不计时,恐惧通常不会产生。举例来说,教师在课堂突击检查学生背书情况,背不出意味着在同学面前丢人,进而降低当事人自身存在的价值感。A 学生平时学业成绩较差,以前时不时被老师抽查。B 学生成绩较好,之前从没被抽查过。且他们都知道老师有不检查成绩好的学生的习惯。在这种情况下，A学生即使已经把书背熟，也会忐忑不安，因为真的背起书来可能因紧张而出错，从而被老师批评。而B学生即使完全没有背书，也不会感受到太大威胁。可见，A学生比B学生产生恐惧的可能性要大得多。

另一种是学生认为负面作用一定会发生，但是自己无法改变，此时学校恐惧也不会产生，此乃绝望所致。因为恐惧总与希望联系在一起，无论是古希腊罗德岛哲学家赫加顿所说的"当一个人不再抱任何希望的时候，他也就不再害怕了"，还是塞涅卡对这句话的评论："像一根链条一样，恐惧连着俘虏，恐惧也连着希望，彼此之间如此不相同的现象，又达成如此协调：紧随希望之后的便是恐惧。"[①]他们都指出正是对负面作用产生的可能性而不是必然性的评估，引起了人的恐惧。通缉犯之所以生活在恐惧中，与其说是因为恐惧自己的罪行被揭露，不如说是担心逃避刑罚的希望的破灭。正是因为存在着学生试图保存或追求的可欲状态，即自身的存在价值感不受威胁的可能性，学校恐惧才会产生。如果学生认为无论自己如何努力，成绩都不会提升，老师和同学都不会看得起自己，那么对他而言也就无所畏惧了。

另外，说学校教育情境为直接原因，意味着还存在导致学校恐惧的更深层次缘由，即不宽容人的氛围。譬如教师在课堂提问，某生虽想举手回答，但又害怕答错遭到同学嘲笑，犹豫再三，最终选择沉默。在此情景中，不被同学嘲笑是一种可欲状态，该生对这一可欲状态可能受到威胁的情境做出评估是他产生恐惧心理的直接原因。然而隐藏在直接原因背后的可能是不宽容学生犯错的教育氛围，或者不鼓励合作的同伴文化等。

（四）学校恐惧的直接结果是学生的防御性焦虑

当学生对学校存在恐惧时，就可能产生厌学情绪，在心理上承受巨大的压力，直接影响自身的成长，这实际上最终阻碍了教育目标的实现。而这种影响发挥作用的过程可被称为防御性焦虑。"防御性焦虑"主要有两层意思：一是学校恐惧可能引发学生心理和生理上的反应，以采取防御性行动避免或降低恐惧感。弗洛伊德指出："焦虑反应的结果就可以使自己适应于新的危险形势，并能进行

---

① 赫加顿和塞涅卡的话转引自：［俄］尤里·谢尔巴特赫.恐惧感与恐惧心理［M］.刘文华，杨进发，徐永平，译.北京：华文出版社，2008：35.

战斗或防御。"①当然,弗洛伊德所说的"战斗—防御"主要停留在恐惧的原始层面,即面对重大威胁时人的反应。而面向学校恐惧的"战斗—防御"只是一个比喻,战斗指的是积极应对,防御则为消极处理。如学生对考试的恐惧可能激起他们花更多时间、精力去学习,增加自己在考试中获胜的可能性以降低考试恐惧,此可称为"战斗";也可使学生以生病为由拒绝参加考试,逃脱考试恐惧的场景,此可谓为"防御"。无论是战斗还是防御,最终目的都在于管理恐惧,以保有自己的存在价值感,在此意义上,它们都是"防御性"的。二是将恐惧理解为防御性焦虑,表明学校恐惧更多地指向一种情绪状态,或曰"心境"。心境的影响具有弥散性、长期性、稳定性,是影响人们生活的重要因素。而作为反应形式的情绪持续的时间较短,当直接的恐惧源消失或暂时隐匿,情绪也就随之消失,如突然听到响雷声产生的恐惧,随着雷声的消失而消失,并不对日常生活产生长期影响。有学者在探讨学生的幸福与恐惧的关系时指出:"处在恐惧之中的学生,其整个生命存在都被恐惧'调谐'过了,恐惧成了生命的基调……竞争幸福的'深入人心',很容易使儿童陷入一种莫名的焦虑之中,感觉到失败的危险无处、无时不在,草木皆兵、杯弓蛇影,缺乏安全感,求学生活变成了一种不堪忍受的折磨。"②这里作为生命基调的恐惧大抵反映的就是作为情绪状态的恐惧。不过正如前文所言,情绪和情绪状态亦非截然两事物,情绪状态必由情绪的弥漫所引起,同时又会对情绪产生重大影响。

学生的防御性焦虑是学校恐惧的直接结果,这意味着"防御性焦虑"仅是恐惧所激起的直接反应。防御性焦虑可能带来的各种影响会在更深的层次影响学生发展。

二、学校恐惧的特性

学校恐惧从不同维度展示了丰富性,这里仅从如下三个角度分而述之。

① 弗洛伊德将焦虑区分为真实(现实)焦虑和神经症焦虑,其中所谓真实焦虑指的其实就是恐惧,这可由他的论述得到佐证。他认为:"真实的焦虑对我们来说是一件非常合理和可理解的事情。我们可以把它说成是对一种外部危险——即一种预料到或预见到的伤害——的知觉的反应。它与逃避反射相结合,可以被看作是自我保存本能的一种表现……野蛮人害怕大炮或日蚀,而白人既懂得操弄大炮又能够预测天象,他在这种情境下就不会焦虑。"本书此处所引弗洛伊德口中之焦虑即为真实焦虑。详见:[奥]西格蒙德·弗洛伊德.精神分析导论讲演[M].周泉,严泽胜,赵强海,译.北京:国际文化出版公司,2000:345.[奥]西格蒙德·弗洛伊德.精神分析导论讲演新篇[M].程小平,王希勇,译.北京:国际文化出版公司,2000:79.

② 高德胜.论现代教育的"幸福追求"[J].高等教育研究,2011(8):1-7.

(一)文化性与历史性

学校恐惧朝向何种对象,与学生所处文化与历史有密切关系。

1. 文化性

在这里,文化性是指在不同文化背景下学校恐惧面向不同的对象。这里有必要简单回顾文化之内涵。爱德华·泰勒在《原始文化》一书开篇所言:"文化,或文明,就其广泛的民族学意义来说,是包括全部的知识、信仰、艺术、道德、法律、风俗以及作为社会成员的人所掌握和接受的任何其他的才能和习惯的复合体。"①美国人类学家克拉克洪和凯利在综合前人研究基础上,对文化做了一个简要的定义:"文化是历史上所创造的生存式样的系统,既包含显性式样又包含隐性式样,它具有为整个群体共享的倾向,或是在一定时期中为群体的特定部分所共享。"②简言之,所谓文化指的就是某个人群独特的生存方式。文化之不同,决定了学校恐惧的差异。这种差异体现在:

其一,不同国家文化差异导致不同学校恐惧。以中美为例,集体主义文化主导的我国,部分人常对学生的个性张扬持恐惧态度,用"另类""非主流"等标识这样的学生,甚或认为他们"大逆不道",并用种种规章制度来对他们进行管束。比如有学校对学生的发饰或着装有严格规定,如男生头发不能长过三厘米,不准染发,以板寸为男生样板发型,女生不能烫头。所有学生不准奇装异服等。似乎人们心中的好学生是没有个性,只知埋头苦学的"乖孩子"。这造成了学生的求同思维,他们往往压抑自己的个性,恐惧自己做出与他人不同的被视为异类的行为。而个体主义主导的美国,人们则鼓励学生个性自由发展,他们的一些不那么符合"规范"的行为在教师、家长那里并不会像在我国那样导致巨大的恐慌,故而对于美国孩子而言,更为恐惧的是不能表现出自己的个性。

其二,不同民族文化差异导致不同学校恐惧。且看以下案例:

阿尔法(Alpha)是一个白人,他的父母是学校教师,认为他应该追求学术教育。阿尔法的另一位同学朗宁·迪尔(Running Deer)来自部落,是一个带有纯正血统的美洲印第安人(a full-blooded American Indian)。他所在的部落非常注重狩猎、捕鱼和骑术,但并不看重学业成就。朗宁·迪尔和阿尔法的先天能力

---

① [英]爱德华·泰勒. 原始文化[M]. 连树声,译. 上海:上海文艺出版社,1992:1.
② [美]克莱德·克拉克洪,等. 文化与个人[M]. 高佳,何红,何维凌,译. 杭州:浙江人民出版社,1986:6.

相似,但被以不同的方式抚养。[①]

可以想见,对阿尔法所属群体而言,学术成功是一种可欲状态,是对自身存在价值的证明,因而学术失败会激起阿尔法及其父母的巨大恐惧。而对迪尔所属群体而言,学术成功与否对他们毫无意义,相反不懂得狩猎、捕鱼和骑马才应该是恐惧的对象。斯考特·弗莱彻(Scott Fletcher)对非裔美国人(African Americans)的研究也发现,该群体存在一种文化,即将在白人学校取得学业成功的成员视为被白人同化,进而将该成员排斥在群体之外。[②] 因而对许多成员来说,在白人学校学业失败并不是一件让人恐惧的事情,取得学业成功的非裔美国人学生反而承受了巨大压力,产生失去群体归属感的恐惧。

其三,学校不同文化差异导致不同学校恐惧。在我国的普通中学里,学习成绩不仅是衡量学生的唯一标准,也是认定教师能力的首要标准,因而在学术文化主导的普通中学,不仅学生恐惧学业失败,教师亦对此恐惧万分。而职业学校中,语数外之类的基础学科地位并不高,传统学术性科目的好坏并不对学生的存在价值感造成重大影响,因此相对而言低下的学术成绩也就不那么可怖了。

2. 历史性

学校恐惧的历史性指的是不同历史时期存在着不同的学校恐惧。这来自不同的社会境况和人们不同的认知水平等。应该来说,今日学生之恐惧与传统教育中学生的恐惧在部分层面上已大有不同。试以惩罚为例。中国传统宣扬的是"棍棒底下出孝子"的教育思路,在教育中对学生施以体罚是家常便饭。汉代学者王充就在《论衡·自纪篇》说道:"八岁出于书馆,书馆小童百人以上,皆以过失袒谪,或以书丑得鞭,充书日进,又无过失。"并且这种体罚得到父母的认同,如有评论道:"这种认同为塾师体罚学生提供了合法性,并在某种程度上会成为塾师们自我强化的一部分,即为了显现自己忠于职守而有意增加体罚的频率和强度。"[③]乃至离我们较近的 19 世纪下半叶,"体罚仍然是私塾日常教学活动的主要管理手段,塾师为了尽职尽责地督促生徒发奋攻读,经常是戒尺在手"[④]。显然教师因为得到主流价值观的支持,对体罚学生毫无畏惧,体罚行为普遍存在。可以想见,对体罚之恐惧当为那时普遍存在的学校恐惧。然而随着社会的进步,人

---

① Ennis R H. Equality of Educational Opportunity[M]//Strike K A,Egan K. Ethics and Education Policy. London, Henley and Boston:Routledge& Kegan Paul,1978:168-169.

② Fletcher S. Education and Emancipation: Theory and practice in a new constellation[M]. New York& London:Teachers College Press,2000:127-128.

③ 蒋纯焦. 一个阶层的消失:晚清以降塾师研究[M]. 上海:上海书店出版社,2007:44.

④ 蒋纯焦. 一个阶层的消失:晚清以降塾师研究[M]. 上海:上海书店出版社,2007:100.

类思想的前进,体罚已经被法律明文禁止并受到社会各界的普遍批评。人们总体教育水平的提升也使家长对教育有了更深的认识,进而对教师体罚学生,乃至惩罚学生的合法性提出质疑。现今的教师毋宁说体罚学生,即便是合理的惩罚也可能遭到家长的诘难,最终使教师对惩罚学生产生了极大的恐惧,乃至教育中部分合理的惩戒也缺失了。这也就无怪乎国家会对"教师惩戒权"进行立法。以此观之,在我国大多数学校,显然对身体上受到惩罚的恐惧已不再是主要的学校恐惧。[①]

(二)被建构性与感染性

学校恐惧并非天生存在,其形成多与社会交往相关,因而具备了被建构性和感染性。

1.被建构性

在这里被建构性指的是学校恐惧的根源在于社会经历和自我意识的综合作用,是社会性恐惧,而不是生物恐惧。人们知道,生物恐惧指的是生物在进化过程中形成的本能性恐惧,这类恐惧主要指向威胁生命的情境。人们怕疼痛,怕突如其来的巨大声响,怕闪电等,这些恐惧不需学习,是人天生所具备的。而学校恐惧则多来自后天的社会学习。这一方面表现为社会生活告知学生应恐惧什么,另一方面表现为社会生活使学生产生恐惧。未入校的儿童对"迟到"并不恐惧,但是随着进入学校,按时到校渐渐成为一种强制规定,入学之初,教师就会强调学校的时间制度,并将迟到行为标签为耻辱事件。这相当于建构了学生的可欲状态,即按时到校是证明学生存在价值的一个基本事件,进而使学生产生了对迟到的恐惧。除了被"告知"的恐惧,儿童通过对自己在学校社会生活的体验与反思也会建构出一系列的恐惧:"新入学的小学生对同伴玩的竞争游戏非常警觉,在这些游戏中,身体条件不好的孩子会在同伴面前显得笨手笨脚而为人耻笑,并对测试充满恐惧,生怕考不好让老师看不起。"[②]一个农村中学的优秀毕业生,本来在学校同伴中不费吹灰之力即可夺魁,轻松确证自己的存在价值。但随着进入城里"高手如云"的中学,与同学的竞争压力越来越大,在竞争中失败的恐惧开始萦绕在学生心头。在这一意义上,学校恐惧乃人造恐惧而非自然恐惧。

[①] 当然这里说的是大部分情况,并不排除两种例外:一种情况指的是部分学校仍然存在的教师殴打学生的暴力事件,这在媒体上也常有报道,但是这种现象毕竟并非主流。另一种情况则为变相体罚。变相体罚虽然与体罚有诸多类似之处,但毕竟不再以直接伤害学生身体作为手段,在这个意义上可以说学生对传统体罚的恐惧已远没之前那么巨大。

[②] [美]段义孚.无边的恐惧[M].徐文宁,译.北京:北京大学出版社,2011:13.

2.感染性

如果说学校恐惧的被建构性强调了学生的认知在形成其恐惧方面的关键作用,那么感染性则注意到学生情感的影响。所谓感染性指的是学生受他人恐惧的影响而做出类似的反应。心理学的研究显示,人们对恐惧的学习大致有两种方式,一种即直接的经验学习,另一种则更具社会性,即对他人恐惧经验的学习,亦可称之为恐惧的社会学习。它主要通过社会传递来实现。[①] 学校恐惧即针对后一种恐惧习得方式而言。

具体来说,这种感染性体现在两方面。

其一,学校恐惧受教师、父母等非学生群体恐惧的影响。教育史上有多位学者对子女与养育者间的恐惧传递做过精辟论述,卢梭在《爱弥儿》中就探讨了父母的恐惧对子女的传递。他告诫父母当孩子受伤时,"我急急忙忙的样子,反而会使他更加害怕,更加觉得疼痛。其实当我们受伤的时候,使我们感到痛苦的并不是所受的伤,而是恐惧的心情……如果他看见我慌慌张张地跑去安慰他,替他难过,他就以为他这一下可糟了"[②]。康德的教育思想受到卢梭的巨大影响,他对教育恐惧感染性的论述继承了卢梭的观点,认为:"乳母的影响会使得孩子害怕蜘蛛、蟾蜍等东西。本来,孩子肯定会像抓其他东西一样去抓蜘蛛,但因为乳母一见到蜘蛛就通过表情表现出她的厌恶,就会通过某种同感对孩子产生影响。"[③]罗素更是直接指出了恐惧所具有的感染力,认为:"儿童能从长辈那里感受恐惧,即使它们的前辈并未感到自己有所表现。母亲或保姆的胆怯是会迅速被孩子通过联想所仿效的。"[④]虽然他们的论述主要还集中于学前儿童,但是显然结论也适合于在校生。对孩子成绩极度紧张的父母,通常其紧张感染学生使之产生成绩恐惧。

其二,学校恐惧会在学生群体成员间互相传递,这种传递除了类似于父母与子女间情绪感染的方式外,还可以通过"社会连锁效应"。社会连锁效应的核心特征在于:"参与其中的人们同时放大他们受到影响的社会信号。通过他们的参与,那些参与连锁反应的人扩大了它的规模,使其他人也更可能参加……如果多数人跟从他人,由于一些人或许多人怀着一定恐惧,没有多少信息被提供。多数

① Olsson A,Phelps E A. Social Learning of Fear[J]. Nature Neuroscience,2007,10(9):1095-1102.
② [法]卢梭.爱弥儿:论教育(上卷)[M].李平沤,译.北京:商务印书馆,1978:70.
③ [德]伊曼努尔·康德.论教育学[M].赵鹏,何兆武,译.上海:上海人民出版社,2005:23.
④ [英]罗素.罗素论教育[M].杨汉麟,译.北京:人民教育出版社,2009:40.

人对其他人提供的信号做出反应,并未意识到其他人在做着同样的事情。"①这解释了学生中由于恐惧而造成的盲从、跟风现象。典型的例证如奥数培训。A学生进入奥数班学习,并将此事告知同届的 B 同学,这立刻在 B 心中激起巨大的恐惧,如果自己比 A 少了这部分训练岂不是要落后于他? 于是 B 也进入奥数班学习。随后 B 又将此事告诉 C,C 本来觉得上不上奥数班无所谓,但是 B 的恐惧使得 C 倾向于认为此事确实非同小可。与 B、C 交好的 D 本来认为学奥数能提高成绩没有道理,但是 B、C 共同的恐惧使得 D 对自己的立场开始怀疑,并倾向于接受 B、C 的观点。由此一环接一环不上奥数班就会在学习竞争中失败的恐惧从少数人的看法慢慢成为群体的共识,而事实上从来没有人严肃地去考证过上奥数班和竞争成功之间是否存在必然联系。

(三)整体性与层次性

学校恐惧是一个系统,具有明显的整体性。首先,学校恐惧的影响不局限于学生自身,而是波及与学生相关的整个教育情境。虽然学校恐惧的直接影响对象是人,但是它也会间接地影响到教师的教学工作和家长家庭教育的开展。其次,对于学生个体而言,恐惧亦可能成为影响其在校生活的重要因素。当学生不能有效控制自己恐惧时,他将会被恐惧所控制,这让学生的种种行为都被打上了恐惧的烙印。应付恐惧,而不是促进自身发展成为学生的首要任务。因而学业失败恐惧不仅影响学生的学业成就,事实上也会对学生在群体中的社会成就产生影响。一个对学业失败充满恐惧的学生,往往也惧怕被教师、同学看不起,惧怕自己被排斥在学生团体之外,故而在日常社会活动中采取"随大流"的方式,不敢张扬自身的个性,以这种方式保存自己的存在价值感,这可能造成学生社会成就的低下。学业成就和社会成就的双重低下更是使得学生所试图保存的存在价值感日益削弱。

从时间维度上看,学校恐惧如果没有得到有效的控制或利用,则不仅会持续发展,而且可对学生发挥持续作用,不仅影响学生在校生活,而且延伸至学生毕业后的工作与生活。学校恐惧可能会成为学生性格的一部分。正如安德鲁·马丁(Andrew Martin)所言:"对于成功最好的预测是成功……遗憾的是这也适用于恐惧和失败。促进成功和消除恐惧与失败对学生的成就及在未来生活中取得

---

① [美]凯斯·R.桑斯坦.恐惧的规则——超越预防原则[M].王爱民,译.北京:北京大学出版社,2011:88.

成功至关重要。"①以学业失败恐惧为例,此种恐惧虽广泛存在于学生之中,但在某些学生身上显得特别严重,以至影响其正常的学习、生活。这些学生的一些性格与认知等方面的因素易为恐惧束缚,而当他们被恐惧包围不得不采取特定方式突围时,不良的恐惧管理方式又会强化这些性格与认知等,形成恶性循环。如果学校无法帮助学生处理好学校恐惧问题,这些恐惧将成为学生习惯的一部分。他们将会带着这些恐惧走进今后的工作、学习。一个被学业失败恐惧吞噬的学生,将对应着一个被事业失败恐惧吞噬的成人。

从空间维度上看,学校恐惧包括宏观、中观和微观几个层次。在宏观层面,学校恐惧的某些形态可能普遍存在于某一时代的绝大多数学生身上;这取决于学生所处时代的主旋律。如在应试教育文化下,考试恐惧成为学校恐惧的主要形式。在中观层面,学校恐惧大量存在于学校中。因为学校教育中的恐惧文化往往会人为地制造学校恐惧,成为束缚学生成长的重要因素。在微观层面,学校恐惧主要存在于个体。这是传统教育心理学研究主要关注之处。如学生个体考试焦虑水平的测量、学生情绪健康等。然而正如彼得·雪勒(Peter Shirlow)等人所言,恐惧在不同地点、不同范围内有不同的形成方式——从身体(许多犯罪的焦点)、家庭(大多数犯罪发生的地点),到地方和国家政府,乃至全球化进程,如移民和冲突,这给予了"恐惧"以新的形式。② 学校恐惧亦是如此。

第三节　学校恐惧的类型学分析

从不同的视角观之,学校恐惧可分为不同类型,对此进行分析有助于认识学校恐惧的本质特征。这里从基本恐惧或根本恐惧说起,进而从多个维度对学校恐惧进行分类分析。

认识最具基础性的学校恐惧是研究的起点。学校恐惧的基本类型③指的是学生诸多恐惧中最上位的、最核心的恐惧,即带有根源意义,或者说本体性的恐惧,其他恐惧俱由此派生。其他所有类型的学校恐惧都或多或少体现了这一作

---

① Martin A. Building Classroom Success: Eliminating academic fear and failure[M]. London: Continuum International Publishing Group,2010:7.

② Shirlow P,Pain R. The Geographies and Politics of Fear[J]. Capital& Class,2003,27(1):15-26.

③ 需要说明的是此处作为学校恐惧基本类型中的"基本"不同于前文所言之作为人类基本情绪中的"基本"。前文之基本主要表达的是不可分之单子、跨文化性的内涵。

为基本类型的恐惧。

在诸多学者看来,人类的基本恐惧是死亡恐惧。如印度的大师奥修就曾写道:"有很多种恐惧和害怕,我并不是在谈论他们,我是在谈论最基本的恐惧,所有其他的恐惧都只不过是这个恐惧遥远的回音,最基本的恐惧就是对死亡的恐惧。"①在此基础上他认为驱逐了人的死亡恐惧,其他类型的恐惧也就随之烟消云散。存在主义哲学家列维纳斯也指出:"畏则翻转一个主体的主体性以及他作为存在者的特征。死尸令人毛骨悚然,它已经负载着自己的鬼魂,宣告这鬼魂即将归来。这幽灵,这鬼魂,构成了畏的基本要素。"②此处幽灵、鬼魂大抵就代表了死亡,主体性和存在者特征的翻转则代表了人的"非存在",即死亡是畏的基本要素。

死亡恐惧之所以成为众多学者认可的基本恐惧大致有群体和个体两方面原因。从群体层面看,死亡恐惧在人类进化史中存在并发挥作用,具有普遍性。死亡恐惧带有一定的生物性,或者说是本能性。就直面死亡的恐惧感而言,它并非人类的特权,动物在面临死亡时大多会表现出恐惧之情,这也意味着死亡恐惧是与人类进化相伴的一种恐惧。在这一意义上,死亡的恐惧具有先验性,成为生物不可分割的组成部分。然而人类与动物的不同之处就在于不仅会对直面的死亡产生恐惧,也会对想象中,或者说未来的死亡产生恐惧,这就使得人类的死亡恐惧更具弥散性,并且更能影响人们的日常生活。死亡恐惧的直接作用在于提醒生物威胁其生命的危险的存在,以促使其采取手段逃离危险或克服危险。原始人类和动物一样,所面临的首要问题就是保存生命。随着原始人类的智能得到进一步发展,他们开始掌握一些简单技术,而这些技术的发明、传递本身其实就可被视为更好地保存生命的手段,即力图克服死亡恐惧。随着人类社会的进步,越来越多旨在克服或缓解人类死亡恐惧的文化、技术等不断地涌现。现代社会,大部分人已不再如原始人一般与死亡如影随形,诸多曾经在古代引发人们死亡恐惧的因素,如日食、雷鸣电闪等自然现象已不再能发挥它们作为恐惧刺激源的作用,但是死亡恐惧并非就此消失或淡化。死亡恐惧分化为现代人各式各样的恐惧,这些恐惧所面对的情形虽不再具致命性,却始终与人类的存在问题有关。

从个体层面看,死亡始终是人们心头挥之不去的梦魇,具有永恒性。尽管个体不会时刻都感受到它,但是它始终隐逸在人的思想、行为背后,并不时地走到前台。正如心理医师弗里茨·李曼所言"无忧无惧痛快度过一生显然是大家都

---

① [印度]奥修. 死亡[M]. 林国阳,译. 上海:上海三联书店,1998:22.
② [法]埃马纽埃尔·列维纳斯. 从存在到存在者[M]. 吴蕙仪,译. 南京:江苏教育出版社,2006:68.

曾做过的美梦,但人生在世就无法不忧不惧,我们的依赖心、终将一死的认知,都反映在其中。"①在他看来,在人的存在中就蕴含着恐惧。正是认识到自己死亡的必然性,恐惧才慢慢滋长,在这个意义上,对死亡的恐惧具有不可逃避性。对个体来说,死亡是最大的恐惧,是终极性的恐惧,因为死亡是对人的存在的毁灭性打击,意味着作为存在者的人的非存在。存在主义哲学家保罗·蒂利希在谈到本体意义上的焦虑时就指出:"关于焦虑性质的第一个判言是:焦虑是一种状态,在这种状态中,存在物能意识到它自己可能有的非存在。这句话可以简要表述为:焦虑是从存在的角度对非存在的认识。"②个体的存在总是可能受到非存在的威胁,这使得人们因生命的有限性而产生恐惧。对于个体而言,命运总是无常的,不期而至的死亡随时可能剥夺自己的存在。故而个体的死亡恐惧具备了更为上位的意义,以至于其他的一些恐惧总是或多或少分享了死亡恐惧的主要意蕴。

综上,无论是从人类进化、社会发展的角度而言,还是就个体的生命历程来说,死亡恐惧对于人类其他的恐惧而言具有本体性的特征,是人类恐惧的基本类型。这是哲学、伦理学、心理学等诸多学科达成的共识。

学校恐惧作为学生在学校教育情境中所感受到的恐惧,属于恐惧的下位概念。特殊之处在于它主要指向的是与身份相关的恐惧,在许多情形中表现为学生的学习恐惧。由于学校恐惧是一类特殊的恐惧,故称学生的基本恐惧亦为死亡恐惧也许不为过。但正如前文所言,本书所谓的学校恐惧有其独特的论域,且学生在教育情境中所面临的更多的是低强度的恐惧,所针对的威胁情境也不具有致命性,因此称学生的基本恐惧为死亡恐惧虽然正确,但这样的表述形而上的意味太浓烈,而且过于沉重,不能凸显出学校恐惧的特殊性,所以需要另一种更恰当的表述。

美国心理治疗师克里希那南达和阿曼娜对基本恐惧的分类有利于解决此问题。他们认为虽然人类的恐惧各种各样,"但是主要可以区分为两种最基本的恐惧。其中一种是害怕无法生存,另一种是害怕得不到爱。所有其他的恐惧都出自这两者。当开始更深入地检视我们的恐惧和行为时,发现我们大部分的生活都是以各种不同的方式,受到这两种恐惧的影响"③。这两种恐惧可简称为无生

---

① [法]弗里茨·李曼.直面内心的恐惧:分裂、忧郁、强迫、歇斯底里四大人格心理分析[M].杨梦茹,译.太原:山西人民出版社,2007:1.

② [美]保罗·蒂利希.存在的勇气[M].成穷,王作虹,译.贵阳:贵州人民出版社,1998:33.

③ [美]克里希那南达,阿曼娜.走出恐惧——穿越"内在小孩"的迷思,消融我们的伤与痛[M].王静娟,译.桂林:漓江出版社,2011:83.

恐惧和缺爱恐惧。它们大致对应着前文所言死亡恐惧的两种形态,即无生恐惧对应着死亡恐惧的原始形态,而缺爱恐惧对应着死亡恐惧的现代形态。如果说前者的重点在于害怕不能很好地生存,即将生存恐惧理解为死亡恐惧的物质层面含义,理解为个体生命保存方面的恐惧,那么缺爱恐惧侧重于死亡恐惧精神层面的内容。不同于生存恐惧,缺爱恐惧注重的不是对失去生命的恐惧,而是对失去生命意义的恐惧。照此分析,学校恐惧的基本类型当是缺爱恐惧。

若对缺爱恐惧做个扩大化的理解,就会发现无生恐惧和缺爱恐惧并非截然二分的,在特定的情境中两者呈互相包容的姿态。根据爱的给予者,缺爱恐惧可细分为缺失自爱的恐惧和缺失他爱的恐惧。结合前文对学校恐惧的定义(学校恐惧指学生就学校教育情境或其特定要素对自身存在价值的作用进行评估而产生的防御性焦虑),可以发现学生很多时候对考试充满恐惧的根本原因就在于缺爱恐惧,即担心由于自己考试成绩低而得不到父母、教师的爱,由于成绩低而对自己产生愤恨进而得不到自己的爱等。而缺失爱对于学生而言之所以是恐惧的,主要因为学生需要通过爱来确证自己的存在价值。换句话说,对学生而言得到他人和自己的爱可以证明自身的存在价值,可以使自身的生活更加美好,而缺失爱是对自身存在价值的威胁,意味着自己的存在可能完全没有意义,这对学生而言是可怖的。在这一意义上,现代人的诸多恐惧也得以显现:人们惧怕被上司、领导责骂,惧怕得不到他们的赏识,因为这意味着自己得不到上司的爱。人们惧怕找不到好工作,因为这意味着自己可能得不到亲友的爱,意味着对自己"无能"的证明进而也得不到自己的爱,不一而足。对于个体而言,只有得到自爱和他爱才是理想的生活状态,而这种状态的存在需要一个前提,即个体的生存。没有了生存,也就无所谓缺爱恐惧。无生恐惧与缺爱恐惧的联系在此渐次明晰,无生恐惧可以被视为终极的缺爱恐惧。

综上,将缺爱恐惧代替死亡恐惧这一措辞,应用到学生所面临的非生命威胁情境更加恰当。因而,本书将学生的基本恐惧界定为缺爱恐惧。在此基础上按照不同的标准学校恐惧可被分为以下几类。

一、积极恐惧与消极恐惧

以促进抑或阻碍学生发展为据,可将学校恐惧划分为积极恐惧和消极恐惧。在这里,积极和消极是相对恐惧之于学生的影响,而非恐惧这一情绪(情绪状态)本身的性质。

如前所述,恐惧是人类对现实或可能威胁的正常反应,本身是中性的。但对恐惧不同的反应令恐惧产生了正面,或者负面的影响。有研究者就指出:"我们对恐惧的看法非常重要。恐惧可能阻碍我们,但也可能让我们发现我们自身存在的创造我们理想中的生活与世界的力量。"[①]著名学者帕尔默就曾将教育中的恐惧分为健康恐惧和病态恐惧。他的分类类似于本书的积极与消极恐惧之分,但是帕尔默的分类主要建立在恐惧的性质基础之上,即他的健康与病态是针对恐惧本身的性质而言,忽略了恐惧本为中性的这一特点。如帕尔默指出:"我恐惧我的教学很糟糕,这种恐惧或许不是一种失败的信号,而是关注我的教学技艺的一种证据……这种能够使人们对真正的学习有所感悟、有所触动的恐惧是一种健康的恐惧,这种恐惧能提高教育,而且我们必须找到激励它的方法。"[②]然而事实上确实有很多人因恐惧教学的糟糕结果而影响了自己的正常发挥,可见并非恐惧本身而是如何去处理恐惧使之发挥积极或消极作用,从而形成了恐惧的积极或消极分野。

当学生感到存在价值受到威胁时就会产生恐惧,而对恐惧的回应则具有防御性,即旨在通过某些手段控制恐惧,以降低自身的恐惧感。这些防御性手段可能是合适的,也可能是不恰当的,这就形成了此处所言之积极恐惧和消极恐惧。一般认为当恐惧的强度与威胁的大小相适应时,这种恐惧是适宜的、积极的。换言之,消极恐惧就涉及两种类型,一是恐惧不足,二是恐惧过度;而积极恐惧之所以为积极就因为其能帮助当事人很好地应付威胁。

这就相应出现了以下两种情形:第一,威胁较大,但是恐惧不足或恐惧过度。对于前者,如教育应该培养学生对交通规则的敬畏心[③],如果不能建立起学生对规则的恐惧,即恐惧不足,那么就可能造成学生对规则的违反,进而导致伤害事故的发生。对于后者,当威胁较大时很容易激起学生的过度恐惧,最终反而不利于学生成长。譬如高考,它对学生的一生都有着重大影响,因此高考失利对学生而言是个巨大的威胁,很容易激起学生高强度的恐惧。而这种高度恐惧又反过来导致学生考试的失利。第二,威胁较小。较小的威胁如果不加以注意,也可能

---

① Tarcher J P. You Have the Power: Choosing courage in a culture of fear[M]. New York: Penguin Group Inc, 2004: 10.

② [美]帕克·帕尔默. 教学勇气——漫步教师心灵[M]. 吴国珍, 余巍, 等译. 上海: 华东师范大学出版社, 2005: 40-41.

③ 按照前文对恐惧的理解, 敬畏其实就是一种特殊类型的恐惧, 即带有尊敬的恐惧。然而一般的理解大多强调敬畏中敬的成分, 而忽略了其畏的成分。

对学生造成重大的伤害。故曰"千里之堤溃于蚁穴"。也许一次考试的失利对学生而言并不算大的威胁,但学生不能就此引起注意,反思失利的原因并在以后的学习中改正,那么慢慢积累起来可能造成整体失利,最终制造出更大的恐惧。有的学生会对一些实际很小的威胁感到过度恐惧。譬如在班干部选举中候选人必须上台陈述竞选词,这对于部分学生来说是件较为恐惧的事情,因为他们害怕在公共场合演说,担心出错被同学嘲笑。实际上这样的威胁很小,完全应该忽略不计。

积极恐惧一方面涉及学生对威胁的理性分析、客观评价,并做出恰当的反应。另一方面涉及教师对学生恐惧的控制,即努力使学生的恐惧保持在一个能发挥动力作用,促进学习的层次上,同时尽量避免或缓解学生的消极恐惧。

二、学业恐惧与人缘恐惧

学生的学校生活可分为学习和社会交往,以此标准可将学校恐惧分为学业恐惧与人缘恐惧。

学业恐惧指学生对学业产生的恐惧。《教育大词典》中对学业有古今两大解释:在古语中学业意同学问功夫,如《墨子·非儒下》云:"夫一道术学业仁义者,皆大以治人,小以任官。"《后汉书·谯玄传》曰:"时兵戈累年,莫能修尚学业,玄独训诸子勤习经书。"现代汉语中学业的意思变得更为狭隘,主要指学生在学校的课业。[①]《现代汉语词典》也将学业解释为:"学习的功课和作业。"[②]"学生"相对"儿童"这一称谓不但突出了"在校生"的独特性,更点出了"儿童"或者说"未成年人"在学校的主要任务即学习。一般来说,学生在校学习主要包含两个部分,一为学术知识的学习,另一为生活经验的学习。相应的学业恐惧可分为两类:一是学习过程中的恐惧。面临学习困难或过重的学习负担,学生产生的畏惧心理即属此类。二是学业评价中的恐惧。对考试前后等相关评价,学生产生的恐惧当属此类,如考试焦虑。既然学业的发展是学生的重要任务之一,那么学业发展状况不可避免地成为判断学生能力的重要标准(而学生对自己能力的看法是影响学生存在价值感的最为重要的因素之一),尤其在我国"分数第一"的背景下,学业恐惧广泛地存在于中小学也就不足为奇。

---

① 顾明远.教育大辞典[Z].上海:上海教育出版社,1998:1837.
② 中国社会科学语言研究所.现代汉语词典[Z].北京:商务印书馆,2005:1548.

人缘恐惧指学生在学校交往中对存在价值感受到威胁的评估而产生的恐惧，即由社会交往引发的恐惧，如对被同学嘲笑的恐惧等。这种社会交往可能是当下的、发生在真实情景中；也可能指向未来，产生于虚拟、想象的情境。当然这种虚假的情境一般有现实基础。学生的现实人缘恐惧可以分为同伴交往中的恐惧、与教师交往中的恐惧。人是需要社会认同的动物。因而得到与之交往的社会群体的赞赏或认可，是学生证明其存在价值的重要标准。有研究者就指出："在我们各种恐惧的背后，实际上是人们对与他人失去联系的恐惧。"[①]人缘恐惧造成的直接影响是一旦学生的行为与社会期待不一致，他们就可能感到恐惧。在学校生活中，学生主要接触的群体为同学和教师，这决定了学生社会认同感的来源。若想得到同学的认可，希望在同辈群体交往中保存或增强自身的存在价值，那就需要学生遵从所在群体的规范、价值观等。与此相应，一切违背群体主流"意识形态"的行为都可能造成学生的恐惧。这导致了学生的两种行为：一是严格按照群体规范行事，二是虽然不赞同或不完全赞同所在群体的规范，但出于对被同学排斥的恐惧，故以一种不违背群体规范的方式行事。与教师交往时学生的恐惧也大抵如此。从教师身上得到归属感可以增强学生的存在价值感，因此学生大多惧怕被教师批评、看不起。与上述的人缘恐惧不同，未来恐惧更多建立在学生的想象基础之上。这里之所以将未来恐惧视为人缘恐惧是因为学生的这类恐惧主要表现为身份焦虑，即他们在今后社会交往中所能占据的社会地位。如此说，并非否定未来恐惧的现实基础。在现实中，不少大学生都有未来恐惧，其现实基础就是当下大学生确实就业难。

虽然诱因不同，但学业恐惧与人缘恐惧存在紧密联系。一方面，两者有重合之处。当学业成就成为他人如老师和同学评价特定学生存在价值的唯一标准时，学业的成败通常和社交的成败呈正相关，即成绩好的学生往往在同学间的社会声望高，也更受同学欢迎。另一方面，两者也可能彼此冲突，这种情形发生在学业成功的评价标准与社会成功的标准不同之时。卡洛琳·杰克逊曾研究过这种冲突情形。他指出在学生群体中最受欢迎的并不是努力学习、成绩优秀的学生，因为他们认为这样的同学是书呆子，一点也"不酷"，他们所欢迎的是那种不认真学习但也还能取得好成绩的学生，即不但成绩优异，而且还能以某种形式做出学生们认为"很酷"的表现的学生。这点类似于教育社会学研究中的学生亚文

---

① Tarcher J P. You Have the Power: Choosing courage in a culture of fear[M]. New York: Penguin Group Inc, 2004:18.

化与学校主流文化的冲突。与此相似，一个想在学业和社会成就两方面都取得成功的学生，很可能会感到这种冲突的尖锐性。[①] 因而本来旨在减轻自身学业或人缘恐惧的防御行为最终可能制造出更大的恐惧。

三、失败恐惧与成功恐惧

失败恐惧（Fear of Failure）指学生对在学校生活中失败可能导致的不良后果的恐惧。这个概念最早出现于成就动机的研究中，由大卫·麦克莱兰（David McClelland）和约翰·阿特金森（John Atkinson）等人在 1953 年提出。后期约翰·阿特金森进一步发展了失败恐惧的概念，将其描述为："个体感知失败所带来的羞耻的能力或倾向。"[②] 霍莉·麦理觉（Holly A. McGregor）和安德鲁·艾略特（Andrew J. Elliot）则认为："失败恐惧是一个自我评价的框架，在其中失败被认为是对总体性无能力（global incompetence）的预测，这种无能力可能导致自我冒被重要他人排斥和抛弃的风险。"[③] 失败为何是令人恐惧的？按照大卫·康罗伊（David Conroy）的说法，这是因为失败导致了人的价值感的剥夺，即人们常会从失败的经验中得出自己没有价值、没有能力的结论。[④] 这也正是学生对失败感到恐惧的原因，失败的经验可能产生对学生存在价值感的威胁，恐惧感即由此而生。

对于失败恐惧的研究比较深入，国内有学者综合了大卫·康罗伊关于失败恐惧的三层分说：①自我评价降低，②与自我无关的惩罚，③社会价值降低；以及罗伯特·伯尼（Robert Birney）关于失败恐惧的十维度说：①害怕个人价值降低；②害怕能力不足；③害怕对自己的表现缺乏控制；④害怕没有希望或失去机会；⑤害怕实际的物质损失；⑥害怕未来的不确定因素；⑦害怕努力的白费；⑧在人前出错时尴尬的自我形象；⑨害怕令他人失望；⑩害怕自己的表现令他人对自己失去兴趣。以此建构了表 1-3 所示的失败恐惧结构。

① Jackson C. Fear in Education[J]. Educational Review,2010,62(1):39-52.

② Atkinson J W. Motivational Determinants of Risk-taking Behavior[J]. Psychological Review, 1957,64(1):359-372.

③ McGregor H A,Elliot A J. The Shame of Failure: Examining the link between fear of failure and shame[J]. Personality and Social Psychology Bulletin,2005,31(2):218-231.

④ Conroy D. The Unique Psychological Meanings of Multidimensional Fears of Failing[J]. Journal of Sport and Exercise Psychology,2004,26(3):484-491.

表 1-3　失败恐惧的结构[①]

伯　尼	康罗伊
自我评价降低	①害怕个人价值的降低
	②害怕能力不足
	③害怕对自己的表现缺乏控制
与自我无关的惩罚	④害怕没有希望或失去机会
	⑤害怕实际的物质损失
	⑥害怕未来的不确定因素
	⑦害怕努力的白费
社会价值降低	⑧在人前出错时尴尬的自我形象
	⑨害怕令他人失望
	⑩害怕自己的表现令他人对自己失去兴趣

　　学生的失败恐惧由多种因素造成,譬如父母的教养方式。20 世纪 80 年代就有学者的研究显示如果母亲对孩子的失败进行惩罚,但是不对他的成功进行表扬就有可能造成孩子高的失败恐惧。[②] 近些年也有研究证明父母的失败恐惧与孩子的失败恐惧之间存在着正相关,爱的撤离(love withdrawal)是母—子失败恐惧间联系的中介。[③] 高的失败恐惧会对学生的方方面面造成影响,霍莉·麦理觉等人的研究揭示,高失败恐惧的学生倾向于将失败视为对他们的自我价值、安全感具有消极意义的不可接受的事件,这使得他们在成就情境中追求对失败的避免。相比于低失败恐惧的学生,他们至少存在这样三个特征,即高失败恐惧学生在失败中体验到更多的羞耻;更容易将失败的经验与总体性自我(global self)联系起来;更担心失败会造成与重要他人关系的崩溃。[④] 而这三个特征又会使高失败恐惧的学生更易遭受失败。

　　成功恐惧指学生对在学校生活中成功可能导致的不良后果的恐惧,即对成

　　① 孙晓冬,汪玲. 失败恐惧研究述评[J]. 心理科学进展,2007(4):637-641.

　　② Teevan R C,McGhee P. Childhood Development of Fear of Failure Motivation[J]. Journal of Personality and Social Psychology,1972,21(3):345-348.

　　③ Elliot A J,Thrash T M. The Intergenerational Transmission of Fear of Failure[J]. Personality and Social Psychology Bulletin,2004,30(8):957-971.

　　④ McGregor H A,Elliot A J. The Shame of Failure:Examining the link between fear of failure and shame[J]. Personality and Social Psychology Bulletin,2005,31(2):218-231.

功的恐惧。成功恐惧这一概念最早由玛蒂娜·霍纳（Matina Horner）于20世纪60年代末期针对失败恐惧的概念提出。霍纳早先用这一概念来解释人们在成就需求研究中所发现的性别差异，即并非如失败恐惧研究所显示的那样人人都恐惧失败而希望成功，有一部分人对成功也会产生恐惧，进而做出种种回避成功的行为。她将"避免成功"的动机界定为"在竞争情形中所产生的成功对于女性而言将导致消极的后果"[①]。可见成功恐惧起初是用来解释女性在成就情境中对成功的恐惧。女性在其社会化的过程中形成一定的关于女性角色的刻板印象，譬如女性不适合当领导，那么当部分女性在行政岗位脱颖而出时，她们就可能感受到自己作为女性的存在价值受到威胁，进而产生对成功的恐惧。不过现今很多研究揭示男性身上也存在成功恐惧，如国内对中学生的成功恐惧的研究就表明，男生和女生均存在着成功恐惧，只是相对而言女学生的成功恐惧更加严重而已。[②]

安德鲁·马丁将教育情境中产生成功恐惧的学生分为四种类型，呈现了成功恐惧颇为丰富的景观。[③] 第一种类型的学生之所以惧怕在学校中表现得优秀，因为他们认为成功会使自己显得与众不同，或者与群体格格不入，希望得到群体的认同。因此他们可能选择随大流，不将自己的实力完全展现以避免成功带来的恐惧。前文提到的学业成绩好，但是不"酷"的学生容易被同伴视为书呆子，进而导致部分学生对成功充满恐惧就属此类。第二种类型的学生惧怕学业成就会带来朋友或群体的非难和失望。这里涉及学生对群体规则的遵守，多见于女学生。譬如在某些女生小群体中，大家公认A同学的成绩是最好的，这样就形成了一种规则，即只有A是最棒的，其余的成员都不能比A成绩好。这对于同样很具实力的B同学来说，成绩比A好就可能造成被同伴非难的不良后果，以致其对成功产生恐惧，不愿充分发挥自己的能力以避免超越A生。第三种类型学生最为常见，他们不愿意充分发挥自己的实力考高分，因为担心自己在下次考试时会面临更大的压力。劳里·鲍里克-基恩（Laurie Pawlik-Kienlen）所理解的成功恐惧就属于这一类型，他指出："成功是令人可怕的，因为它涉及了改变，成功会令人生畏，并使人难以对其进行处理。伴随成功而来的是更多的挑战

---

① Jackaway R,Teevan R. Fear of Failure and Fear of Success：Two dimensions of the same motive [J]. Sex Roles,1976,2(3):283-293.

② 陈俊,张积家. 中学生成就动机与成功恐惧的研究[J]. 心理科学,2003(1):107-110. 在他们另一篇文章中，针对大学生的成功恐惧的研究也有类似的结论，参见：张积家,陈俊. 大学生成就动机和成功恐惧研究[J]. 应用心理学,2002(2):18-22.

③ Martin A. Building Classroom Success：Eliminating academic fear and failure[M]. London：Continuum International Publishing Group,2010:103-111.

和责任,这可能具有威胁性。"①第四种类型的学生则较为特殊,他们缺乏自信,认为自己的成功完全是靠运气,因而不配拥有这样的成功。他们认为自己是"骗子",欺骗了同学、老师和父母。这些学生之所以对成功充满恐惧是因为他们认为每前进一步,意味着自己会更快地被别人发现自己"无能"或者说"欺骗者"的本质,意味着自己的存在价值可能面临着消解的威胁。

应该注意的是,成功恐惧虽是失败恐惧的对立面,但是随着研究的深入,很多学者发现两者之间其实并非起初设想的那样界限分明。有研究者指出,对于那些成就需求和亲和需求高度相关或一致的人而言,成功恐惧和失败恐惧的本质是一样的。而对另一些亲和需求更具独立性的人而言,成功恐惧和失败恐惧是对失败的焦虑的两种不同表现。一方面,失败恐惧表达了对不能完成特定成就目标的恐惧;另一方面,成功恐惧则表达了对在社会交往中失败的恐惧。② 雪伦·弗丽德-巴肯特(Sharon Fried-Buchalter)对失败恐惧的定义也暗含了失败恐惧与成功恐惧的交融之处,她认为:"失败恐惧是对失败可能造成的后果,如失去自尊或他人尊重的忧虑。"③如前所述之马丁的分类,学生成功恐惧的前两种类型都与担心自己的成功带来群体的拒斥有关,这种拒斥可能被视为得不到他人的尊重。在这一意义上,很多时候在成功恐惧所恐惧之成功带来的后果,与失败恐惧所恐惧之失败带来的后果是一致的。与其说担心成功会给自己带来更大的责任、更大的压力,不如说更大的责任和压力将使失败的可能性大大增加。

四、自然恐惧与人造恐惧

学校恐惧既可能是学校生活中自然存在的,也可能是人为制造出来的,相应的可将其区分为自然恐惧和人造恐惧。

以学生对考试的恐惧为例,虽然这种恐惧可能是不适宜的,但是它所针对的威胁是自然而然存在的,由考试性质决定。因为凡是考试总意味着不确定性,意味着自己的存在价值将受到别人或自己的评价。这种威胁是客观存在的,难以完全消除。巴西教育家保罗·弗莱雷就将恐惧视为个体,尤其是在压迫的境况

---

① Pawlik-Kienlen L. What is Fear of Success? Signs of self-sabotage[EB/OL]. (2008-4-3)[2012-7-11]http://suite101.com/article/how-fear-of-success-works-a49666.

② Jackaway R,Teevan R. Fear of Failure and Fear of Success:Two dimensions of the same motive [J]. Sex Roles,1976,2(3):283-293.

③ Fried-Buchalter S. Fear of Success, Fear of Failure, and the Imposter Phenomenon:A factor analytic approach to convergent and discriminant validity[J]. Journal of Personality Assessment,1992,58(2):368-379.

中,对存在的一个证明。在他看来,恐惧是对困难的恰当和可预期的反应,因而恐惧是学习过程中无法避免的一个特性。[①] 可见自然恐惧内嵌于学生学习活动中。

人造恐惧与自然恐惧的不同之处就在于它的人为性,它是人为了实现某种目的而刻意制造出来的恐惧,在教育中它的典型表现为恐吓。有研究者就幼儿园中的恐吓教育现象的类型进行了专门的研究,将其分为两大类型,即:"根据恐吓教育方式是否具有暴力性,将幼儿园恐吓教育分为暴力性恐吓和非暴力性恐吓;根据恐吓教育方式是剥夺幼儿的正常需要还是给予幼儿一定的惩罚,将幼儿园恐吓分为剥夺式恐吓和惩罚式恐吓。"[②]在这些类型下还有多种多样的具体恐吓手段,但是它们的核心都是制造学生的恐惧,以达到控制的目的。恐吓教育的语言可能是极端的、暴力的,如"看你那没出息的样子,长大了就完蛋了!"也可能是相对平和的,如"现在不好好学习,将来找不到工作看你怎么办!"[③]不管使用何种语言,恐吓都不可避免地人为制造了学生的恐惧。

需要特别指出的是自然恐惧和人为恐惧并不带有价值判断,并非自然恐惧就是可以接受的、人造恐惧就一定是恶劣的。两者是属于积极恐惧还是消极恐惧,最终还要取决于学生的管理恐惧的方式。

本章小结

理清学校恐惧的概念是研究的起点与基础。对恐惧的词源分析发现:西方语境中的恐惧具有主观性,由直接或潜在的威胁引起,常表现为较为强烈的情感反应;中国语境中的恐惧与害怕的意思相近,意指对感受到的即时威胁的反应,对不希望看到的后果的害怕,一种小心谨慎的态度,以及敬畏之情。而学者们对恐惧的界定也体现了不同研究立场下对恐惧的差异化理解,这些界定大多体现了心理学特点,且更关注恐惧的负面意义。在现有研究中,恐惧与焦虑是一对错综纠葛的概念,它们在情绪类型、刺激源、行为反应和生理机制等方面都是不同的,但在实际使用中恐惧与焦虑的边界是模糊的。总体而言,现有研究对恐惧内

[①]　English A,Stengel B. Exploring Fear:Rousseau, Dewey, and Freire on fear and learning[J]. Educational Theory,2010,60(5):521-542.

[②]　王任梅.幼儿园恐吓教育现象的类型分析[J].教育导刊(下半月),2009(1):36-38.

[③]　高德胜.学校教育与恐惧制造[J].教育研究与实验,2010(1):1-7.

涵的理解大多指向了恐惧主体所期望保持或追求的可欲状态,恐惧由此可被视为:"主体认为其希望保存或追求的某种可欲状态可能受到威胁时心理产生的防御性焦虑。"故而学校恐惧即:"学生就学校教育情境(或特定要素)对自身存在价值的作用进行评估而产生的防御性焦虑。"这一定义揭示了学校恐惧同存于群体与个体层面,产生的根源在于学校教育情境,产生的直接原因主要为学生对学校教育情境对自身存在价值作用的评估,而直接的结果是产生了学生的防御性焦虑。

学校恐惧具有文化性和历史性,不同文化背景下学校恐惧面向不同的对象,不同历史时期也存在着不同的恐惧。学校恐惧也具有被建构性和感染性,是一种社会性恐惧而不是基于本能的生物性恐惧,其产生的根源在于社会经历和自我意识的综合作用。学校恐惧不但受教师、父母等非学生群体恐惧的影响,而且会在学生群体成员中,通过"社会连锁效应"进行互相传递。学校恐惧还具有整体性和层次性,其影响不局限于学生自身,而是波及与学生相关的整个教育情境,它可能成为影响学生在校生活的重要因素。从时间维度上看,学校恐惧不仅可能影响学生在校生活,也可能延伸至学生毕业后的工作与生活,成为学生性格的一部分。从空间维度上看,学校恐惧包括宏观、中观和微观多个层次。

人类诸种恐惧中,最基础的恐惧为死亡恐惧,其余各种类型恐惧俱为死亡恐惧之派生。但是考虑到学校恐惧的特殊性,用缺爱恐惧替代死亡恐惧的表述更加恰当。根据促进还是阻碍学生发展,学校恐惧可区分为积极恐惧和消极恐惧,而学校恐惧积极与否通常取决于学生处理恐惧的方式。根据学生在校生活的内容,又可将学校恐惧区分为学业恐惧和人缘恐惧。前者意指学生对学业产生的恐惧,后者意指学生在学校交往中由于对存在价值感受到威胁的评估而产生的恐惧。学校恐惧还可以区分为失败恐惧和成功恐惧,前者意指学生对在学校生活中失败可能导致的不良后果的恐惧,后者则指代学生对在学校生活中成功可能导致的不良后果的恐惧。最后学校恐惧可能来自学校教育活动的基本性质,构成了自然恐惧,也可能是学校各类主体为了某种目的人为制造出来的,构成了人造恐惧。

第二章　学校恐惧的层级与生产

学校恐惧是分层级的。有些恐惧强度是微弱的,但对人的影响是深远的;有些恐惧虽然强烈,但影响只是即时的;有些恐惧是人们能意识到的,有些恐惧则存在于人的潜意识层面。不同层级的学校恐惧有不同的表现形态与特征。对之进行探讨,有助于更深入理解学校恐惧的产生与对学生的影响。

第一节　学校恐惧的层级

学校恐惧具有程度上的差异性和发展上的阶段性,不同层次的学校恐惧对学生成长的影响也不尽相同。这里按照其对学生造成不良影响的程度将学校恐惧分为轻度、中度、重度和极度四大层级,并分而述之。

一、学校恐惧的层级概述

此处所谓学校恐惧的层级,一是指学校恐惧对学生成长危害程度的大小,层级从低到高对学生可能造成的危害依次递增。二是学校恐惧的发展是由低级到高级逐步形成的。可见这里的学校恐惧层级包含了严重程度和时间顺序。

图 2-1 展示学校恐惧的层级。由该图可以看出这种层级呈金字塔状,每个格子的大小代表处于这一阶段的人数的多寡。位于最底端的是轻度恐惧层级,处于这一层级的学生居多,而位于最顶端的为极度恐惧,达到这一层级的人最少,但这种恐惧的消极意义往往对学生造成重大危害。

其一,虽然它表现了学校恐惧从低到高的发展顺序,但这种顺序并不是线性的。即达到更高一级的恐惧并不必然要经过下一层级的恐惧。譬如极度恐惧的产生就不一定要经由重度恐惧,这点在后文详述。但在大多数情况下,学校恐惧的发展不逾这一顺序。

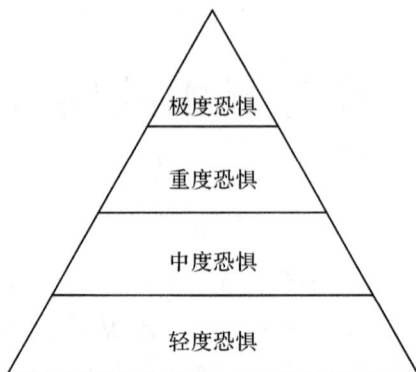

图 2-1　学校恐惧四层级

其二,学校恐惧的不同层级间呈彼此交融的状态,并非处于较高层级恐惧的学生一定不会出现较低层级的恐惧。也就是说,对学校恐惧的层级划分是理论分析之需,实践不尽然。一般来说,较高层级的学校恐惧对较低层级的恐惧具有一定的包容性,或者说处于较高层级恐惧的学生有时也会有较低层级恐惧的表现。具体而言,一个学生可能同时处于不同的恐惧层级。这种不同既可以表现为相邻层级之间,也可以表现为非相邻层级之间。

其三,不同层级学校恐惧也意味着发展的不同阶段,它们虽有不同,但成因却有一定的相似性。轻度恐惧虽然对学生的影响不是很大,但如果不能帮助学生合理控制和管理它,那么轻度恐惧就可能慢慢转化为中度恐惧。而中度恐惧的进一步发展就会引起学校恐惧情境的泛化,最终可能导致重度和极度恐惧的产生。可见恐惧对学生的伤害程度的加深,也就是此处所言的恐惧层级的提高,是和前一层级的恐惧问题没能得到解决而不断地加重有关,因而不同层级的恐惧在归因方面有诸多相似之处。

二、学校恐惧的层级分析

(一)轻度恐惧

轻度恐惧指学校恐惧对学生的影响较轻,主要表现是恐惧对象是具体事件。这种恐惧在学习过程中经常出现。正如保罗·弗莱雷言说学习本质时指出的:"学习就是发现。它是为了获得对学习对象的更准确的理解,发现它与其他对象间的联系。这要求学习的主体——学生去冒险、探索,没有冒险就不会有创造或再创造。"①当学生面临学习的挑战时,能否克服自己面临的困难是不确定的,而不确定性作为"主体对关注的事件和资源控制感的缺乏"②正好与主体的恐惧紧密相连。对于学生来说,学习是有风险的,且无论如何学生都不可能对学习具有绝对的控制,这就可能催生对失败可能性的恐惧。当学生的恐惧只是针对其所面临的具体挑战时,他所感受到的恐惧就处于轻度层级。譬如在个人情境中,学生在面临一道有难度的数学题时,他可能担心失败对自己存在价值带来的威胁。此时他的恐惧指向的是具体的题目,是处于轻度恐惧层级的状况。在公共场景中,当老师提出一个有挑战性的问题时,某生认为自己无法回答,因而惧怕教师要他起来作答,此时他的恐惧也面向这一具体的问题,同样处于轻度恐惧层级。

轻度恐惧有以下几个特征:

其一,从机遇上看,具有不可避免性。此阶段的恐惧大多来自学校生活中学生司空见惯的威胁因素,或者说任何人只要接受教育,就会面临一些影响其存在价值的难以预测的风险,因而出现恐惧是正常的,也是不可避免的。

其二,从时空上看,具有短促性和非泛化性。影响的短促性指当恐惧刺激源消失,轻度的学校恐惧即随之消失,不会对学生产生持续性的影响。与这种短促联系在一起的就是非泛化性,即这一层级学校恐惧的影响只针对特定事件,而不会影响学生对其他事件的处理。对一道数学题的恐惧不会引起学生对数学本身的恐惧,更不会导致对整个学习活动产生恐惧。因而一般来说该层级的学校恐惧对学生发展不会构成非常恶劣的影响。

其三,从发展上看,具有未分化性。这指处于该层级的学校恐惧的未来发展方向是不确定的,可能成为正常、有益的恐惧,也可能发展为阻碍学生发展的病态恐惧。这取决于多方面的因素,如学生对学习中的困难与失败的认知,家长和教师的积极引导等。发展的未分化性同时也提醒人们在教育工作中,应注意尽量将学生的恐惧保持在此层级,即"就事论事"型,同时利用种种手段,使其往健康的方向发展。

(二)中度恐惧

中度恐惧指学校恐惧对学生产生中度影响。此时学校恐惧朝向特定情境而非具体事件。在此阶段,学校恐惧不同于轻度恐惧层级,表现出恐惧的泛化性。

---

① [巴西]保罗·弗雷勒.十封信——写给胆敢教书的人[M].熊婴,刘思云,译.南京:江苏人民出版社,2006:38.

② Gold J R. Exploring Landscapes of Fear: Marginality, spectacle and surveillance[J]. Capital & Class,2003,27(1):27-50.

请看下例,以便理解。[①]

　　以前的一位同事,一个中学英语教师,讲了这样一件事情。她以前的一个学生,现在已经做了母亲,有一个正在读初三的女儿。一次,母亲对女儿说,明天星期天,我们去看老师——妈妈的老师。去看妈妈的老师! 女儿很高兴。

　　"妈妈的老师是教什么课的?"

　　"英语。"

　　听到"英语"两个字,女儿浑身一哆嗦,脸色都变了,说:"那我不去!"

　　母亲赶紧问她怎么了,女儿不肯说,只是说"没什么,没什么"。后来,母亲通过别的途径了解到,初一的时候,一次外语考试,女儿没考好,外语老师当着全班同学,用羞辱性的语言"批评"了她。母亲这才明白,为什么女儿的英语成绩在各门功课中是最差的,而且在家里从来不提英语老师、英语课,她对其他课、其他老师不是这样的。

　　从女孩条件反射似的反应来看,英语老师给予这个女孩子的恐惧已经深深植入孩子的内心。

在该案例中,女孩起初所面临的具体威胁"仅仅"是英语老师的批评,正是这一批评令女孩在同学面前丢尽了脸,深深地伤害了她的自尊,降低了存在价值感,诱发了她的英语学业恐惧和人缘恐惧。这一打击如此之深以至恐惧层级达到了中度,出现了恐惧对象的泛化,使女孩对造成其恐惧的相关情境——英语学习产生了系统性的恐惧和回避行为。

中度学校恐惧有以下两大特征:

其一,影响的长期性和初步泛化性。中度恐惧对学生的影响不是短促的,即使当恐惧源消失,恐惧仍会持续发挥作用,对学生的正常学校生活造成一定的影响。可以想见,如果案例中的女孩得不到成人的帮助,那么她对与英语相关情境的恐惧就可能伴随其学业生涯的始终。影响的初步泛化性指在中度层级,恐惧的影响渐渐地不再局限于具体的威胁,而是呈现了一定的泛化性,但是这种泛化性的程度还不算高,一般不会超越与威胁相关的情境,因而称其为初步泛化性。案例中的女孩只是英语的学习出现问题,恐惧并没有影响到其他学科的学习。这一现象广泛存在于中小学,典型表现如偏科。偏科由很多因素造成,其中非常重要的一点就是恐惧,这点常为人们忽视。偏科的初因和学生不能在该科目的学习中寻找到存在价值感有关,因而学生选择回避与该科目相关的情境,通过控

---

① 戎国强.教育的恐惧[J].教学月刊(小学版),2011(11):1.

制自己的恐惧以保存自身的存在价值感。而这种回避使得学生更难在该学科有所发展,长此以往形成恶性循环,使得学生从该学科中获得存在价值感的可能性越来越低,相伴而来恐惧越来越强,严重的可能造成学生一生都对此科目充满恐惧。

其二,未来发展的渗透性。这种渗透性意味着中度恐惧阻碍学生未来发展的可能性增大。因为此级的学校恐惧已不再是"就事论事"型,而偏向于"无事生非"型。[①] 这使学生可能会对本来并不具有威胁性的对象产生不必要的恐惧,其影响大多是负面的。当然,此级学校恐惧并非完全不能发挥正面作用。只要找到适当路径,就可以帮助学生使恐惧影响尽量保持在合适的范围内:一方面帮助学生认识当下恐惧的来源并找到消除根源的途径和手段。另一方面引导学生化"惧"为"力",使其推动自己前进,这点后文详述。

(三)重度恐惧

重度恐惧是深入学生行为的文化背景的学校恐惧,此时学生恐惧的不再只是特定的威胁情境,而是影响学生的整体学校生活和行为表现,与前两个恐惧层级相比表现出了高度泛化性。

这种学校恐惧对学生而言已是一种文化性存在,有较浓的恐惧文化色彩,恐惧成为学生看待学校中万事万物的透镜。所谓恐惧文化被视为一种由恐惧主导的氛围,维基百科对恐惧文化做了这样的解释:"恐惧文化是一个通常由特定学者、作家、政治家所使用的术语,这些人相信社会中某些人通过激起大众的恐惧来达到政治目的……恐惧文化中的恐惧通常被放大,或者在本质上是非理性的。这一术语也被用来描述其他情境中的非理性恐惧。"[②]这种理解凸显了恐惧文化的政治性,弗兰克·富里迪对此亦有精辟描述,认为"'恐惧的政治'一词包含着这样的暗示:政治家正有意识地操纵民众的焦虑感以实现其目标"[③]。

恐惧文化是一个新兴的、复杂的概念,从研究发展上来说,教育领域关注恐惧文化问题的时间相对较晚,最早的一部有影响力的作品当为帕克·帕尔默(Parker Palmer)于1998年出版的《教学勇气——漫步教师心灵》一书,该书中有

---

① 所谓"无事生非"型指的就是恐惧影响的初步泛化。案例中母亲的英语教师和女孩并不认识,没有任何的关系,属于"无事"的对象,但是女孩甚至听到英语教师四个字就感到恐惧不已,产生"生非"的结果。

② Wikipedia, the Free Encyclopedia. Culture of Fear[EB/OL]. (2012-7-20)[2012-7-29]. http://en. wikipedia. org/wiki/ Culture_of_fear.

③ [英]弗兰克·富里迪. 恐惧的政治[M]. 方军,吕静莲,译. 南京:江苏人民出版社,2007:110.

专门章节探讨了教育中的恐惧文化。① 随后教育恐惧文化研究开始增多。教育领域中最重要的恐惧文化研究专家、批判教育理论家亨利·吉鲁（Henry Giroux）最早在 2001 年的一篇文章中也开始运用"恐惧文化"这一术语。他对此描述道："当谦让和理解让位于残暴和不宽容，学校变得越来越军事化，扮演着系统导管的功能。这种转变主要体现在美国学校不断增长的防御特质——如雇佣武警、警卫在走廊、食堂守卫，锁起来的门、监控摄像头、电子勋章、警犬，以及例行的毒品搜查。"②而他于 2003 年出版的《被抛弃的一代：超越恐惧文化的民主》③一书更是西方第一本用恐惧文化命名的教育类书籍。不过遗憾的是在这篇文章和这本书中，作者都没有精确定义他所理解的恐惧文化，因此让人很难捉摸他对恐惧文化的认识。不过从他文章对恐惧文化的描述，大致可以认为他所理解的恐惧文化主要指的是学校活动的开展被恐惧所笼罩、由恐惧所决定的一种文化。相较之下，笔者所能搜寻到的明确给出恐惧文化定义的则为迈克·费希尔，他在2003 年自己一部未发表的作品中给恐惧文化下了一个操作性定义："无论是明显的还是隐蔽的，任何人类组织（系统）以一种有害的方式治理恐惧，结果却导致组织中产生更多的恐惧，非但不能减少恐惧、亲密关系（不公正），反而阻碍了信任、合作、真正的民主的颓废文化。"④有诸多的实例可以佐证他的这一定义。有研究者探讨了新西兰早教机构中的恐惧文化，在那里出于对"恋童癖"教师的恐惧，种种看似旨在保护孩子的措施如出版有关如何避免孩子在早教中心受到侵害的手册，颁布有关触碰孩子的政策，要求建筑工人们去改变早教机构的结构，将原本的围墙拆掉换为透明的玻璃以利于教师间的互相监视，等等，实际上是制造了更大的恐慌，产生了更多的恐惧。在这些机构的早教工作者受恐惧文化影响，开始将他们自己和同事都视为对他们照顾的孩子而言的潜在危险，认为自身存在着被指控进行了非言语虐待的风险。⑤ 也有研究关注了恐惧文化可能带来的不当防御后果，指出："追求奇迹的问责制带给教师和校长是这样的两个选择：

---

① Palmer P J. The Courage to Teach: Exporing the inner landscape of a teacher's life[M]. San Francisco:Jossey-Bass,2007:35-62.

② Giroux H A. Mis/Education and Zero Tolerance: Disposable youth and the politic of domestic militarization[J]. Boundary: An International Journal of Literature and Culture,2001,28(3):61-94.

③ Giroux H A. The Abandoned Generation: Democarcy beyond the culture of fear[M]. New York: Palgrave MacMillan,2003.

④ Fisher M R. "Culture of Fear" and Education: An annotated bibliography, 1990-2011(Unpublished Document)[Z]. In Search of Fearlessness Institute:Technical Paper,2011,(28):10.

⑤ Jones A. The Monster in the Room: Safety, pleasure and early childhood education[J]. Contemporary Issues in Early Childhood,2003,4(3):235-250.

要么作弊,要么失败。"①"儿童保育工作者仍然处于与此相关的恐惧之中,他们的工作正是在这样的环境下开展的,结果之一便是不愿意承担责任……虽然儿童保育者渴望建立和维系与孩子们的关系,但是恐惧全面阻碍了这种联系的建立。"②

　　恐惧文化一旦盛行,将会对学校中的师生产生巨大的影响。有研究者指出问责制文化已经转变为一种对学校领导而言的恐惧文化,他认为这种教育问责制文化制定者的初衷是好的,但是现在可能已经变成一种不可预期的结果所驱动的恐惧文化。③ 还有研究者在探讨拉丁美洲人等边缘群体在美国学校教育的利益时指出:"问责制政策,譬如《不让一个孩子掉队法案》需要被评估,看它是否在反方向上影响了学生、教师、学校以及地区。我们是否在学校中建立起了一种恐惧文化。"④如安妮·瓦格纳(Anne Wagner)所说:"事实上,大量的研究显示,对(在课堂上)被标以'种族主义者'的忧虑,产生了一种恐惧文化,这使得很多学生感到彼此间的疏远,并保持沉默。"⑤朱莉·韦伯(Julie Webber)的研究揭示:"在使学校安全的努力中,政策制定者和学校工作者已经通过使学生去监控和惩罚,来合理化一种恐惧和不信任氛围,这种封锁通过隐性课程以一种限制学生教育自由的方式……尤其是限制非暴力手段表达沮丧和不赞同的权力的方式来控制学生。"⑥凯伦·梅奥(Karen Mayo)的研究指出社会系统培育了有害环境,滋生了恐惧文化。她写道:"今天的许多小孩生活在对社会的恐惧中。媒体图像侵入家庭和学校,使得今天随即发生的破坏行为可视化、真实化。通过卫星技术,孩子重复通过暴力、种族歧视的电视形象来体验恐惧。这种有毒环境给孩子们注入一种恐惧文化。"⑦也有研究者分析了恐惧文化的社会背景,认为:"许多侵蚀性情形,如人口密度、破烂的房屋、暴力犯罪的威胁、无法获得的健康护理、就

　　① Kuhn J. Fear and Learning in American: Bad date, good teachers and the attack on public education[M]. New York: Teachers College Press,2014:75.

　　② Brown T,Winter K,Carr N. Residential Childcare Workers: Relationship based practice in a culture of fear[J]. Child & Family Social Work,2018,23(4):657-665.

　　③ McGhee M W,Baray S N. Sacrificing Leaders, Villainizing Leadership: How educational accountability polices impair school leadership[J]. Phi Delta Kappan,2005,86(5):367.

　　④ Contreras F E. The Role of High-stakes Testing and Accountability in Educating Latinos[Z]// Murillo E G, Villenas J A (Eds). Handbook of Latinos and Education: Theory, research and practice. New York:Routledge,2010:207.

　　⑤ Wagner A E. Unsettling the Academy: Working through the challenges of anti-racist pedagogy [J]. Race Ethnicity and Education,2005,8(3):261-275.

　　⑥ Webber J A. Failure to Hold: The politics of school violence[M]. Maryland:Rowan and Littlefield Publishers Inc,2003:12.

　　⑦ Mayo K E. Education in a Global Society: Meeting the needs of children in a socially toxic world [J]. World Futures: The Journal of Global Education,2004,60(3):217-223.

业机会的缺乏,以及不便利的交通,这些都确立了恐惧文化。"①

综合这些学者的观点,可以看出恐惧文化的主要内涵在于由恐惧塑造的文化,而且这种恐惧带有一定的非理性,通常夸大了主体所面临的威胁。恐惧文化是有害的,这是研究者们对其达成的一个共识。在恐惧文化中,恐惧成为人们行动的决定性要素。一方面,非理性的恐惧直接对人们的正常生活带来恶劣的影响,如上文所说的恐惧氛围是孩子成长的有毒环境;另一方面,对恐惧的不恰当回应事实上造成了更多的恐惧。对于浸染于恐惧文化的人们而言,恐惧变成了一个透镜,透过它人们认为自己生活在一个普遍存在威胁和风险的世界,因此在行为上会表现出种种控制恐惧的防御性行为,进而展现出各式各样的恐惧文化景观。约翰·古德(John Gold)所谓的:"我们正生活在一个不断增长的、各个方面,从个体到全球化经济系统都被恐惧主导的时代。"②正体现了作为当代社会重要特征之一的恐惧文化。

当学生身处恐惧文化中,不经意间便成为恐惧文化的牺牲品。正是恐惧文化的持续存在,支持并维系了学生处于重度恐惧层级的长期性。下面考察一个处于重度恐惧层级的学生个案,其中第三段是这一层级的恐惧在该生身上的主要表现:③

> 我没有考上重点中学,爸爸妈妈日夜期盼的愿望落了空。他们恼火极了,不敢对周围人说我的考试成绩,他们感到很没面子。他们说什么也要让我进重点高中.所以他们去找关系。后来他们把多年积攒的三万元交了赞助费,这样把我送进了重点高中。

> 在高中,常听一些同学议论水平不够的同学因为有钱挤进重点学校,降低了学校教学质量,影响了学习进度。这些话句句让自己无地自容。我本来不够格可硬插在他们中间,觉得自己让人讨厌,不招人待见。

> 渐渐地我怕和同学接触,怕他们说我不是考进来的,怕他们笑话我、指责我。我也怕见老师,怕老师嘲笑我、挤兑我。上课我不敢抬头,怕老师看我,叫我回答问题。下课我不敢离开座位,怕同学问我怎样花钱到了他们学校。放学我一个人贴着墙边走,上学我一个人悄悄溜进教室。上学的每一

---

① Cohen-Vogel L, Goldring E, Smrekar C. The Influence of Local Conditions on Social Service Partnerships, Parent Involvement, and Community Engagement in Neighborhood Schools[J]. American Journal of Education, 2010, 117(1): 51-78.

② Gold J R. Exploring Landscapes of Fear: Marginality, spectacle and surveillance[J]. Capital& Class, 2003, 27(1): 27-50.

③ 禾禾. 战胜恐惧60招——青少年成长过程中亲历的60个故事[M]. 北京:石油工业出版社, 2003:23-24.

天，都心神不定、惶惶不安，我紧张，我害怕。

　　我开始睡不好觉，没精神，学习成绩非但没进前几名，甚至成了全班的老末。

　　上述案例在国内具有一定的普遍性。案例中的主角（姑且称其为学生X）起初只是恐惧别人当自己面提到自己靠交赞助费进重点高中这一事件，因为这会让他感到被别人瞧不起，降低自己的存在价值感。这一恐惧未能得到有效控制，反而被同学们的议论强化，令X的恐惧也开始泛化。他对诱发这一恐惧的情境产生了系统性的排斥。X越是害怕老师、同学因为自费生身份而瞧不起自己，越是强化了这一恐惧，加强了自身的自卑感。而与此同时又无人同其进行有效的沟通、对其进行开导，这导致他的恐惧状况越来越严重，直至重度恐惧层级。此时X不再只是对自费生身份感到恐惧，而是对整体的教育情境产生了恐惧，即使在很多并不存在明显刺激源的情形中，如与教师、同学的日常交往，他也惶惶不可终日，把一切情形都视为潜在的威胁，并加以逃避。于是便出现了案例中第三段的情景。

　　与前两个层级相比，重度恐惧具有以下几个特征：首先，从性质上来说，该层级的学校恐惧是一种非理性恐惧。这一方面来自学生理性能力的不足，如案例中的主人公显然完全让情感左右了。另一方面来自人类理性本身的缺陷，有研究者称之为"有限制的理性"，[①]因为人类理性认同大多数。

　　其次，从影响上来说，该层级的学校恐惧具有全面泛化性和部分无意识性。全面泛化性指恐惧已不再仅仅指向具体的威胁或与威胁相关的情境，而是朝向了整体的教育，对学生的学校生活产生全面的影响。此时，恐惧成为学生看待学校生活的滤镜，他认为学校的各个方面、课前课后都充满了恐惧，学校压根儿是一个危险的地方。同时，这种滤镜作用使学生给自己制造恐惧文化，使自己淹没于其中不能自拔。而这种恐惧文化一旦形成，又会强化学生的恐惧感，令其对学校生活越来越恐惧。部分无意识性是指学生被恐惧束缚却不自知。教育恐惧文化使得生活于其中的学生都不能逃脱其影响，这与文化本身所具有的弥散性有关。仔细分析上述案例就会发现该生之所以会对自己的自费生身份特别的敏感，在很大程度上与学校中的"成绩文化"有关，即成绩好的学生就是好学生，反之则差的文化观念与氛围。这种文化对处于其中的弱势学生持打压态度，制造了学生的恐惧。在这种恐惧文化下，学生们不经意间都以学习成绩来评判自己和他人，受到了失败恐惧文化的影响而不自知。

---

　　① ［加拿大］丹·加德纳.黑天鹅效应——你身边无处不在的风险与恐惧［M］.刘宁，冯斌，译.北京：中信出版社，2009：5.

还应看到,该层级的学校恐惧在发展上具有完全的分化性,一定会阻碍学生的正常发展,是消极恐惧。在这一层级,恐惧已成一种病态,不存在正面作用,而这一层级恐惧存在的沃土便是教育恐惧文化。

(四)极度恐惧

极度恐惧是学校恐惧层级的顶端,此时恐惧已成为决定学生行为的最重要因素,达此之学生虽少,但危害甚大。受此影响的学生往往表现出极端行为。它是重度恐惧的进一步恶化。如果说在重度恐惧阶段,恐惧虽然对处于这个阶段的学生产生重要影响,但还不至于彻底荒废他们的学业。而进入极度恐惧层级,其行为特征除了性质上的非理性,影响上的全面泛化性外,还有两点不同于重度层级:一是不再具有部分无意识性,而是全部无意识或根本不知后果。二是彻底逃避性。达此层级的学生,已经对学校产生极端的恐惧,难以在学校中正常生活。相对而言,大多数处于重度恐惧层级的学生,虽然视学校为可怖的存在,有时也想逃离,但毕竟尚能在那里生活和学习。

学校疏离(school disengagement)和学校恐惧症(school phobia)是处于极度层级的学生的两种典型表现。前者表现相对较为缓和,后者则更趋于强烈,但两者的危害性不相上下。学校疏离主要表现为学生大多时候身在校内,心在校外,学校对这样的学生来说是一个冷漠的存在。安德鲁·马丁总结了学校疏离的主要形式[①]:

——旷课和拒绝去学校

——辍学

——拒绝做功课

——反复放弃

——从不完成课业任务

——对与学校有关的活动和任务缺乏任何兴趣

——对课业缺乏任何关心和注意

学校疏离又被国内有些研究者称为"隐性逃学",他们用该词表征学生出现真正逃学行为前,一般会表现出的疏离学校生活的状态。学校疏离可以从行为、认知和情感出发分为三种类型:"行为上的疏离是指学生经常缺席、不愿意遵守规则、不参与课后活动。认知上的疏离是指学生不愿学习,也不愿接受有挑战性

---

① Martin A. Building Classroom Success: Eliminating academic fear and failure[M]. London: Continuum International Publishing Group, 2010: 80.

的学习任务。情绪疏离是指学生对学校的情感回应,包括感到孤立、不喜欢学校、对个人学习能力认知较低。"①

在本质上,学校疏离是消极恐惧体验不断累积却不能得到有效缓解的结果。在感到了学校恐惧时,学生就会采取种种可能合理,也可能不合理的带有防御性的措施应对。以学业恐惧为例,如果学生采取不合理的措施,往往会恶化自己的处境,使学业成绩更加不济。有学者认为:"后进生比一般学生更渴望'成功'。"②其实追求成功的过程正是期望证明自己的存在价值,消除学业恐惧的过程,因而对于难有成功体验的后进生而言,成功将显得尤为诱人。但是当学生通过种种措施仍然不能改善自己的学业成绩时,他们会变得灰心失望,认为自己对于改善学习无能为力,这也是发生在后进生身上的情形。安德鲁·马丁认为学校疏离正源于学生在学校一系列的失败表现、不良学业经验,以及对学校所持的消极见解。出现学校疏离情形的学生通常相信他们没有办法避免失败,也没有办法获得或保持成功,他们认为取得良好学业成就超出了自身所能控制的范围。③

因为在学校体验不到成功,也不认为自己有办法能在学校找到成功,学校生活无法确证他们的存在价值,所以学生采取的最后防御措施,就是索性使自己远离造成恐惧的场所——学校,或者说是与教育相关的情境。即使身体被迫留在学校,心灵也拒斥学校。如此这般,学校对其来说便是无关紧要的存在,他在学校的表现也不再能决定其存在的价值。通过这一手段,学生暂时在心理上保护了自己的存在价值感,尽管在长远意义上它会阻碍学生的发展。

学校恐惧症属于神经症的一种:"以对特定事物或情境有不能控制的恐惧为主要症状。根据惧怕的对象不同而有不同的名称。"④恐惧症有单一恐惧症和社交恐惧症之分。学校恐惧症是面向具体对象的单一恐惧症。《心理学大辞典》对该症状做出的描述是"儿童因害怕去学校而长期拒绝上学或逃学。多见于女孩。……多数学者认为,其发生在幼儿身上,多与分离焦虑有关,在大龄儿童,则与过度焦虑障碍有关。……学习失败、在学校遭到挫折及家庭变故可成为起病诱因。主要表现为不愿上学,勉强去则出现强烈的情感反应如焦虑、哭闹等,有的在上学路上逃学。常在上学的清晨出现头痛腹痛、呕吐、腹泻等不适,只要不去上学

① 周华珍,谭伟明.隐性逃学与我国中学压力和支持系统的关系研究[J].中国青年研究,2012(3):61-65.

② 熊川武,江玲.理解教育论[M].北京:教育科学出版社,2005:275.

③ Martin A. Building Classroom Success: Eliminating academic fear and failure[M]. London: Continuum International Publishing Group,2010:79.

④ 辞海编辑委员会.辞海[Z].上海:上海辞书出版社,2009:1259.

就一切正常。"①在学校恐惧症中,学生对学校的恐惧是如此强烈,以至于他们不惜一切代价来远离刺激源。它的表现是极端的,对学生造成的恐惧是强烈的,对学生发展形成的阻碍是巨大的。这里不妨考察一个学校恐惧症案例以获得感性认识。

李圣珍与"疯"女孩②

马玥曾是个聪明、漂亮、充满各种奇妙幻想的小女孩。等到了上小学的年纪,父母没有选择附近的两所普通学校,而是找了许多关系将她送进一所重点实验小学。上学不到一个月,她眼睛被发现弱视,妈妈带她去治疗,医生将她的瞳孔放大了,在治疗的一个多月里,马玥看不见黑板上的字。期中考试,她两门功课不及格。

马玥成了差生。班里同学歧视她,欺负她。放学路上,有的抢她的书包,有的揪她的头发,有的一边朝她身上扔着土块,一边喊着:"傻子,快打傻子呀!"在老师眼里,她是一个头脑迟钝的傻孩子。一次,二年级学生要考朗读,为了能得个好成绩,马玥早就将那篇课文读得滚瓜烂熟。终于轮到她了,她翻开书正准备朗读,只听到站在一旁的李老师在校长耳边说:"这孩子有点傻,可能脑子有问题。"马玥一下子呆住了,望着书上的课文,眼前一片模糊。这时耳边传来校长严厉的声音:"还愣着干嘛,还不快读?"马玥哆哆嗦嗦磕磕巴巴地读起来,那课文变得好长好长啊,怎么也读不完。二年级下学期,正好是这位校长担任她所在班数学老师,她怕他,她怕他看她的眼光,那眼光里似乎充满了鄙视和讥笑。

一次上体育课,老师让大家围成圈做游戏。班长点了人数后报告说:"老师,多出一个人。"老师指着马玥说:"你出去,自己一边玩去吧。"马玥只好低着头走出队伍,背后传来一阵讥笑声:"傻呆呆的,还想做游戏……"她含着泪水孤独地走到操场外,她用树枝在地上拼命地写着:"我不是傻子,不是傻子……"在马玥眼里,学校是一个可怕可憎的地方,是一个给她制造了痛苦的地方。

从此后,马玥将自己更深地封闭起来。她恨那些用看傻子眼光看她的老师,她恨那些将她当傻子耍弄的同学,她讨厌学校。为了报复同学,她将

---

① 林崇德. 心理学大辞典[Z]. 上海:上海教育出版社,2003:1490.

② 吴苾雯. 李圣珍与"疯女孩"[EB/OL]. (2004-06-29)[2012-08-06]. http://www.gmw.cn/content/2004-06/29/content_49564.htm. 略作调整,有删节。该故事后半部分内容大致叙述了李圣珍老师如何帮助"疯"女孩走出恐惧。

毛毛虫偷偷放进那些欺负她的女同学的笔盒。为了报复老师，她故意天天迟到，天天不做作业，因为她的"捣乱"，她们班从没得到过年级的流动红旗。她不听课，也听不进课，老师讲课时，被永远安排坐在最后一排的她便神游在自己的世界里。

马玥对学校充满了恐惧，也充满了厌恶。她不愿上学。开始，她装肚子疼，可是"好"了后，她还得上学。见爷爷因肌肉萎缩，左手常控制不住地颤抖。她想，如果手抖得拿不住笔，妈妈就不会让我上学了。一天早上，妈妈喊马玥起床上学，发现她双手颤抖不止，吓坏了，赶紧送她去医院。医生给她针灸，一连扎了半个月。扎针实在太痛苦了，马玥只好去上学。要真正逃避上学，只有装疯，只有失去记忆。

1989年，她11岁那年的一天，马玥突然"疯"了，爸爸妈妈不认识了，钢琴不会弹了，自行车也不会骑了，连10以上的加减法都不会做了。她披头散发，呆呆地坐在床上，一会儿大喊大叫，一会儿胡言乱语。妈妈从医院给她买来了镇定药，可是药服下去后，马玥的"病"仍不见好。

一天，妈妈流着泪喊着她的小名问："燕燕，送你去住院好吗？"马玥天真地想："住院就不用上学了。"她点点头。到了医院，只见高高的围墙圈着一个院子，院子里的病人，有的神情木然目光呆滞，有的胡言乱语满院子乱跑。这时，一位护士走过来拉着马玥的手带她走，还没等她反应过来，进来的那个小门就"嘭"地关上了，从外面传来一阵锁门声。爸爸妈妈不见了。马玥一阵恐惧，她猛地挣脱了护士的手，飞快地跑到那个小窄门边，一边拼命地拍打着门，一边哭喊着："妈妈，我没有病，我真的没有病，我是装的呀，我要回家，你快带我回家呀……"

两位护士过来将她拖进了病房。她哭着喊着："我没有病，我没有疯，不信你们可以考我，我什么都记得，我真的没有病。"医生将她的哭闹看成是"情绪不稳定"，他们将马玥绑在椅子上进行电针灸治疗，痛得她险些晕了过去。

终于盼来了星期三探视时间，她从门缝里看见了妈妈，她哭喊着："妈妈快带我回家吧，我没有疯，我是装的。"可是妈妈没有进来看她，因为医生告诉妈妈，马玥的情绪很不稳定，不能探视。

马玥知道，如果再哭闹，她永远回不了家。她变得乖了、听话了，还主动帮助护士打扫病房里的卫生。终于盼到了星期天，妈妈来了。马玥说："妈妈，我真的没有病，你带我回家吧。"妈妈去征求医生的意见，医生见她安安静静的，说："出去试一试吧，不行再送来。"

见她情绪渐渐稳定，妈妈决定自己给她补习落下了三个月的功课。马玥这次表现得很认真。补习半个月，学校就期末了，马玥主动要求回校参加考试。她想以此告诉爸妈，她不是傻子，不是疯子。

考试结果令老师和父母惊讶，一个学期几乎没上学，她语文居然考了80多分，数学也考了70多分。妈妈疑惑地想：女儿也许并不傻！她将马玥带去做智商测定，几家医院的测定结果几乎是一致的，马玥是个智力超常的孩子，她的智商指数在130以上。

虽然父母不再怀疑她的智力，但是马玥没有想到，因为逃避上学装疯，会成为她永远也摆脱不掉的耻辱。进了中学后，在同学和老师的眼里，她不但是个傻子，还是个疯子，她走到哪里都会有人指指点点地说：她是疯子，进过精神病院。

马玥真正地绝望了，她的心又一次陷进深深的黑暗里。她怕老师，怕同学，见了他们心里就打哆嗦，她还惧怕考试，只要考试，她就会晕厥在课堂上。马玥知道，自己已走进了人生的死胡同。

1995年1月13日深夜，马玥用刀片划开了自己的手腕。

马玥最后的行为意味着她进入极度恐惧阶段，结束自己的生命。有研究表明，一旦进入这样的恐惧阶段，即便是没得到理想的考试分数，或者只是害怕自己得不到理想的分数，学生也可能会选择结束自己的生命。[①] 这一恐惧如此强烈，以至于死亡恐惧都甘拜下风。

学校疏离和学校恐惧症的反应程度虽有不同，但它们有一定联系。前者是后者的铺垫，后者是前者的延续。学校疏离的表现较为隐蔽，如不做作业、上课"神游"等可能只被视为不爱学习的行为，而背后隐藏的恐惧容易被人忽略。学校恐惧症的表现更为极端和强烈，因而容易引起家长、教师的重视。这意味着人们需要关注学生的学校疏离行为，尽量帮助他们在学校找寻到存在价值，避免恐惧的累积以至学校恐惧症的出现。

极度恐惧通常由重度恐惧发展而来，其特征除了具备重度恐惧的非理性、影响上的泛化性和发展上的完全分化性外，还存在两点：一是在影响上不再具有部分的无意识性，学生可以清楚感知到；二是具有逃避性，达到极度恐惧层级的学生难以在学校中正常生活，他们关心的是如何逃避与学校相关的一切东西。

---

① Li H, Zhang Y. Factors Predicting Chinese Adolescents' Anxieties, Fears and Depression[J]. School Psychology International, 2008, 29(3): 376-384.

第二节 学校恐惧的家庭因素

究竟是什么原因导致了学校恐惧的产生？有哪些因素影响学校恐惧的蔓延？学校恐惧是如何被制造出来的？这三个问题提出的角度不同，但指向的对象却类似，即学校恐惧的生产。就宏观方面而言，学校恐惧的生产与特定的社会背景有关，在现今被焦虑笼罩的社会，学校恐惧是社会焦虑在学校中的投射；从微观方面来说，学校恐惧的生产又与个体的人格特质相关。在同样的情形下，有些学生会产生恐惧，有些则不会；有些学生特别容易受到恐惧的困扰，有些学生则能很好地处理自己的恐惧而不被恐惧所束缚；有些学生被恐惧打垮，有些学生却能借助恐惧成才。这说明学校恐惧的生产是一个复杂的问题，需要运用综合的视角来对其进行深入剖析。

学校恐惧的生产场所虽然主要是学校，但与家庭的焦虑等不无关系。因为恐惧与人的个性联系颇为相关，而家庭是学生个性形成的重要场所。所以，从家庭的角度审视学校恐惧的成因，似有必要。

一、家庭因素的影响特征

纷繁复杂的家庭因素，给孩子多方面的影响。但作为恐惧的成因，这些因素的影响集中在"虚弱主体性"上。

（一）"虚弱主体性"的本义

"虚弱主体性"源自弗兰克·富里迪的恐惧文化和恐惧政治研究，用来表征现代社会的人们对人性与人类能力的普遍的恐惧与不信任，是现代人易恐慌的重要原因之一。中世纪时期，人是上帝的附庸，生而有罪，人的主体性处于被贬抑的地位。"在这个漫长的时代里，人类将本属于自身本质力量象征的理性抽象化、绝对化并'转入云霄'，成为远离尘世、高于并支配人类生活世界的人格神——上帝。人类成为上帝在人间的工具、奴隶，人类的日常生活世界成为低俗的象征，人类非理性欲求被视为'原罪'而遭到无情的贬斥。"[①]随着文艺复兴的

---

① 韩庆祥,王勤.从文艺复兴"人的发现"到现代"人文精神的反思"——近代西方人的问题研究的清理与总结[J].北京大学学报(哲学社会科学版),1999(6):13-24.

到来,人的发现成为时代主题,人的价值、理性开始得到彰显,人的主体性得到人们的认可。"文艺复兴时代的人文主义者都坚信人类力量的伟大,坚信人具有感觉能力和理性思维能力,能够认识自然、造福人类,因而提倡积极思维,勇于怀疑和否定'权威'言论,要求恢复理性的权威。"①总而言之,在人文主义者的眼中,人类有主宰自己和自然的能力。人的理性的彰显带来了科技进步,同时,也带来了诸如环境恶化、人被技术所奴役等问题。这引起了学者们对科学主义、技术理性主义的深刻反思。这又走向了另一个极端。由于反思过于强调技术的负面结果,人类主体的虚弱性亦由此展现。乌尔里希·贝克的"风险社会"理论即强调"在风险社会中,不明的和无法预料的后果成为历史和社会的主宰力量"②。这意味着人类不再能够掌握自己的未来,未来的不确定性得到凸显,因而未来可能给人所带来的危险也被放大。

弗兰克·富里迪在他的书中用三个标题概括了"虚弱主体性",即对未来的忧虑、认识的不可能性和弱化的人性。技术的飞速发展超出了人的控制,现代人们已经不再将技术视为进步的代名词,而是对技术的进步持怀疑与恐惧的态度,认为技术的进步终将在某一天带给人们灾难。而且,一方面这种灾难恰恰是人类自己造成的。另一方面人类又不能对自己可能造成的灾难有完全明了的认识,这更突出了人类主体性的虚弱。诚如有学者指出,"由于认识到人类面临的危险的全部后果只有在久远的将来才会变得完全清楚,这就又加剧了我们如今对未来的恐惧,从而使认为恐惧是无极限的看法又进一步加深"③。与此相连的是认识的不确定性,即人类的行为在未来会产生什么后果,人们不能非常清楚。每一样新技术成果都可能隐含着威胁人类的因素,这使得人们认为未来更加危险,更加令人恐惧。"对我们行为的后果的不可知增加了不确定性,同时对事件的预期更加消极。"④这使得人们对新技术改进生活的功用被忽视,从而更加倾向于揣测其只不过是一种新的不安全因子。

隐藏在对未来的忧虑和认识的不可能性背后的正是"虚弱主体性"的内核,即弱化的人性。在与技术的关系中,人的控制力是有限的,虽然技术为人类创造,然而人却无法完全掌握这个怪物。在这一点上,人似乎是只有半意识的物种。正如富里迪所言:"人类表现得太无能为力,不能弥补已造成的损害,又是那

---

① 朱开君.人的发现——论文艺复兴时期的人文思想[J].四川师范学院学报(哲学社会科学版),2002(4):60-63.

② [德]乌尔里希·贝克.风险社会[M].何博闻,译.南京:译林出版社,2003:20.

③ [英]弗兰克·富里迪.恐惧[M].方军,张淑文,吕静莲,译.南京:江苏人民出版社,2004:50.

④ [英]弗兰克·富里迪.恐惧[M].方军,张淑文,吕静莲,译.南京:江苏人民出版社,2004:51.

么无知,不能在广泛的范围内决定未来……那些宣扬科学和技术有益于社会的人们常常被指责为对星球生态系统缺乏责任的关心。同样,肯定人类的理性高于动物本能的说法也经常被攻击为物种歧视。"①人类不再是人文主义者视野中高贵的人,现代社会对人类的看法走向了反人文主义。

富里迪的恐惧政治说是以"虚弱主体性"为基础的。他认为当前对人类自主力的实践所抱有的即使不是畏惧也是怀疑态度的气氛滋生了恐惧的政治,即通过培育人们的脆弱性,统治阶级控制了人们的生活。反人文主义者倾向于持厌恶人类的世界观,富里迪认为它不断传播这样的信念:"人类的雄心壮志实为某种形式的贪婪。个人获得更大自治权的渴望被指责为自私,指责为对易受伤害者的痛苦麻木、冷漠。从这种观点出发,改善生活状况的渴望被大加诋毁。"②反人文主义视域中的人格典型在于脆弱性。与它相对,人文主义人格典型则充分相信人的力量,相信人的主体性。关于二者的特征参见表 2-1。③

表 2-1 人文主义人格与反人文主义人格对比

人文主义人格典型	反人文主义人格典型
肯定自治的价值	肯定寻求帮助的价值
趋向理性的定位	对知识之功效的怀疑
探求普遍价值	对特性的肯定
对冒险持正面的态度	强烈反对冒险
对实验的重视	对谨慎和安全的赞颂
相信改变和转变环境的能力	改变被当作负面后果的先兆
趋向未来的定位,高扬过去的成就	冻结在当下并同过去疏离
期待个人和社团拥有应对技巧	预感个体/社团不可能应对
相信人类拥有克服逆境的潜力	相信人以其脆弱性的状况得到定义

(二)家庭教育中的"虚弱主体性"

此处之所以大篇幅考察恐惧政治、恐惧文化中的虚弱主体性,是可以"社"鉴"家",使家庭教育中存在的虚弱主体性现象更加容易辨析。虽然在不同视域中,

---

① [英]弗兰克·富里迪.恐惧[M].方军,张淑文,吕静莲,译.南京:江苏人民出版社,2004:52.
② [英]弗兰克·富里迪.恐惧的政治[M].方军,吕静莲,译.南京:江苏人民出版社,2007:151.
③ [英]弗兰克·富里迪.恐惧的政治[M].方军,吕静莲,译.南京:江苏人民出版社,2007:148.

此概念所表征的意义存在差异,但是它们的核心要义是接近的,即都对人的主体性持一种即使不是否定,也是怀疑的态度。这一态度往往又会使持有者对虚弱主体性对象自主行事的能力产生怀疑、恐惧,进而采取诸多不恰当的手段控制恐惧。在恐惧文化中,反人文主义者认为人的力量有限,不足以掌握自己创造的科技的发展方向,因而通过不断提醒人们科技的潜在威胁性来降低对未来的恐惧。然而其背后的虚弱主体性逻辑使得人们的主体性降低,其实是使人成为更易受到危险威胁的物种,最后反而强化了人们的恐惧心理。如富里迪的研究所显示:"基于虚弱性的对恐怖主义的回应有可能形成一种强化人们不安全感和恐惧的氛围。这种以虚弱性为主打的回应的结果便是社会生活的各个方面都被视为恐怖袭击的可能对象。"[1]

此处的"虚弱主体性"主要用来描述家长在学生的受教育过程中,认为他们不具备完全的主体性,强调学生的被动性而低估他们的主动性,因而采取种种手段以自己的主体性取代孩子主体性的状态。"虚弱主体性"根据"虚弱"词性的不同指代两层含义。当"虚弱"作为形容词时,"虚弱主体性"即用来表达学生的主体性处于一种虚弱的状态;当"虚弱"作动词时,"虚弱主体性"则用来形容学生的主体性被父母削弱的过程。

"虚弱主体性"在家庭教育中的主要表现,大致包含以下几个方面:其一,家长(有时与父母换用)眼中的孩子(有时与子弟换用)永远是不成熟的,等待他们保护和改造的弱者。他们普遍低估、忽视,甚至蔑视孩子的主体性。这涉及儿童观的问题。有学者指出:"儿童中心论是现代教育思想的内核。从卢梭发现了儿童,从而提出否定教育论,到杜威提出传统儿童教育应当实现哥白尼式的中心转化,即以儿童为中心,到蒙台梭利'儿童是蒙台梭利教学法的全部秘密',到社会主义教育家苏霍姆林斯基'人是中心''把学生当作人''走进每个孩子的心灵',再到瑞吉欧教育的领导者马拉古奇'我们为幼儿所做、所想的一切只能从幼儿身上找到答案''教师跟随着幼儿,而非计划'……这一切,不都是儿童中心主义的教育思想的体现吗?"[2]现代儿童观以人为中心,儿童并不因为其低龄与低成熟度,就被视为被动个体。显然,"虚弱主体性"的儿童观与此相反,它所隐含的是一种成人中心思想,即父母本位的儿童观。

其二,家长认为孩子不具备完全的自主性,故而对他们发挥主体性的行为产

---

① Furedi F. Fear and Security: A vulnerability-led policy response[J]. Social Policy & Administration,2008,42(6):645-661.

② 刘晓东.论儿童教育学的古今中西问题[J].南京师范大学学报(社会科学版),2010(6):73-78.

生恐惧。家长认为这些行为最终会导致不良后果。当然要说明的是,这里的"儿童"不是相对于少年或青年的儿童,而是泛指所有未成年人。在我国的教育情境下,作为学生的"儿童"如初中生和高中生虽然和一般意义上的儿童相比可能会从家长那里获得更多的自主性,但他们被家长视为主体性弱者的本质与其他儿童无异。

其三,出于对学生主体性发挥的恐惧,家长采取种种措施来压抑学生主体性。虽然这些措施本意上是控制自己的恐惧心理,但实际上不但给自己,也给学生造成了更大的恐惧。从父母的角度来说,学生主体的虚弱性使得他们需要从更多方面关注学生,更担心学生会受到意外的伤害,因而无形中给自己也增加了巨大的压力。就学生的角度而言,这些措施强化了其虚弱主体性身份,也降低了他们管理自己恐惧的能力。父母越是给予学生许多的照顾,则愈强化学生的虚弱主体,最终父母需要给予更多的照顾,长此以往,学生反而更可能受到种种威胁的伤害。

"虚弱主体性"导向的家庭教育的主要特征是不断提醒孩子自主行为的"危险性",因而任何有潜在危险的器物都不能接触,如水、电、煤等用具的开关,任何有危险的工具如刀具、交通工具等都不能使用,任何有危险的活动都不能参加,如外出可能遇到人贩子,乘车容易出车祸,因此要尽量待在家里。为了让孩子言听计从,家长往往向孩子介绍一些非常恐怖的事情,或编撰吓人的故事。

与此相关,家长代替子弟做事,把一切本应孩子自己做的事都包揽下来,以致子弟几乎没有自己动脑动手的机会。这使得子弟的自主性逐步弱化。与此相应,他们越来越什么都不敢想不敢做。恐惧心理不断加剧。

如果子弟不听从家长的指导或不服从这些强制性规定,则可能遭到家长的拒斥。心理学研究表明,家长的拒斥是青少年乃至成人的焦虑症、恐惧症形成的重要因素。这种拒斥可分为三种类型:一是爱的撤离,即家长与子弟间缺乏联系,家长对子弟的活动缺乏兴趣、缺乏感情支撑。二是厌恶,家长对子弟有敌意,缺乏应有的对子弟的接受。三是缺乏温暖,温暖是家长向子弟表达的一种积极感情,家长与子弟间愉快接触,或者家长参与子弟的活动,等等。[①] 在这种拒斥家庭中,家长不是过度发挥了自己的主体性取代了子弟的主体性,而是根本对子弟的发展漠不关心,甚至虐待子弟。

---

① McLeod B D,Wood J J,Weisz J R. Examining the Association Between Parenting and Childhood Anxiety: A meta-analysis[J]. Clinical Psychology Review,2007,27(2):155-172.

二、家庭因素的影响路径

家庭因素影响学校恐惧的路径是多种多样的,这里着重从不恰当的即过度的"保护"和"控制"两方面思考。从这两个词本身来看,它们有一定的交织,过度控制在范围上要大于过度保护。对子弟的过度保护势必涉及对其行为的控制,对子弟过度控制的目的在于保护子弟,不过它们还是有明显的差异。在这里,笔者用过度保护表征家长引起子弟人身恐惧的行为,用过度控制表征引起未来恐惧的行为。

(一)过度保护

过度保护广泛地存在于我国的家庭教育中,尤其是在我国特定的文化背景下。在传统文化中,子女被视为父母的附庸,即所谓"父为子纲",又被视为父母生命的延续,如"子承父业"。在这种看似矛盾的背景下,一方面形成了父母,尤其是父亲的权威地位;另一方面又形成了子女与父母的特殊的温情关系,这两者都使得子女难有独立性。在当代社会,独生子女政策加上媒体对青少年伤亡事故的大肆报道也都放大了父母的恐惧,令他们更可能做出过度保护行为。与过度保护联系在一起的核心词汇是监控,即父母期望通过监控孩子的一切行为、活动等来使其避免可能接触到的一切危险。"保卫孩子以使它们远离危险,守护童年和威胁它的一切东西斗争。另一方面,风险焦虑帮助建构了童年,并且保持它的边界——那些孩子必须得到保护以避免特定风险,这可用于界定童年的特征以及孩子们自身的'本质'。"[1]可见,童年一词本身就可能带有虚弱主体性的意蕴,这就无怪乎父母对孩子的安全问题格外敏感。

过度保护是引起子弟人身恐惧的重要途径。这并不是个新问题。早在许多年前卢梭就对此提出过批评,指出"还有什么办法比把儿童当作永远不出房门,时时刻刻都有人左右侍候的人来培养更荒谬的事呢?"[2]不过人们似乎并没有吸取他的告诫。有研究指出:"几乎孩子生活的每一部分都被成人以某种形式所干涉、监督或控制。从孩子们上学前的计划,到上学中的计划,从上学中到放学后的计划,到一系列的课外课程和有组织的体育活动……对孩子过度的忧虑导致

---

① Jackson S, Scott S. Risk Anxiety and the Social Construction of Childhood[M]//Lupton D. Risk and Sociocultural Theory: New directions and perspectives. Cambridge:Cambridge University Press,1999:86.

② [法]卢梭.爱弥儿:论教育(上卷)[M].李平沤,译.北京:商务印书馆,1978:15.

父母比我的母亲那时所曾做的更加监控孩子的活动和行踪。"①奥兰·纳夫塔利(Oran Naftali)对上海家庭的访谈揭示,父母们有将孩子隔离于家中的趋势,孩子们就算是玩耍,通常也是在室内活动,并受到成人的监视。"父母们告诉我,他们不敢让孩子们脱离他们的视线。"②纳氏形象地将这些孩子称为"笼中的金丝雀"。现代社会,客观上孩子们面临着更多的威胁因素,主观上父母感知这些威胁因素的渠道、能力等也在提升,这使得父母的过度保护更为常见。

过度保护甚至使部分家长在选择学校时,都将所谓的"安全"视为考虑的核心要素,这集中体现就在封闭式管理学校的走红。"'封闭式管理'就是模仿军队的封闭式管理模式,把学生'留在'校园,把假丑恶'挡在'校外。"③随着该类型学校的流行,为了表示学校的管理严格,很多中学的招生简章上都凸显自己的"封闭式管理"。在择校时,家长们特别注意这类学校。因为他们的心态是"孩子自制力比成人差,容易受到社会上一些不良风气的影响。在封闭的学校,孩子不能随意出入校园,可以将更多的时间放到学习上,家长也不用担心孩子跟社会的一些不良青年学坏。一所中学的管理人员也表示,他们学校在没有封闭之前,学生生源较少,可封闭以后,却收到了很好的社会效益。"④

应该说,在适度的范围内,家长保护子弟是合理且必需的。譬如针对幼儿的脆弱性,家长确实需要将一些危险的物品摆放至幼儿不易接触到的地方等。"当代儿童观认为孩子们是特殊的个体,有着独特的需求,他们需要差异对待,并且保证不受成人世界的'不良影响'和危险的威胁。"⑤对于青少年也是如此。有研究者列出五大种青少年常会尝试的冒险行为:使用违禁药物、赌博、性行为、暴力和自杀,⑥显然对这些可能威胁子弟发展的行为做出恰当的防护是必要的。但问题的关键是保护的"过度"。当父母采取的保护措施远大于孩子可能面临的威胁时,这种保护就可能在力度、范围等方面呈现出过度的特征,即所谓的过度保护。最极端的过度保护大致就体现为类似"因噎废食"。一般的过度保护在表现

---

① Mercogliano C. In Defense of Childhood:Protecting kids' inner-wildness[M]. Boston:Beacon Press,2008:xi.

② Naftali O. Caged Golden Canaries:Childhood, privacy and subjectivity in contemporary urban China[J]. Childhood,2010,17(3):297-311.

③ 林海亮. 全面理解正面教育原则——略论假丑恶的教育意义[D]. 上海:华东师范大学,2010:19.

④ 祁鹏娜."封闭式学校"有人赞成有人否[N]. 石家庄日报,2010-5-28(05).

⑤ Naftali O. Caged Golden Canaries:Childhood, privacy and subjectivity in contemporary urban China[J]. Childhood,2010,17(3):297-311.

⑥ Johnson P B,Malow-Iroff M S. Adolescents and Risk:Making sense of adolescent psychology[M]. London:Praeger Publishers,2008:7.

上没有那么极端，而且往往披着父母"爱"的外衣，再加上人们对于孩子人身安全的问题上通常采取"宁可错杀一万，不可放过一个"，"再怎么强调也不为过"的保护主义态度，所以很多时候人们并不是那么容易认识到自己的保护行为已经超出了合理限度。

那么，过度保护何以影响孩子的恐惧呢？过度保护本意旨在减少，乃至隔绝学生所可能遇到的一切危险，以降低学生可能产生的恐惧，那么它最终又是在何种层面上反而增大了孩子可能面临的威胁，乃至制造了更大的恐惧呢？

首先，过度保护本身就可能产生新的危险，制造出孩子新的恐惧。家长对子弟行动的过度监控虽然可以使孩子免于一些特定的威胁，但是这种过度监控本身就是危险无处不在的信号，使孩子身陷惶惑。譬如小孩偶尔贪玩回家晚了，过度保护型父母会详细询问学生的去处，当学生企图保守自己的秘密，不愿讲真话时，家长通常搞"逼供"，使得孩子反感或害怕。

其次，过度保护会使孩子内化家长的忧虑，无形中增加了威胁感。比如过度保护型家长因为担心孩子在同伴的游戏中受到伤害，常会对孩子的玩耍做出种种限制。这种对孩子伙伴的不信任，可能传递给孩子与同伴交往是不安全的错误认知，最终影响孩子对社交的看法。不合群的孩子常常有更严重的人缘恐惧，正是因为他们无法在伙伴中找到归属感和安全感。

最后，过度保护降低了孩子处理自己恐惧问题的能力，使他们在威胁情境中无力自卫。具体来说：其一，过度保护减少了学生处理威胁的机会，进而降低了他们处理威胁的能力，以致他们难以积累更多的应对恐惧的经验。卢梭就持这种看法。他认为："孩子在室外受到自然给他的锻炼，这在你看来是倍加危险，可是相反，这是在分散危险，减少危险。经验告诉我们，娇生惯养的孩子比其他的孩子死的还多一些。"[①]过度保护降低了孩子独立处理威胁的自信，因为"我们将孩子视为不能'处理好他们受伤害的经验'……使得他们在将来更难以处理困难的事件"[②]。正如约翰·丹悉等人所言："不论父母强迫孩子去面对挑战或将孩子保护起来避免挑战，结果都是孩子们学会了当用自己的能力去处理焦虑时的害怕和不安。"[③]其二，过度保护降低了孩子的自主性，鼓励了对家长的依赖。所谓自主性是"人们普遍地管理自己的行为和他们的利益与价值保持一致的行为，

---

① ［法］卢梭.爱弥儿：论教育（上卷）[M].李平沤，译.北京：商务印书馆，1978：23.

② Guldberg H. Reclaiming Childhood：Freedom and play in an age of fear[M]. London and New York：Routledge，2009：101.

③ Dacey J S，Fiore L B. Yours Anxious Child：How parents and teachers can relieve anxiety in children[M]. San Francisco：Jossey-Bass Publishers，2000：208.

……以一种选择和决定的意识来管理自己行为的过程"①。与此相反,过度保护的家长为孩子做了太多本该孩子自己完成的事情,在他们四周建立起坚实的壁垒,阻碍了他们的自由发展,降低了他们的自主性。可见,在披着爱的外衣的过度保护背后,隐藏的是对学生自主性的残害。在最极端的情形下,它甚至可能威胁孩子的生命,国外的一项研究就显示:"在父母禁止孩子独自穿越马路与步行的孩子死亡数目之间存在着正相关。"②

(二)过度控制

家长不但忧虑子弟的人身安全,而且担忧子弟未来的前途。他们忧虑的形式是多样的,但本质上是一种未来恐惧。与未来恐惧相对应的是过度控制。

所谓未来恐惧是指家长对子弟未来生存质量的忧虑,进一步而言是父母的身份焦虑,即对孩子在将来能取得何种身份的焦虑。什么是身份? 不同学科有着不同的理解,此处主要认同社会学观点。邓肯·米切尔主编的《新社会学词典》将身份等同于社会地位,即"个人、家庭或亲属群体在一个社会体系中所占有的与其他个人、家庭或亲属群体相对而言的地位……社会地位具有等级制的分配形式,其中少数人占有最高的位置"③。可见身份在客观上存在着高低之分,如果融入价值判断的话,身份就存在着贵贱之别,显然高贵身份是一种可欲状态。正如阿兰·德波顿所言,上层身份意味着个人在他人眼中有更高的价值和更大的重要性。因而对大多数人来说,上层身份是令人欣喜的,是他们拼了命都要去争取的世间最美妙的利益。"上层身份能带来资源、自由、空间、舒适、时间,并且重要的是,能够带来一种受人关注、富有价值的感觉。"④家长都希望子弟能够在未来获得上层身份,因而凡是有可能威胁到这一可欲状态的因素,都是他们千方百计去排除的。

应该说,从安全的角度考虑,家长对子弟未来发展采取一定的控制措施是合乎情理的,也是必需的。然而过犹不及,当这种控制的程度和范围超出应有的度时,也就适得其反了。

权威地位和亲情关系强化了家长对子弟的控制欲,而这种控制欲又强化了

---

① Lopea S J. The Encyclopedia of Positive Psychology (Volume I)[Z]. Malden:Blackwell Publishing Ltd,2009:79.

② Guldberg H. Reclaiming Childhood: Freedom and play in an age of fear[M]. London and New York:Routledge,2009:69.

③ [英]邓肯·米切尔.新社会学词典[Z].蔡振扬,谈谷铮,译.上海:上海译文出版社,1987:323.

④ [英]阿兰·德波顿.身份的焦虑[M].陈广兴,南治国,译.上海:上海译文出版社,2009:5.

子弟的依赖性。"家长负责制"的家庭,家长不仅需要对子弟的日常生活、教育、婚姻等全面负责,而且要对其未来负责。我国尤其如此。著名社会学家费孝通在研究生育制度时,指出家庭的稳定正在于父母双方和孩子所形成的三角联系。夫妻双方组成一条直线,需要一个共同的向未来的投影,"孩子不但给夫妇创造了一个共同的将来的展望,而且把这空洞的将来具体地表示了出来……孩子出生为夫妇两人创造了一件共同的工作、一个共同的希望、一片共同的前途"①。尤其是独生子女家庭,父母更是将心血全部倾注在了孩子身上,对他们寄予了很高的期望,高期望也带来了高忧虑。

在当代社会,家长的未来恐惧是与特定的社会背景联系在一起的。这种社会背景既是客观的存在,又是人们主观的认识。就前者而言,拥有上层身份的人是少数,所以相对低层级身份的人想要获致较高层级身份就需付出艰辛的努力,与此同时较高层级身份的人也需要通过不断提升自身的实力才能避免跌入下一层级。同时,现代社会技术的发展使得生产活动不再需要大量的劳动力,而科学的进步又使得儿童死亡率降低,人口不断增长,这就出现了大批的"过剩人口",他们是经济进步的废弃物,用齐格蒙特·鲍曼的话来说是"废弃的生命"。鲍曼概括出他们的特征:第一,并不能帮助经济平稳运行(更别说增长了),只是使获得衡量和评价经济运作的指数更加困难;第二,只是不断在增加支出,却没有增加任何收益;第三,不能作为生产力利用,因为现有的生产力已经足够了。② "废弃人口"的出现意味着现代社会的竞争越来越激烈,要想获得一个受人尊敬的身份就必须在竞争中取胜。然而胜利者总是少数,这强化了家长作为身份焦虑的未来恐惧,他们势必想方设法为子女的竞争力添砖加瓦,以使他们不被未来抛弃。

就后者而言,社会现实总是反映到人们的头脑中,成为人的认知与体验。如前所述,未来恐惧的核心是身份焦虑,这涉及家长对子弟身份获致的预期。预期越高,未来恐惧越强烈,也就可能出现对子弟的过度控制。身份预期有着特定的历史发展轨迹,东西方皆然。有学者将现代中国以前的社会分为"世袭社会"和"选举社会",它们之间很重要的一个区别就在于前者是"血而优则仕",后者为"学而优则仕"。在选举社会里,血统虽然仍然有其重要位置,但是能力也成为人们尤其是下层人民获得上层身份的重要筹码。从早期的推荐制度,如察举制,到隋唐发展的科举制,社会结构不再是封闭的,底层人民也存在着获得上层身份的

---

① 费孝通. 乡土中国 生育制度[M]. 北京:北京大学出版社,1998:163.
② [英]齐格蒙特·鲍曼. 废弃的生命[M]. 谷蕾,胡欣,译. 南京:江苏人民出版社,2006:34.

可能性,尽管这种机会仍然很渺茫,但名义上是人皆有之。随着机会均等而来的是能力取向,上层身份的获得与个人的努力程度、能力的高低有关。所谓"吃得苦中苦,方为人上人"。在这种情形下,人们的焦虑加深了。尤其是在教育得到发展,希望中举的人越来越多,而官员岗位很少的背景下,竞争更为激烈,人们承受着对未来巨大的忧虑。"在门里与门外,入口与出口之间就始终存在着一种紧张,选举制度就要承受越来越多的报考者的压力。"①可见,人们越是觉得通过努力能够提升自己的身份,就越容易感受到身份的焦虑,所以当社会流动极端封闭的时候,人们反而得到释然,没有了身份焦虑。在当代,社会日趋平等,人们对获得上层身份的欲望也更加强烈,身份焦虑变得如此强烈。

初步明确了未来恐惧,这里将目光转向过度控制。过度控制的主要表现是家长对一切可能提高孩子未来竞争力的途径的追寻与掌控,以确保孩子走在有竞争力的道路上。支持过度控制的是虚弱主体性。在中国它主要表现为家长对子女学习成绩的过度强调。围绕着成绩中心,在中国的家庭中广泛地存在着一种分数至上的文化。过度控制背后的逻辑正是虚弱主体性,即父母不相信儿童可以自主地成长为有能力的成人,于是采取种种措施用自己的安排代替了孩子们的需求。

教育与身份获致间存在紧密联系。有研究者用获得身份和赋予身份来表征这种关系,前者是针对接受教育的人而言,后者则指向教育的功能。"第一,从社会个体的立场看,获得以文凭为标志的教育身份,是人们接受教育的真正动因……第二,从教育的角度看,授予身份并影响社会地位分层是教育一种十分突出的功能。"②确实,父母之所以愿意子女接受教育,很大程度抱有功利性的想法,期望通过教育来获得子女身份的保持或提升。费孝通在研究中国科举时就指出在中国传统社会,一个人要想科举及第往往需要整个家族或大家庭的全力支持,甚至是要通过几代人的努力方能成为可能。③ 显然没有通过教育所可能带来的身份的本质提升,很难想象这种情形会发生。"教育的这种功利性占据了主要的位置。很像想象贫困家庭倾全家之力供学生读书的动力只是为了提高学生的精神品质、道德修养,而不是某种好处的获得,譬如社会地位的提升。"④长期以来,通过教育来改变自身地位往往是人们,尤其是处于社会较低层级的人们改变自

　　① 何怀宏.选举社会及其终结——秦汉至晚清历史的一种社会学阐释[M].北京:生活·读书·新知三联书店,1998:345.

　　② 陈振中.论教育身份[D].上海:华东师范大学,2005:10-11.

　　③ 费孝通.中国绅士[M].北京:中国社会科学出版社,2006:10.

　　④ 周全.学校道德教育的功利取向研究[D].南京:南京师范大学,2010:31.

己命运的唯一手段。也正因此,教育的身份功能得到凸显。

当家长对子弟的未来产生忧虑时,他们往往想方设法消解这种恐惧,到底选择什么方法取决于父母对这些方法的控制感。心理学研究了人们对火车与汽车的安全感受。在概率统计上,飞机是一种比汽车更安全的交通工具。但是对大多数人来说即使明白这一道理,却仍然觉得开汽车要比坐飞机更具安全感。心理学的解释是:"我们认为在汽车中,自己控制局面的能力较强,自己知道路程,是车速的主人,可以想停就停等。事实上,害怕情绪常常与不能控制局面有关。"①家长对未来恐惧的控制也呈现出类似的特征。家长认为最具控制感的是子弟的教育,更具体地说是子弟的学习成绩。尽管子弟在将来能取得何种身份存在着太多的未知因素,但是考虑到教育在当代社会身份分配中的核心作用,那么最好的方法就是想方设法让孩子在教育中取胜。在此思想指导下,特长训练、课外辅导、幼儿园小班化等现象层出不穷。著名的夏山学校创始人尼尔就曾说过:"父母对未来的恐惧,对孩子的健康成长会有非常糟糕的影响。这种恐惧常常表现在父母的愿望中,他们期望孩子比他们学得更多。"②"恐惧是成人反对孩子游戏的根本原因……因为担心孩子的前途,成年人剥夺了他们玩的权利。"③而事实上现代心理学和教育学已经证明:"嬉(游戏)是儿童的生活,是儿童的权利,是儿童赖以成长的不可或缺的活动。"④印度哲人克里希那穆提也对父母的身份焦虑之于孩子的影响有过论述,他指出父母多半被自己的内心冲突和哀伤所苦恼。大多数的父母都将注意力集中于自己的烦恼和困难,"他们并不严肃地关切目前的社会与道德的堕落,而只期望自己的孩子有所专长,能出人头地。他们为孩子的将来而焦急,渴望孩子因教育而获得安稳的职位,或是幸福的婚姻"⑤。而事实上关心社会和道德的堕落,努力改善这种状况,尽力使孩子能生活在一个充满爱与关怀的社会环境中,这才是对孩子真正的爱。不过,与控制学生成绩相比,它似乎显得过于飘渺,难以把握。

未来难以捉摸,当下却可把握,对于一般父母来说更容易做到的是控制孩子的所作所为,以使其按照提高成绩的轨道一步步前行。尽管这种控制也并非总是行之有效,但相比其他方法,显然父母具有更强的控制感。

---

① [法]佛朗索瓦·勒洛尔,克立斯托夫·安德烈.情绪的力量——爱情,愤怒,快乐……[M].杨燕明,译.北京:民主与建设出版社,2004:292.
② A.S.尼尔.夏山学校[M].王克难,译.海口:南海出版公司,2010:24.
③ A.S.尼尔.夏山学校[M].王克难,译.海口:南海出版公司,2010:53.
④ 刘晓东.蒙蔽与拯救:评儿童读经[M].南京:江苏教育出版社,2009:42.
⑤ [印度]克里希那穆提.一生的学习[M].张南星,译.北京:群言出版社,2004:116.

过度控制主要通过以下四个路径实现并制造学校恐惧。

其一，借助恐吓教育实现过度控制，从而制造学生的未来恐惧。吓唬孩子往往是控制他们最简便的手段，幼时很多父母就常喜欢用"不听话就把你卖了""把你送公安局去"等话恐吓孩子。对于步入学校的孩子而言，恐吓则变成了可怕的未来威胁。有研究者指出孩子总是被不断地告知："不能上重点小学就不能上重点中学，不能上重点中学就不能上重点大学，以后就找不到好工作。"①通过这种方式，父母将自己的未来恐惧传递给了子女。

其二，通过建构孩子的可欲状态制造恐惧。孩子总是希望得到家长的爱和关注，尤其在年纪较小的时候。家长对子弟成绩的过高期待无形中将取得好成绩的压力施于子弟。于是乎子弟便将学业上的失败视为对可欲状态的威胁，视为对家长关怀和爱的威胁，学业恐惧由此而生。同时，在学校中能取得优异成绩的通常是少数。对大多数学生而言，只有付出比别人更多的努力才能提高学业等级，这无形中增大了他们的压力，甚至对学习望而却步。从这些不难看出，那些考试失利后害怕回家，涂改学业成绩单甚至想轻生的孩子，过高的可欲状态使得他们多么无可奈何。

其三，过度控制容易诱发子弟的反抗进而制造出更大的恐惧。这与第二种情形恰好相反。虽然子弟希望得到家长的疼爱和关注，但是过度控制超出自己所能忍受的程度时，他们往往会采取反抗。主要的反抗形式有厌学、逃学、顶撞等。短期看来，这些行为可能释放不良情绪，使心灵得到暂时的安慰。但从长远看，这会制造出更大的恐惧。一方面，厌学使子弟的成绩一落千丈，成绩越差他们越不能在学习中找到存在价值，而越找不到价值越厌学，造成恶性的循环。另一方面，厌学态度可能真的导致子弟在未来竞争中失败，以致未来梦魇成为现实。

其四，过度控制诱发学生的无力感以至形成恐惧。从本质上来说，"操纵和控制是一种病态的爱，是内心恐惧的表现"②。家长由未来恐惧所引起的过度控制，限制了子弟主体性的发挥，以致他们毫无主见、无所适从。这一过程中，子弟通常感到自己力量的缺乏，难以做自己生活与学习的主人。而无力感恰恰是导致恐惧产生的重要因素。同时，家长的过度控制还预设了一个无法掌控自己未来的虚弱人形象，这一形象在各种控制行为中为子弟所内化，最终将之视为自己的特性，进而丧失掌控自己学习与生活的信心，这客观上毁坏了子弟的未来。

---

① 孙云晓.捍卫儿童[M].2版.南京:江苏教育出版社,2009:73.
② 张琨.教育即解放——弗莱雷教育思想研究[M].福州:福建教育出版社,2008:123.

第三节 学校恐惧的教育生产

随着学生年龄的增大、成熟度的提高,家庭教育的影响慢慢退居其次。学校生活渐渐成为塑造学生特质的主要影响因素。在现实中,教育在发挥育人的积极作用的同时,有意或无意地生产了学校恐惧。

一、教育的异化与恐惧

从起源来看,教育应与消除人们的恐惧有关。然而在教育发展的历程中,受其使命与多种因素的影响,教育被异化,成为制造学校恐惧的场所。

关于教育的起源,至今多说并存。这里无意逐一考辨。仅就目的上审视,教育毕竟是人类的有意识行为。生物起源说和心理起源说存在的主要问题便是忽视了人类教育的目的性和意识性。而劳动起源说认为劳动实践形成了知识,为了保持并延续原始公社的生活,必须由有经验的长辈来传授劳动过程中逐渐积累起来的经验,教育是在传授劳动经验的情况下产生的。[①] 原始社会教育活动的主要目的是人类的生存,从恐惧的角度来说即在于缓解原始人的死亡恐惧。通过教育,帮助群体成员掌握特定的生活经验,以摆脱死亡的威胁,获得存在的安全感。这从原始教育的内容也可以看出:"社会生活需要成员学习的知识经验,都是教育的内容,如木器、石器工具的制造和使用,火的控制和使用,狩猎的技术和经验,采集食物的技术和经验,共同生活规范的遵守,语言的使用,等等。"[②]当时各方面的教育内容都是为了人类的生存繁衍。只有这样才可能缓解人类最大忧虑——死亡恐惧。

古代的教育都为此提供了佐证。如斯巴达教育在某种意义上就是要消除统治者的恐惧。斯巴达的统治者斯巴达人的数目与国家人口总数相比属于少数民族。据记载斯巴达人加起来也只有 9000 余户,而被其统治的希洛人则有 25 万人。对斯巴达人来说,他们的恐惧主要来自希洛人可能做出的反抗,所以斯巴达的国家制度和生活习俗都以镇压希洛人为首务,即它的教育内容主要围绕缓解恐惧而确立。其教育目的在于造就全心全意为国家的无敌战士。[③] 斯巴达教育

---

① 吴式颖.外国教育史教程[M].北京:人民教育出版社,1999:4-5.
② 孙培青.中国教育史[M].3 版.上海:华东师范大学出版社,2009:2.
③ 周采.外国教育史[M].上海:华东师范大学出版社,2008:40-41.

在手段上倚重残暴,通过诸如拷打、突然的袭击等磨炼人们的意志,利用恐惧增强人们直面恐惧的勇气,使他们成为勇猛的战士以缓解被灭亡的恐惧。也正因如此,有研究者称斯巴达教育是"血腥的爱","血腥是这种特殊的爱的特殊表达方式,而且它的血腥特征还在于这种爱鼓励、纵容甚至是期待血腥场景的发生"[①]。

我国古代教育也发挥着类似的对恐惧的缓解作用。董仲舒的《对贤良策》就大谈教化对于社会安定繁荣的重要作用:"夫万民之从利也,如水之走下,不以教化堤防之,不能止也。是故教化立而奸邪皆止者,其堤防完也;教化废而奸邪并出,刑罚不能胜者,其堤防坏也。……渐民以仁,摩民以谊,节民以礼,故其刑法甚轻而禁不犯者,教化行而习俗美也。"在董仲舒看来,如果教育不能盛行,那么社会将会陷入一片混乱之中,统治者就需要出严刑来维持政权。显然不论是混乱的社会还是严酷的刑法都是恐惧的存在,而要消除这种恐惧就需要教育发挥作用,培养人们的德行,形成良好的民风民俗。由此社会不仅能够繁荣,统治者的刑罚也会减轻。

原始的教育立足于生活,它所期望免除的恐惧包含了当下和未来的双重意味,但更主要指向于当下,即教育过程本身就在缓解恐惧。随着社会的发展,教育的计划性更加健全,它变得更倾向于面向未来,旨在缓解受教育者未来可能面临的恐惧。但是这种立足未来的教育就可能牺牲受教育者的当下。近代人文主义的兴起、对儿童的发现等使得人们不仅关注教育对未来恐惧的消除,更注重教育以一种没有恐惧的形式进行。雅斯贝尔斯对教育的理解大致就体现了这一特点,他认为:"教育,不过是人对人主体间灵肉交流活动(尤其是老一代对年轻一代),包括知识内容的传授、生命内涵的领悟、意志行为的规范,并通过文化传递功能,将文化遗产教给年轻一代,使他们自由地生成,并启迪其自由天性。"[②]

历史表明教育与恐惧密不可分,教育的重要目的之一在于缓解学生当下和未来的恐惧,帮助学生处理自己的恐惧问题。但在必要的情况下,激发学生的积极恐惧可以成为重要的教育手段之一(比如斯巴达教育)。

在当代社会,教育在理论上仍然保持着缓解学生未来恐惧的作用,但是在实践中,教育与恐惧这种关系已经发生变化。一方面,教育仍然能够发挥传授经验、促进学生社会化等基本功能,能够为部分学生提高或保持未来身份层级等。在指向未来美好生活方面,现今的教育与古代教育无疑有着共同的取向。对于大多数家庭、学生而言,接受教育几乎是唯一的缓解未来恐惧的道路。另一方

① 孙彩平.道德教育的伦理谱系[M].北京:人民出版社,2005:57.
② [德]雅斯贝尔斯.什么是教育[M].邹进,译.北京:生活·读书·新知三联书店,1991:3.

面,打着为了学生美好将来的旗号,当今的教育又常常使身处其中的学生难以摆脱恐惧的束缚,被恐惧所淹没,以至于有学者疾呼:"对照现实,我们发现今天的教育在制造恐惧,甚至将教育活动奠基于学生和老师的恐惧之上,形成了一种风格独特的'恐惧教育学'。"①国外也有研究者提出相似见解,认为当今的教育是"一项由恐惧驱动的事业"②。"恐惧教育学"面向全体学生,渗透到教育活动的方方面面,是教育被恐惧文化笼罩所结出的涩果。

在制造恐惧的教育中,恐惧不但成为开展教育活动的基础,也成为学生行为的特征之一,即他们的所作所为多被回避学校中的恐惧而塑,而这些回避行为通常只会给学生带来更大的恐惧。当然,在学校里,有更多这样的学生,他们自我意识强,能适应学校生活,并不认为学校是恐惧的存在。同时如前文"恐惧文化"部分所言,有些时候恐惧只是在潜意识中影响学生。如哈维尔指出的,处在这种恐惧中的人们并不像颤动的树叶那样发抖:他们脸上呈现着坚定、自我满足的表情。它是一种普遍存在的集体无意识,是一种"看不见的恐惧":时刻忧虑自己的生存可能受到威胁,并逐渐变得习惯于这种威胁。③ 部分学校恐惧也以这种形式呈现。在很多情境中,学生虽然不会感受到恐惧来袭时那种心跳的加速、血压的升高等生理反应,但是恐惧在潜意识中已经成为他们看待学校、看待学习、看待教师和同学的滤镜。他们身受恐惧束缚而不自知,这也正是问题的严重所在。

制造恐惧的教育体现了教育与恐惧关系的异化,真正教育的意义在于:"消除外在的及内在的破坏人类思想、关系及爱的那份恐惧。"④正如加拿大著名的现象学教育学专家马克斯·范梅南所言,学校应像温暖的家庭一样给予学生足够的安全感,而不是恐惧,使学生"可以感受到问题并解决问题,并能容忍质疑、争议和不同意见"⑤。只有在学生感受到安全的教育环境中,他们的学习效果才能达到最佳。

制造恐惧的教育又与教师的恐惧有着莫大的关系,一方面,它也制造了教师的恐惧,譬如制造学校恐惧的考试文化也会让教师对考试产生恐惧,考试不仅是对学生存在价值的评价,也是对教师"能力"的评判,在这方面教师也是受害者。另一方面,教师可以成为制造恐惧的主体,事实上诸多的学校恐惧主要由教师制

① 高德胜.学校教育与恐惧制造[J].教育研究与实验,2010(1):1-7.

② Shaw J. Education, Gender and Anxiety[M]. London:Taylor & Francis,1995:32.

③ 严从根.在正当与有效之间——社会转型期的道德教育[D].南京:南京师范大学,2011:85.

④ [印度]克里希那穆提.人生不可不想的事[M].叶文可,译.深圳:深圳报业集团出版社,2010:6.

⑤ [加]马克斯·范梅南.教学机智——教育智慧的意蕴[M].李树英,译.北京:教育科学出版社,2001:78.

造。两者的联系就在于教师所面临的恐惧往往会导致其采取制造恐惧的方式开展教学。而这恰恰与教育者的角色相悖,教育者本身应尽的责任,或者说面临的挑战之一就是"避免病态的恐惧文化,帮助发挥学生生活中的积极恐惧"[①]。在制造恐惧的教育中,教师和学生都有各自的恐惧,他们都难以体验到教育本该带来幸福。"恐惧教育学"在制造教师恐惧的同时,也不可避免地制造了学校恐惧。因此在探讨学校恐惧的"教育生产"时,不仅要研究教育制度方面的因素,也要注重分析教师的恐惧对学校恐惧的影响机制。

二、教育生产的主要特征

教育生产学校恐惧的路径是多种多样的,但它们共同的特征是精英文化,或称为精英价值取向,即教育围绕着培养(其实更多的是筛选)精英的目的展开。之所以将精英文化视为教育生产学校恐惧的主要特征,是因为在它的影响下,学生感受到各种各样的压力,包括来自外界的舆论与内心的期待。在这里,精英有广狭两义。广义的精英泛指一切在某个领域优秀的人。狭义的精英特指在一些重要领域里非常杰出的人。

培养精英本身是教育的功用之一,不仅对于个人而且对于社会都是有益的。但是如果将它作为普遍的教育宗旨和目的,忽略普通教育的大众性和公益性,看不到大多数人是普通人,不可能成为精英尤其是狭义上的精英,那么教育就会失去应有的价值。

在精英文化的统帅下,我国学校教育出现了相互联系的三种文化,即标准文化、胜者文化和控制文化。当然,教育的精英价值取向是产生此三种文化的重要原因,而非唯一原因。这三种文化在不同的层面制造了学生的恐惧。

标准文化指的是教育中将某些话语或某些知识视为正确答案并要求学生去复制这些答案的取向。标准文化的精英价值取向体现在这些标准一般来自精英。它具体表现为标准化测验、相同的教材、同质化的课堂等。为深入分析,此处以学科中心课程为例。将学科中心课程视为标准文化的原因在于,学科内容被视为客观的、不可更改的、学生应该掌握的。而学生自己的经验对于课程而言是没有意义的,他们需要做的只是将学科知识复制入自己的脑中。这些知识对学生而言就是精英式的标准,学生自己的经验在这一过程中毫无地位。事实上

---

① Connelly R J. Intentional Learning: The need for explicit informed consent in higher education [J]. The Journal of General Education,2000,49(3):211-300.

如解放性教育理论所强调的,课程应植根于经验之中,不存在所谓客观、永恒的学科。简·马丁(Jane Roland Martin)就说过,"任何事物都可以成为一门学科,因为学科是被制造的,而不是被发现的"[①]。学科中心课程对学生经验的忽视体现在对标准答案的强调中,所以"小草随风摆动"就是正确的,而"小草在微笑"就是错误的,因为前者代表的是成人式的精英经验,而后者则是学生的"错误""幼稚"经验,是需要用精英标准来加以改造的。学科中心课程使学生服从于标准,脱离了学生的生活,限制了他们批判意识的发展,以至于弗莱彻认为,当前对学术性学科的强调,是创建有利于培养学生自主性能力条件的最大障碍之一。[②]学科中心课程制造了分离的知识,而知识本应是整体的,"是人对真实世界及对自己的整体性理解……整体性知识使人了解真实的世界,了解真实的自己,人将因此不再恐惧"[③]。在分离的知识中,学生无法找寻到知识的意义,无法明了究竟自己学习的这些知识对自己的用处何在,因为它们与自己的生活太过脱离,于是一种无意识的焦虑感油然而生。这也是标准文化制造学校恐惧的路径。在精英式的标准文化下,学生要么选择服从,要么选择反抗。当选择前者时,学生就将与标准保持一致视为自身的可欲状态,将与标准相违或未达到标准视为对自身低存在价值的证明,进而对此情境感到恐惧。学生对考试的恐惧大抵即与此相关。当选择后者时,学生又成为"异类",在标准文化下难以得到同学的尊重和教师的关注,他们的存在价值也无法在学校得到确证,于是学校成为使他们焦虑的场所。同时这种反抗又以牺牲学生自己的教育"成就"为代价,即导致学业失败,甚至遭到学校淘汰,这更加深了学生的未来恐惧。

胜者文化指的是教育中不允许出现失败者,对失败者持打压、鄙夷态度的文化。"这种要么获得一切,要么一无所有的二分式的精神文化,强化了人的失败恐惧。"[④]前文有云,教育的功用,或者说至少在人们心目中的功用之一就是保持或提升身份层级。当教育的这种工具价值得到过分强调时就会出现胜者文化。教育的这种功用的发挥和学生能在教育中取得的层次有关,要想通过教育成为社会的精英,首先就需要在教育中成功。于是失败被视为不可容忍,成功者则能得到诸多的鲜花与掌声。胜者文化完全忽视了教育应促进每一位学生获得适切

---

① Martin J R, Changing the Educational Landscape: Philosophy, women, and curriculum[M]. New York: Routledge, 1994: 88.

② Fletcher S. Education and Emancipation: Theory and practice in a new constellation[M]. New York & London: Teachers College Press, 2000: 162.

③ 黄武雄. 童年与解放[M]. 北京: 首都师范大学出版社, 2009: 60.

④ Burgess D. Teach Like A Pirate: Increase student engagement, boost your creativity, and transform your life as an educator[M]. San Diego: Dave Burgress Consulting, Inc, 2012: 157.

自己发展的基本理念,将教育演变成优胜劣汰的自然选择。一旦学生在教育系统中失败,他将面临自身的能力、价值等被确证为低下的后果,这是对个体存在价值的极大威胁,因此不论对于成功者还是失败者而言,受教育过程都变得充满恐惧。成功者为了保持成功,就需要付出更多的努力,并且时刻面临可能沦为失败者的威胁。失败者则被标记为差生,可能时常遭受同学和老师的歧视,他们不光无法在学校中找寻到存在价值,还要尽力避免每一种可能对自己的成败做出评价的情境,因为每一次评判就意味着对其存在价值低下的又一次确证,学校生活变得充满恐惧而毫无乐趣可言。总之,胜者文化是一种对成功的人和失败的人而言都存在着恐惧的文化,区别只是成功者感受到的恐惧相对会较低一点而已。如有研究显示:"有着更高学业表现、更受大家欢迎的学生的焦虑、恐惧和沮丧程度与学术表现和受欢迎程度低的学生相比,相对较低。"[1]

　　控制文化类似于家庭生产中过度控制的含义,指的是教育中以教师的主体性代替学生主体性的文化。教师本身或许并非精英,但是作为精英知识的传授者,可将其视为精英的代表。于是相对于学生而言,教师就是精英。学生需要做的就是服从教师,按照教师的安排一步步习得精英知识。教师不必尊重学生个体经验,因为他们的经验是没有价值的;也不必尊重学生的主体性,因为在教师看来学生是没有主体性的,或者主体性很低以至于可以忽略,而忽视了学生作为未成年人的主体性与教师成人主体性的差异。教师需要做的只是控制学生的思想和行为,以使其按照自己所预设的轨道行进,所以听话的学生在很多教师看来就是好学生。印度智者克里希那穆提研究过教师对学生的恐惧控制,指出在一个人数众多的班级(这也恰恰是我们当前教育的情况),教师必然会利用很多方式和手段控制学生。通过制造学生的恐惧,让学生害怕就是一种主要的手段。一旦学生感到害怕,教师就会利用他们的恐惧心理来实现控制他们的目的。[2]控制文化使得学生产生无力感,体验不到自己对自己学校生活的控制,这进一步强化了学生的恐惧。

　　三种文化虽有差异,但不无共同内容。以标准文化与控制文化为例,标准为控制提供标准,控制以标准为根据进行控制,两者紧密联系。国外有研究者曾指出政府控制教育的三个关键手段:颁布国家标准和标准化课程、高风险测验以及

　　① Li H, Zhang Y. Factors Predicting Rural Chinese Adolescents' Anxieties, Fear and Depression [J]. School Psychology International, 2008, 29(3): 376-384.
　　② [印度]克里希那穆提. 恐惧的由来[M]. 凯锋, 译. 上海: 学林出版社, 2007: 52-53.

惩罚性问责制。[①] 第一点鲜明地体现了标准文化,而高风险测验本身就是一种标准化测验,惩罚性问责制的依据则在于学生是否能达到国家所设定的统一标准。同样,胜者文化中胜者的标准通常又是唯一的,以至于不符合这一标准的其他“成就”者被标记为失败者,体现了标准文化的内涵。

三、恐惧生产的具体方式

教育生产恐惧的方式,都是精英文化统帅下的标准文化、胜者文化和控制文化的产物。就某个具体方式而言,可能是特定文化的产物,也可能是三种文化的结晶。这里从教育制度、教育过程、教育评价三个角度探讨教育生产学校恐惧的具体方式。

(一)教育制度生产

教育制度是一个国家各级各类教育机构与组织的体系及其管理规则,亦可指学校教育制度即学制。学制大体分为纵向划分的学校系统占绝对优势的双轨学制,横向划分的学校阶段占优势的单轨学制,以及介于两者之间的分支型学制。我国目前的学制就属于分支型学制。[②] 双轨制给精英与民众以不同的发展轨迹,违背了教育公平,单轨制的优势正在于对这一缺点的克服。分支型学制,也就是我国目前的学制类型,在强调所有人具备均等入学机会的前提下,给不同的人提供了不同的升学路径,这种分流主要体现在中等教育阶段。即在小学和初中阶段不分流,属于单轨制,而高中阶段即开始分流,又体现了双轨制。所以我国中等教育阶段就出现了多种类型的学校,如普通高中、中等职业学校等。从理论上来说,这种学制能满足不同类型学生的多样需求,偏向学术型的学生选择进入高中,为接受高等教育做预备;偏向职业型的学生可以进入职业中学,为将来的就业打基础,体现了教育公平,也体现了使每一位学生得到适合自身的最大发展的理念。但在实践中它还是表现出了筛选式的精英教育制度的特点。

筛选式的精英教育制度是生产学校恐惧的核心,尤其是当其运用于大众教育时。著名的社会学家帕累托在研究精英的产生时曾论述过类似的筛选制度,他写道:“他们中的大多数不是变得如何,而是按照这种标准精选出来的……我

---

① 　Poynor L,Wolfe P M. Marketing Fear in America's Public Schools[M]. Mahwah:Lawrence Erlbaum Associates, Inc,2005:32.

② 　全国十二所重点师范大学.教育学基础[M].北京:教育科学出版社,2002:93.

们需要一名优秀的数学家,我们就把他挑选出来。人们绝不可能通过良好的教育把一个低能儿造就成一个数学家。"①这是为现实教育证明了的。

分支型学制要想实现教育公平需具备一个前提,即初中教育后各种分支间应保持一种平等的地位,否则它只是一种变相的等级制,与双轨制的区别只是在入学之初没有划分等级,而是在初中以后划分等级。从总体而言,我国学制中有着更为光鲜的一条轨道,即偏向精英的高中升大学路线,考入大学是我国绝大多数家庭的可欲状态。中等职业学校无论从资源、政府重视程度,还是学生将来出路上都弱于高中。在升入高中前,特定学生到底进入哪一类高中,起决定作用的是考试成绩而非学生的需要。这表明高中阶段的分流是一个筛选的过程。对于进入职业教育系统的学生而言,他们被其他同学挤出了局。一般情况下,进入高中阶段学习的人要比进入职业学校的学生考分要高,这会成为高中生能力比高职生能力强的证明。再加上我国传统文化本就在骨子里歧视"劳力者",只要有机会,就一定要朝"劳心者",即"精英"的目标前进,所以有很多学生即使在初中已经表现出不适合进入高中学习的特征,父母仍然想尽一切方法将其送入高中。最终,未能进入高中学习的学生,不仅自己的能力被证明为低下,甚至也表明了父母能力欠缺,两者都是对学生存在价值的威胁,因而是引发学校恐惧的因素。故而对于大部分学生而言,需要通过学习提高考试成绩以避免此种情形出现,优异的成绩是缓解这种恐惧的关键。正因如此,学生对考试的焦虑加深了,"当每个学校循环仅仅成为下一个循环的准备时,对通过考试的焦虑取代了学习的乐趣"②。

可以说,上述的精英分流不仅存在于分轨时期,更是广泛渗透在教育的每个阶段,这与我国的学校系统有关。不论是从横向上还是从纵向上来看,中国的各阶段教育都存在着筛选、分层的现象。尽管有些筛选与分层并非一次定终身,但是对于学生来说顺利通过每一次筛选是此阶段学习的最高目标,或者说一定要实现的目标,因为一旦失败就意味着可能丧失在这一轨道上继续学习的优势,最差的情形就是被迫打入职业一轨。从横向上来说,每一阶段的学校有不同层次,如高中就可以简单分为普通高中、重点高中和私立高中。由于私立学校的高昂消费,大多数学生只能选择属于前两种类型的公立学校。普通高中与重点高中相比在办学条件、师资力量、学生素养上都存在明显差距。两者最大的相同之处在于都是以培养高等教育的后备人才为目标,所以它们的学生都面临着巨大的

① [意]维尔弗雷多·帕累托.精英的兴衰[M].刘北成,译.上海:上海人民出版社,2003:66.

② Salmi J. Violence, Democracy, and Education:An analytic framework[M]//Schweitzer E R, Duer K. Promoting Social Cohesion Through Education:Case studies and tools for using textbooks and curricula. Washington DC:The World Bank Publications,2006:20.

升学(高考)压力。两者最大的不同之处在于,进入重点高中的通常是经过一轮或多轮筛选获胜的,而进入普通高中的学生往往是在这轮竞争中被淘汰的。再加上两种学校办学条件的差距,普通高中学生升学的希望,尤其是进入重点大学的希望要渺茫得多。有研究显示,尽管重点高中的学生通常成绩较好,学业和事业成功的机会也更多,但是与普通高中学生相比,他们面临着更多的学业和事业相关的恐惧问题。不同类型中学的学生虽然存在着不同的学业和情感的挑战与压力,但是在面对家长和教师对他们能在高考中获胜的期待时,他们都处于弱势地位。[①] 尽管他们都面临着升学恐惧,尽管重点中学学生的恐惧未必低于普通高中,但是进入重点高中后实现高考中获胜的可能要比普通高中要多得多,所以人们想尽一切方法进入重点高中。这样一来,重点高中的入学标准,而非学生的兴趣与需要就成了学生学习的标准。

从纵向上看,因为每阶段学校都存在着类似于普通、重点的档次之分,所以为了能不被教育系统淘汰,在从前一个阶段向后一个阶段前进的时候,学生就需要尽量达到后一阶段的重点档次。而要实现这一目标,又需要学生在前一阶段就处于重点档次,因为只有如此他在后一阶段的目标才更有可能实现。于是学习就演变为一场争夺优质教育资源的赛跑,教育的本意在其中荡然无存。江苏省南京地区就有过这样的现象,即在南京市有最好的几家中学,他们各自有着自己的录取标准,于是有许多家庭在小学乃至幼儿园起就按照这些中学的标准来训练自己的孩子。在这样的氛围中学习,学生从小就承受了巨大压力。对他们而言,学习不是为了发展,而是要在一次次考试,乃至升学考试中取胜。在这一过程中对失败的恐惧占据了学生的脑海。为了避免失败,学生需要完成高额的学习工作量,他们的生活被没完没了的学习所淹没,个性充分自由发展显然是奢望。在这种考试文化下,不论他们成功晋级,还是惨遭淘汰,不变的是恐惧总是萦绕在他们心头。

(二)教育过程生产

此处教育过程的内涵较为宽泛,主要指与学生发展相关的学校生活,而非单纯的课堂教学过程。学校生活的方方面面不仅直接塑造学生的个性品质,而且对学生发展有潜移默化的影响。教育过程生产学校恐惧的方式也是多种多样的,这里着重探讨等级制师生关系、严厉的教导方式、苛刻的学校规范和竞争性

---

① Li H, Prevatt F. Fears and Related Anxieties in Chinese High School Students[J]. School Psychology International, 2008, 29(3): 89-104.

学生关系。

1. 等级制师生关系

教师居于尊位而学生处于卑位，尊卑分明根本不可改变是这种等级制的标志，实质上是人格和权利上的不平等。应该说从古至今绝对平等的师生关系是不存在的。从知识角度而言，教育存在的必备条件之一就是师生间一种缺失与拥有的关系，正是这种关系产生了师生间部分的不平等。人的缺失就是一种需要状态，《周易·序卦传》在阐释"蒙卦"的产生原因时就说过："物生必蒙，故受之以《蒙》。蒙者，蒙也，物之稚也。"相对来说，学生就是这样一种蒙的角色，而教育就是帮助学生认识到自己的缺失并改善之，也就是所谓的启蒙。那么，哪些人可以启他们的蒙呢？就是对应缺失而拥有的人，也就是教师。教育的发生就在于人的缺失和拥有"志相应也"。在这一意义上，即知识的拥有上，师生的关系是不平等的，但这并不意味着他们作为个体的人格和权利上应该存在着等级上的差异。

对学生蒙昧状态的不同认识会导致两种不同的师生关系观，一种如朱熹对蒙的解释，他在《周易本义》中说道："蒙昧也，物生之初，蒙昧未明也。"在此种观念的关照下，学生被视为蒙昧的，这必然导致一种师尊生卑的关系观。事实上这种观念在我国是主流。另一种具有代表性的观点则来自另一位宋朝学者杨万里，他在《诚斋易传》中说道："说者以蒙为蒙昧之蒙，非也。……蒙者，人之初，非性之昧。……故蒙有亨之理，果昧也，奚亨焉。"在杨万里的视域中，他并没有因为儿童"稚"的一面而认为他们是蒙昧的，相反他指出在"性"上，儿童与成人是一致的，所谓蒙表述的只是儿童是成人的一种最初状态。于是乎，相对而言他所持的是师生平等观，尽管它与现代的师生平等观相比还略显简陋。譬如今日的教育理论已经不再视童年为成人的最初状态，而是认为童年对于人的发展而言，本身就是与成年同等价值的时期，甚至有人认为儿童身上存在着让成人"自愧不如"的力量，著名教育家蒙台梭利所提出的"儿童为成人之父"就反映了这一观点。在当今英国就有研究者进行"学生作为教师教育工作者"的研究。[①]

其实与朱熹、杨万里两人相比，孔子在时间上早于他们，但是对师生关系的理解反倒与今日更为接近，他所说的"三人行必有我师焉"，和启发式教学等直到今日也常为教育学人所关注、引用，以表明人们对学生主体性的强调。然而在中国的教育历史中，这一传统被遮蔽了，经由"父为子纲"和"一日为师，终身为

---

① Cook-Sather A. Teachers-to-be Learning from Students-who-are: Reconfiguring undergraduate teacher preparation[M]//Intrator S M. Stories of the Courage to Teach: Horning the teacher's heart. San Francisco:Jossey-Bass,2002:238.

父",教师具备了凌驾于学生之上的地位。长时期内,类似朱熹的师生等级观念占据了主流。这种观念深入人心、根深蒂固,不仅体现在学校里教师与学生之间,也可见于任何一种涉及"师""生"角色的场合。以教师教育工作者为例,担当此任的都是在地位、名望等方面要高于一般(准)教师的人,如大学里面的教授,中小学里面的老教师,从事教师在职继续教育的往往是名师、教育科研机构的专家等。

在等级制的师生关系中,教师被视为学生、教育活动的主宰者,学生则被视为有待改造的不健全的个体。教师被视为精英文化的代表者,是学生应该学习的标准,而学生需要做的就是按照教师的要求,对精英进行模仿、学习,为自己将来也能成为精英、获得高的社会身份打下基础。师生关系主要体现于师生的交往中,等级制的师生关系使得师生的交往不可能是平等的对话关系,令学生产生了无权感、自卑感和不安全感,最终制造了学生的恐惧。无权感产生学校恐惧的逻辑在前文家庭生产部分已有过论述,此处的核心思想与前文是一致的,不再赘述。在平等的关系中,交往双方具有相同的权利,而等级则改变了这种均衡,反映了一种权利的差序格局,制造了学生的无权状态。具体到学校情境则表现为学生无法把握学校生活,对于本该属于自己掌控的教育尤其是学习活动却毫无发言权,对于教师的言行只能服从,不能质疑、反抗(尽管在实践中这种反抗行为一直存在,但是它从不受主流价值观的支持),他们感觉不到自己的自主性(其实自主性的英文对应词 autonomy 就包含了自主权这层含义),这制造了学生的痛苦与恐惧。

自卑感与自尊感相对。学生的自卑感来自多个方面,其中重要的一条即为等级制师生关系。克里希那穆提曾对自卑感与师生关系做过研究,他认为在与学生的相处中,当教师有意无意地保持着一种优越感时或总是占据重要地位时,学生就可能产生一种"我必须被教育"的自卑感。他认为"在这个格局中显然不存在关系。它导致了学生的恐惧,一种压迫紧张的感觉"[①]。真正的教育不可能发生在这种关系中。等级制师生关系使学生在学校时就认同了教师的优越感,令"他感到被轻视了,于是终其一生,他要么成为侵略者,要么不断地屈服和顺从"[②]。这在较大程度上代表了教育实践的现状。在教育中总会有那么一些学生不遵守纪律,处处和老师作对,是老师眼中的问题学生、差生,让老师感到恐惧、难以应付。表面上看他们似乎无所畏惧,完全不听老师的话。实际上这正是他们内心恐惧、自卑的一种反映,体现了克里希那穆提所说的"侵略"。"无所畏惧"是学生们用来保护自我存在价值感的手段之一。正是在与教师的针锋相对

① [印度]克里希那穆提.教育就是解放心灵[M].张春城,唐超权,译.北京:九州出版社,2010:7.
② [印度]克里希那穆提.教育就是解放心灵[M].张春城,唐超权,译.北京:九州出版社,2010:7.

中,学生体验到了自己的力量,感受到"虚假"的存在价值,并因而乐此不疲。可惜的是短暂的价值感体验换来的可能是将来的失败。

安全感是人类的一个基础需求,在马斯洛的需要层次理论中,安全需要排在生理需要之后,表示人在满足最基本的温饱问题之后会产生对自己人身安全的关注。当然此处的安全感并不局限于身体安全,也包括精神安全。后者不能仅被视为安全需要,其实它包含了归属与爱的需要的意蕴。譬如学生希望在课堂上答错问题也不被教师、同学嘲笑就属于这种需求。安全感的满足与恐惧有着密切关系。当学生感受不到应有的安全时,恐惧就随之滋生。安全感的满足又与多种因素相关,在师生交往中,学生能感受到教师的爱与关心,感受到自己对当前和未来学习与生活的掌控等,这些都成了安全感的来源。而等级制的师生关系恰恰不能提供这些基本条件。它的基础不是建立在真正的关心或爱之上,而是一种教师对学生的优越性之上,建立在教师对学生的控制之上。这使得学生在与教师的交往中体验到的是一种不安全感,学生时不时地感受到自己的存在价值受到了威胁,恐惧变得如影随形。

2. 严厉的教导方式

此处涉及教师的一些制造学校恐惧的不当教导行为,在很多情境下都是严厉的。夸美纽斯就对此做过批评,他认为在当时的学校,"教导年轻人的方法变得如此严峻,以致学校被孩子们看作恐怖的场所和才智的屠场,大部分学生由此养成了对学习和书本的厌恶"[①]。严厉的教导方式花样繁多,此处主要分析常见的四种:不当惩罚、恐吓、羞辱和强加负担。

作为教育手段,恰当使用惩罚可以帮助教师更好地开展教育活动。有研究者指出合理的惩罚可以促进个体是非判断能力、道德选择能力、人际认知意识、个体公正意识等理性因素的发展;可以促进个体改过迁善的动机、羞耻感、责任感、个体意志力等方面的非理性因素的发展。[②] 然而,这都是合理惩罚即在适当条件下进行惩罚的效用。

不当惩罚是没有把握好度的惩罚。出现这种惩罚的原因主要有两方面。一方面,教师们较少得到合理惩罚的指导,不懂得良性惩罚的策略与技术。另一方面是等级制师生关系的存在,使得部分教师容易将惩罚视为特权,增加了惩罚的主观随意性。不当的惩罚是滋生恐惧的温床,尤其是在下面三种情境下。其一,

---

① [捷克]夸美纽斯.大教学论·教学法解析[M].任钟印,译.北京:人民教育出版社,2006:76.
② 冉玉霞.学校教育中的惩罚与学生发展——从教师不敢惩罚现象说起[D].上海:华东师范大学,2010:43-94.

过重惩罚，没有把握好惩罚的度，与学生不当行为形成的负面影响不成比例。一方面，过重惩罚本身就制造了学校恐惧，如对犯错学生的拳打脚踢、罚站马步等体罚手段，直接对学生的身体造成了伤害；另一方面，过重惩罚违背了惩罚的基本初衷，即让学生认识到自己行为的不当之处并加以改善。过重惩罚要么使得学生屈从，要么激起学生的逆反心理，两者都更易使学生被恐惧所束缚。其二，偏见惩罚，即缺乏公正性的惩罚。其典型表现在教师对优生和弱生犯了类似错误的反应上，优生犯错是"人非圣贤，孰能无过"，弱生犯错则是"屡教不改"。偏见惩罚使得学生，尤其是弱生将教师的惩罚视为个体性的发泄，而非对自己错误行为应当承担的责任。由此弱生丧失了对惩罚的把握，认为无论自己如何做，都会遭到教师的惩罚，于是学校生活对弱生而言成为一种处处都存在潜在威胁的情境。其三，本体惩罚，惩罚的目的就是惩罚本身，为了惩罚而惩罚。不是通过惩罚让学生认识并改正错误，而是让学生"欣赏"惩罚者的权力。于是惩罚本身会为学生带来负面情感，形成惩罚恐惧。

恐吓也是常见的严厉教导方式，主要指教师以某种使学生感到恐惧的言行吓唬或威胁学生，以达到控制学生的行为的目的。从孩童时代起，恐吓就是父母常用的一种控制孩子的手段，尽管不少父母明白恐吓孩子的坏处，但是恐吓在控制人行为方面确实有立竿见影的作用，所以广受父母青睐。在学校教育中，恐吓的使用范围非常广泛，是教师们常用的一种最简便的控制学生行为的方式。在类型上恐吓可以指向当下违规事件的处理，如学生上课睡觉，教师不去分析背后的原因，而是简单粗暴地采取威胁："下次再睡觉就把你送校长室去""再出现这种情况就打电话告诉你爸妈"等。恐吓也可以是指向未来的，这在学校里主要表现为通过诱发学生的未来恐惧，驱使学生遵守规范，努力提高学习成绩。通常以"如果你不好好学习，将来怎样"这种句式呈现。此外，学校内恐吓的对象又以弱生为主，这令他们在历次的伤痛中本就已经脆弱而敏感的心灵倍加容易受到伤害。当然恐吓的对象并不排除优生，譬如未来恐吓也可见于促使优生更加卖力。在对自己未来存在价值的忧虑方面，不少优生也是一样，区别只是优生对自己前景的控制感，或者说把握程度稍高，因而在恐惧的程度上可能相对低于弱生。

羞辱涉及教师对学生人格与自尊的否定与侮辱。羞辱可以是私下的，也可以是公开的，此处着重探讨后者。有研究指出教师"在学生最重要的观众——他们的同伴面前羞辱学生可能导致学生的恐惧"[①]，此即所谓的公开羞辱。在学校

---

① Brown D F,Knowles T. What Every Middle School Teacher Should Know[M]. 2nd ed. Portsmouth:Heinemann,2007:93.

生活中,除了与老师的关系外,学生最重要的人际关系就是同学(伴)关系。在某些情境下,同伴关系甚至比师生关系更加重要。学生都希望得到别人的认同与赞赏,而不希望自己的错误、缺点暴露在公开情境下,这是可以理解的。因为这样才可证明自己的存在价值。公开羞辱正好相反。最常见的公开羞辱有语言的矮化,譬如"你是个笨蛋""你将来一定没出息"等;有公开批评,如开班会对某个或某些学生进行"声讨";有通告丑化,如将学生照片悬挂在橱窗作为违规学生代表,给弱生戴上绿领巾、穿上红校服等冷暴力;还有一些隐性的羞辱,如排位置时优生坐前排、中排,弱生坐后排的潜规则;等等。同恐吓类似,羞辱的对象在绝大多数情境下都是弱生。

加重负担主要指强迫学生做力所不及的作业,以致其身心负担过重。学生过重课业负担问题由来已久,早在1954年国家就曾发布《关于减轻中小学过重负担的指示》。时至今日,学生的负担非但未减轻,反而呈愈演愈烈之势。2010年中共中央国务院颁布的《国家中长期教育改革和发展规划纲要(2010—2020年)》更是专节强调了要实现减轻中小学课业负担的目标。过重负担产生的原因是多样的,但它的直接原因之一来自教师不当的教导方式,主要有二:一是通过延长学习时间加重学习任务等外延式的方式。二是一刀切导致的过重的同质等量课业负担。面向所有学生布置同质等量的作业,对于优生来说可能过于简单,但他们也必须花精力去完成自己早已掌握的重复课业,而不能选择更有挑战性课业以实现"优者更优"的目标。而对弱生而言,这些课业可能在数量和难度上都使他们难以接受,他们不得不花大量时间做这些做了等于没做(不懂)的事情,因不能重点掌握更基础的内容从而实现"弱生进步"的目标。可见,同质等量的作业对他们也是过重的负担。过重课业负担至少从以下两个方面制造了学校恐惧:其一,给学生造成了生理和心理上的巨大压力。超量的学习任务对学生而言是一个非常恐怖的事物。做作业做到哭脸的学生并不罕见。其二,剥夺了学生自由发展的机会。老师加重课业负担的一个潜在目的就是将孩子"拴"在作业上,让他们把主要的时间都用于课程学习,而没有时间干那些意想不到的"越轨"之事,直至剥夺他们玩耍嬉戏的权利,防止"玩物丧志"。这减少了学生生活的多样化与全面体验生活的经历,影响了他们处理生活事件的能力,包括处理与恐惧相关的事件的能力,最终令学生在恐惧中挣扎,被恐惧征服。

3. 苛刻的学校规范

一般来说,合理的学校规范至少有两大作用,一是为学生提供秩序感与安全感。心理学研究发现,儿童需要一个可以预料的世界,"喜欢统一、公平及一定的规律。缺乏这些因素时,他就会变得焦虑不安"①。明确公正的规则体系可给学生提供一个可预期的环境,在那里他们可以得到表扬、鼓励、承认和反馈,并获得尊重和认可。二是培养学生的规则精神和公共意识,使他们为良好的未来生活做准备。② 这两者的侧重不同,前者更在意当下,后者更关注将来,但都有利于学校恐惧的缓解。

但遗憾的是,并非所有的学校规范都是合理的。那些不合理的苛刻的规范着眼于控制而非发展学生,非但不能有效发挥以上两大功能,反而在制造学校恐惧。它们主要通过三大路径发挥着"淫威"。

其一,通过加剧学生的恐惧为自己开道护航。这主要表现为"酷刑"式的学校纪律,通过加重违背规范所带来的惩罚对学生进行威吓。如规定凡是被抓到进网吧的学生,即给予严重警告处分。

其二,过度限制学生应有的自由。这与第一点密切相关。在此情形下,规范本身未必是"残酷"的,但它在"良好用心"的掩护下,泛化性的作用颇具伤害力。如以保证学校秩序和保护学生为名,对学生的方方面面进行严格限制。以操行的量化考核为例,规定一系列行为准则,违犯则扣分,最后按照分数多少评判出学生的操行等级。此举看似有一定科学性,但不仅人文性淡薄,而且条款繁多、过于刻板,使学生各个方面都受到限制。尤其规范的监督者通常是同学(班干部),更使得学生感到自己的一言一行都在别人的监视之下,惶惶不可终日。于是相应的学校恐惧在不知不觉中形成。有研究者指出,这些苛刻的纪律表面上是保证了学校的秩序,"但实际上,这样的秩序并不能满足受教育者秩序的需要,因为在这种秩序的维护中受教育者失去了安全感,他们在严苛的限制中形成畏惧感和焦虑感,从而形成一种萎缩的、服从的人格特征"③。

其三,直接向学生传递恐惧信息。这主要体现在以保护学生安全为名而颁布的各式各样过于苛刻的规章。譬如对学生人身自由进行限制,将学生"锁"在校园,以减少他们与危险外界的接触等都属于此种规范。此处不妨通过国内外两个实例加以说明。美国曾经颁布一个校园的"零容忍政策",它"来自当前许多学校盛行的恐惧文化——对暴力、恐吓和不遵守规则的恐惧。学校对学生行为的规范非常清楚,一旦学生违背了规范,报复则是迅速的——通常是停学和开

---

① [美]弗兰克・G.戈布尔.第三思潮:马斯洛心理学[M].吕明,陈江雯,译.上海:上海译文出版社,2006:34.

② 金生鈜.论人的教育需要[J].中国人民大学教育学刊,2011(2):5-15.

③ 金生鈜.论人的教育需要[J].中国人民大学教育学刊,2011(2):5-15.

除"①。简单地说,零容忍政策就是只要学生违规,就对其进行严厉的惩罚,如驱逐出校,不管这种违规行为是多么的轻微。这一规定助长了学校的恐惧文化,使得身处其中的学生难以逃脱恐惧的阴霾。巴西的东北部城市维多利亚达孔基斯塔在新近出台了一项政策,即在小学生的校服中安装电脑芯片,无论学生是准时到校还是迟到或旷课,家长都会收到提示信息。该市的教育局长美其名曰这有助于增进教师与家长的联系,阻止学生的逃学旷课等危险行为。② 这两例的共同点在于学者们指出的:"学校变成一种控制组织,它将学生不是视为罪犯就是视为受害者来进行培养,而不是学生本应成为的社会或政治的代理人形象。"③这种恐惧文化滋养了学生的恐惧,使他们感受到的危险超过真实存在的危险。艾伦·库普奇克(Aaron Kupchik)等人做的关于校园安全过度忧虑的研究揭示:"尽管学校已经是,并且越来越成为一个相对安全的场所,但是全国的学校却被设置了各种各样的学校规章、监控和对违规行为处罚的安全措施。"④这些规范在看似维护了学生安全的同时,不断地向学生传递校园内外都是不安全的信息,增加了本可避免的学校恐惧。亚瑟·李维(Arthur Levine)等人的研究也佐证了这一点,他们曾询问研究对象为何会恐惧,该对象想不出任何发生在她校园里的事故,相反她提到了学校最近引进了紧急电话、更强的路灯,以及夜间护送业务。对于该名研究对象而言,原因和预防措施一样,两者都加深了她的恐惧。⑤

4.竞争性学生关系

竞争具有两面性,它可以是良性的,激励人向前,促进发展;也可以是病态的,激发人的恐惧,阻碍人的正常成长。这取决于多方面的因素,如适用的情境和对象、针对的问题等。对于前者,哈耶克就曾在讨论自由经济之于计划经济的优势中强调过,他指出:"在一个竞争性社会里,大多数事物都能以某种代价得到,虽然我们得付出的往往是非常高的代价,这一事实的重要性是怎样估计也不会过高的。"⑥哈耶克主要强调的就是竞争所可能带来的公平与自由。对于后

① Cassidy W. From Zero Tolerance to a Culture of Care[J]. Education Canada,2005,45(3):40-42.
② 袁凤凤.巴西研发新校服内置芯片追踪学生[N].东方教育时报,2012-4-25.
③ Kupchik A,Monahan T. The New American School: Preparation for post-industrial discipline [J]. British Journal of Sociology of Education,2006,27(5):617-631.
④ Kupchik A,Bracy N L. The New Media on School Crime and Violence: Constructing dangerousness and fueling Fear[J]. Youth Violence and Juvenile Justice,2009,7(2):136-155.
⑤ Levine A,Cureton J S. When Hope and Fear Collide: A portrait of today's college student[M]. San Francisco:Jossey-Bass,1998:94.
⑥ [英]弗里德里希·奥古斯特·冯·哈耶克.通往奴役之路[M].王明毅,冯兴元,译.北京:中国社会科学出版社,1997:95.

者,与其称其为病态竞争,不如叫作斗争。在这种情形中,竞争成为一场成功与失败的战争,竞争失败对于参与者来说是致命的打击。著名心理学家弗罗姆对此有所描述:"与处在同一位置上的数百计其他人形成激烈竞争,如果在竞争中落后便被无情地炒掉。"[①]

应该说竞争是人类社会的一种正常现象,只要财富、权利、名望等证明人生存在价值的因素需要经过努力,而非直接来自继承才能获致,个体与他人的竞争就会始终存在。从某种程度上来说,学校是个微型社会,因此学生之间存在竞争是一件正常的事情,"只要课堂教学中的权力分配在学生与学生之间存在着差异,就必然要造成学生围绕之间弥补差异的矛盾和对立",这就是竞争。[②] 所以竞争可谓是学生的自然倾向之一。

尽管如此,这样几个因素使得学生的竞争成为病态:

其一,学生间权力的差异并非自然分化,而是由教师偏好所制造。在常规下,学生的能力、气质等方面因素的差异会导致不同的学生在群体中占据不同的位置,于是领导能力较强的学生往往能在学生的权力争夺中获胜。在这种情形下,学生可能因为不同方面的优势而占据领导、荣誉位置,譬如学习好和体育好、电脑好等都可以成为学生竞争的砝码。因为可致成功的方面较多,所以单方面的失败,譬如成绩不好不会成为学生过大的负担。教师则打破了这种权利分配的自然格局,将偏好作为在学生中分配权力的标准。譬如大部分教师都偏爱成绩好、守规矩的学生,于是这一偏好就成为权力分配的唯一标准,不能达到这个标准的学生就被标记为"差生",这意味着大部分人将成为竞争中的失败者。

其二,竞争成为学生生活的主要推动力。此时学校生活不再是为了发展学生自身的能力,不再是学生在相互交往中共同进步,而是让他们在与别的同学的比较、争斗中获胜。即竞争本身成为目的,学生需要在竞争中淘汰其他参与者来证明自己的存在价值。

其三,竞争的产生主要受竞争性社会的影响。克里希那穆提曾对此种竞争进行过描述:"目前教育的方针就是使你服从、配合并调整你自己去适应这个竞争的社会,这是你的父母、老师及书本所关心的。"[③]他将这样的教育视为以个人升迁和利益为基础的教育,它"只能制造出一个竞争、对立和残酷无情的社会结

① [美]埃里希·弗罗姆.逃避自由[M].刘林海,译.北京:国际文化出版公司,2000:87.
② 李松林.控制与自主:课堂场域中的权力逻辑[M].北京:教育科学出版社,2010:134.
③ [印度]克里希那穆提.人生中不可不想的事[M].叶文可,译.深圳:深圳报业集团出版社,2010:28.

构"①。于是学生间的正常竞争演变成社会竞争的预演,成了在未来生活中击败竞争对手的彩排。

其四,竞争的特殊性被师生忽略。学校教育中竞争的特殊性在于竞争参与者的未成熟性,以及竞争目的的教育性,即竞争是为了促进全体参与者的发展,而非做出成败的区分。这不同于生意场上的竞争,在那里竞争就是战争,直接目的在于击倒对方,增强自己。若是忽略这一点,竞争对成功者和失败者而言都是阻碍发展的。

竞争性学生关系制造学校恐惧的路径主要有以下两条:

第一,剥夺学生的人际安全感。首先,竞争性学生关系令学生特别关注别人对自己的评价。因为一方面,学生的存在价值需要在与其他同学的比较中确证。另一方面,学生的存在价值也需要得到其他同学的认可。于是其他同学就扮演了学生存在价值评价者的角色,惧怕同学给自己不好的评价成为同伴关系的一个重要特征。其次,同伴关系是学生成长中的最重要的人际关系之一,良好的同伴关系是学生将来成长为有责任、有爱心的公民之基础。竞争性学生关系颠覆了同伴关系本应具有的价值,将同学视为敌人或潜在的敌人,破坏了学生间的情谊与团结。尤其是在成绩接近的学生间,这种竞争更为激烈。诚如荷妮所言:"在我们文化的竞争性斗争中,试图伤害竞争者以加强自己的地位或荣光,或压制潜在的对手,常常被认为是可取的手段。"②教育中的竞争或许没有如此强烈,但是它的相对较微弱的形式则屡见不鲜。正因如此,有研究称教育对战争做出了贡献,教会了孩子们去争斗,滋生了恐惧文化。③这令学生始终生活在一种不安全(心理安全或精神安全)的环境中,不是去伤害竞争者就是被竞争者伤害,"'他人'被视为竞争者……我们培育了恐惧而不是尊重"④。

第二,建构大量的失败者形象。教育中的病态竞争不可避免地产生大量的失败者,而非常成功的人只能是处于顶点的极少数人。对于大部分学生而言,失败的恐惧挥之不去。著名学者罗素将这一层面的竞争界定为追求成功的竞争,它的特点是竞争参与者"在竞争中感到可怕的不是第二天早晨起来能否吃到早饭,而是他们将不能战胜自己的对手"⑤。有研究者将通过成为竞争胜利者以证明自己存在价值,获致幸福的情形称为"竞争的幸福",并指出它"必然产生普遍

---

① [印度]克里希那穆提.一生的学习[M].张南星,译.北京:群言出版社,2004:36.
② [美]卡伦·荷妮.我们时代的病态人格[M].陈收,译.北京:国际文化出版公司,2007:128.
③ Davies L. Education and Conflict: Complexity and chaos[M]. New York:Routledge,2004:109.
④ Traub G W. A Jesuit Education[M]. Chicago:Loyola Press,2008:116.
⑤ [英]罗素.罗素论幸福人生[M].桑国宽,等译.北京:世界知识出版社,2007:17.

的恐惧、焦虑,甚至恐慌,因为他人的成功就意味着我的失败,我的成功则标志着他人的失败。每个人都想成为成功者,每个人都拼命避免成为失败者"①。这样一来,学习的目的变成了避免失败,而不是追求成功。两者的区别在于前者将失败视为不可容忍,视作对自己低下能力的证明;而后者则将失败视作总结经验的良好契机,视作自己策略运用的失败,或努力程度的不足,而非能力的低下,因而对失败的恐惧程度不高。这就涉及人对失败的看法,或可称之为失败观。应该来说失败是一种人人都会经历的正常现象,令人恐惧的是人们对失败的观念,即失败恐惧也是一种人造恐惧。阿兰·德波顿就对此有过精辟论述,他认为伴随失败所产生的关键情感是耻辱感,产生的是一种腐蚀的意识:"我们没能使世界信服我们自身的价值,并因而获得怨恨成功者且自惭形秽的境地。"②与其说人们恐惧的是失败,不如说是失败所可能带来的后果,"失败本身固然可怕,但如果我们没有意识到一旦失败,就会受到他们苛刻的评头论足,失败也不会变得如此恐怖"③。竞争性学生关系一方面制造了大量的失败者,另一方面又将失败建构为不可接受的事实,必然使得大部分学生对失败抱有巨大的恐惧。用琳·戴维斯(Lynn Davies)的话来说:"竞争性生生关系产生于对权利的贪婪和对失败的恐惧的致命结合。"④

(三)教育评价生产

按照高登·斯托巴特(Gordon Stobart)的说法,以考试和测验作为形式的评价,是塑造社会、群体和个体对自身理解的一种有力活动。教育中评价有三个与本书相关的特征:第一,评价是有价值承载的社会活动,不存在"文化无涉(culture-free)"的评价;第二,评价并不是对已有存在的客观测量,而是对测量对象的制造与形塑,换句话说,它有制造不同类型人类(making up people)的能力;第三,评价直接影响人学习的方式与内容,并且可以阻碍或鼓励学习的有效性。⑤ 第一点很好理解,国家为了控制教育进行评价,教师为了改进教学进行评价,评价活动总与评价者的目的相关。同时评价的标准也与评价者对评价对象的认识有关。对于第二点,可以弱生为例进行理解。不同学生有着不同的先天

① 高德胜.论现代教育的"幸福追求"[J].高等教育研究,2011(8):1-7.
② [英]阿兰·德波顿.身份的焦虑[M].陈广兴,南治国,译.上海:上海译文出版社,2009:6.
③ [英]阿兰·德波顿.身份的焦虑[M].陈广兴,南治国,译.上海:上海译文出版社,2009:146.
④ Davies L. Education and Conflict: Complexity and chaos[M]. New York:Routledge,2004:121.
⑤ Stobart G. Testing Times: The uses and abuses of assessment[M]. London & New York:Routledge,2008:1.

条件与后天条件,因此每个学生都有自己特殊的情况,在学习上自然会有差异性的表现。然而正是以考试作为标准的评价使得弱生、优生这样"两种人类"诞生了。第三点强调的是评价的导向性功能,阻碍或鼓励则表征了导向功能的双向性。在理想状态中,评价有助于人们发现教学中的问题并加以改善。但是不恰当的评价也会造成教师和学生围绕评价的内容和方式教学,即为评价而教。

正是由于教育评价具有这三大特征,因此它成为学校恐惧的可能生产方式。评价产生恐惧的具体方式有很多,如教师对类似问题给予学生不一致的反馈,就容易让学生对教师的评价失去个人控制感,恐惧伴随着评价的不确定性产生;教师给予学生不公正的评价也可能导致学生产生恐惧;等等。但要声明的是,这里的教育评价主要指教师对学生的能力状况做出的评估,换句话说就是做出是否为好(成功)学生的判断。同时,此处研究单一评价标准或方式(或可称之为标准化测验)对学校恐惧的生产,具体地说是考试成绩中心的评价与学校恐惧间的关系。此处的单一评价标准不仅针对学生,也适用于教师,这是一个问题的两面。

评价具有导向功能。考试中心的评价标准使得教师、学生围绕考试内容与方法,向着提高成绩的目标展开教学,考试本身就成为一门课程,即俗称的应试教育。于是一些靠增加投入以提高产出的方式得到了教师们的青睐,如延长学生每天在校时间,增加每一学期在校天数,加大学科的作业量等,成为教师提高教学成绩的法宝。然而他们却忽视了即便"这些确实有助于学生成绩的提高,但只限于学生所学的知识学科的成绩的提高,让他们学习更多的同一学科的知识,不能改变学生的成就"①。应试教育是当前教育的重要特征之一。在单一评价标准和学校恐惧之间存在着一个中介,即教师。准确地说,教师之所以严格执行单一评价标准,因为他们也有个摆不脱的被评价标准,即上级或社会对教师的以学生考试分数为唯一指标的评价标准。教师所扮演的角色就是将他人对自己的评价标准,转化为自己对学生的评价标准,因为这两套标准间是一脉相承的。

教师所扮演的中介角色与教师职业的一些特点有关。有研究者指出,在社会发展的每个时期都会有一个激起社会恐惧(social fear)的中心议题,教育目的就是对这些社会的恐惧的回应,而教师的合法性就在于努力实现这些目标②。这本属教师应为之事,但对这种外部的要求强调过头时,教育就会产生种种问

---

① ［美］安迪·哈格里夫斯.知识社会中的教学[M].熊建辉,陈德云,赵立芹,译.上海:华东师范大学出版社,2007:11.

② Violas P. Fear and the Constraints on Academic Freedom of Public School Teachers,1930-1960[M]//Steiner E,Arnove R,McClellan B E(Eds). Education and American Culture. New York:Macmillan Publishing Co.,Inc,1980:348.

题。大卫·杰弗里·史密斯对此就有过论述,他指出公共教育先在英国,随后在美国、新西兰和加拿大的阿尔伯塔和安大略两省,开始陷入市场规律的逻辑中。"'全球竞争力'这一符咒给公共教育,尤其是教师造成更大的恐惧、惶恐,使得学问固有的高尚品德几乎得不到任何尊重。如今,教育必须不断表明其各个专业和课程是怎样服务于市场的。"①全球竞争力典型代表了全球化社会,各个国家的过高的可欲状态相应地造成他们的恐惧。政府对此的回应就是强调教育中的每一项内容都要为提高"全球竞争力"服务。这一过程制造了教师的恐惧。他们缓解这些恐惧的重要方法就是服从于政府,按照政府设置的提高"全球竞争力"的标准课程,为实现"全球竞争力"的目标而教学。这使得教育发生了异化,成为制造学校恐惧的工具。罗杰·古德曼(Roger Goodman)等人的研究揭示了这一点。他们指出:"在很多情况下……决定是由远不在问题中的人或机构做出。因而,员工常常不仅感到权利被剥夺了,而且觉得那些决定是随意的。在这样的一些学校工作的人认为这会导致恐惧文化和不信任的盛行。"②

那么,单一的教育评价又通过哪些具体的方式制造学校恐惧呢?具有代表性的方面主要有:

一是通过学科等级化,制造非高等级学科优生的恐惧。应试教育令考试中占有较高分值的学科(即主科语文、数学、外语)引起教师们更高的重视。语数外的分值高于物理和化学,物理和化学又高于政治、历史和地理,至于体育、音乐等则被视为遭文化学科淘汰的学生的必选课。当这种异化的价值观被学生内化时(几乎可以肯定他们一定会内化),他们将视主科成绩为自己和他人存在价值的证明,将能在主科方面成功视为有能力的证明,而一旦在这类学科中失败,他们将体验到存在价值感受到的威胁,恐惧随之而生。譬如针对失败恐惧对学生学业成绩影响的研究显示,失败恐惧主要影响数学和物理成绩,但不会影响文科及化学成绩。这主要因为中学师生将数学和物理等难度高的学科视为"能力科";而将语文和英语等难度系数低的视为"毅力科";化学则被视为"理科中的文科"。因此,数理成绩差会被师生视为能力低下,而语文与英语以及化学之类学科差只会被视为努力程度不够。③ 然而,罗素·阿克夫(Russell L. Ackoff)的研究表

① [加]大卫·杰弗里·史密斯. 全球化与后现代教育学[M]. 郭洋生,译. 北京:教育科学出版社,2000:13.

② Goodman R,Yonezawa A. Market Competition, Demographic Change, and Educational Reform: The Problems Confronting Japan's Private Universities in a Period of Contraction[M]//Enders J,Jongbloed B. Public-Private Dynamics in Higher Education: Expectations, developments and outcomes. Bielefeld:Verlag,2007:463.

③ 汪玲,孙晓冬. 失败恐惧的影响因素及其对学业成绩的影响[J]. 心理学探新,2009(6):79-82.

明,理想的教育环境的几大特点之一就是学生所有的兴趣都是平等的,所有领域的探索都应是同等有用,没有学科间的等级差别①,与等级化学科相关的是等级化学生,即通过等级化学生,产生学生间的区隔制造恐惧。单一的评价标准按照成绩人为地将学生分为差生、中等生和优秀生,并体现出等级特征。这一方面令处于较高层级的学生由于担心自己因成绩下滑会沦落到下一层级而产生恐惧。另一方面破坏了不同层级间学生的团结。应该说,以学业成绩为评价的唯一标准,无论学生成绩多好,他始终面临着来自其他同学的"威胁",对失败的恐惧成为其学校生活的主要阴影之一。同时,差生与优生的标签,渗透于学生的社会交往中,不可避免地影响学生的言行。优生之于差生所不经意间流露出的优越感会深深地刺痛差生的心。再者,由于这种等级区分,优生往往不愿与差生有过多接触,不愿帮助差生改善学习,生怕这样会浪费自己的时间,耽误学习,或让差生反败为胜,超过自己。此外,被划入差生行列的学生在学校里难以找到存在价值感,于是容易产生厌学情绪,而厌学又进一步困扰差生,这样一来,学校场域成了对学生存在价值感产生威胁的场所。

二是单一标准的教育评价注重对学生学习结果的标准化检验,而非每个学生的发展过程,这使得很多弱生总是以失败者的身份出现,永远无法体验到成功的喜悦。而事实上,正是这些学生才是教育更应关注的群体。如果说作为选拔性考试,高考只注重结果尚有合理之处,那么日常学校生活中的考试都演变成高考的预演,只认分数和名次,似乎有失育人之理。在一个班集体中,不同学生总有成绩好差之分,若只用分数评价他们,无疑是在同伴面前无情地鞭笞他们。这种评价是对弱势学生低存在价值的不断确证,长此以往不利于弱势学生的成长,难以实现教育促进每一位学生得到适合自己最大发展的愿望。理想中的评价不应过度关注学生成绩排名,而是将重心放在学生的发展之上,譬如可以多采用个体内差异性评价,鼓励学生将当前的表现与自己先前的表现,而不是同期其他同学的表现进行比较,这样的方式有助于弱势学生获得成功的经验,缓解他们的恐惧。

三是缺乏学生的自我评价和学生间的互评,即使有也只起点缀作用,仅是对教师评价的补充,这制造了学生在评价中的无权感从而产生恐惧。按照理查德·阿兰兹(Richard I. Arends)等人的观点②,完整的教育评价应包括三个基本类型,如图 2-2 所示。"对学习的评价"即俗称的总结性评价,指的是在一个教学

① Ackoff R L, Greenberg D. Turning Learning Right Side Up：Putting education back on track [M]. Upper Saddle River：Wharton School Publishing,2008：135.

② Arends R I, Kilcher A. Teaching for Student Learning：Becoming an accomplished teacher[M]. New York& London：Routledge,2010：133-135.

单元或一个学年结束,为了对教学效果、对学生等级区分而进行的评价。"为了学习的评价"即形成性评价,目的是检测教师的教导方法对学生的影响,以及帮助学生了解自己的学习策略是否合适等。"作为学习的评价"目的在于使评价活动本身成为教学过程的内在结构,帮助学生做学习的主人,成为更具独立性的学习者,其主要形式有自我评价和同伴互评。它"强调将评价视为发展和支持学生元认知的一个过程……将学生视为联结评价与他们自己学习的关键"[①]。三种评价类型各有特色,在理想状态中,它们应占据同等的位置。然而在我国教育实践中,对学习的评价占据了主导,家长、政府更关注的是总结性评价。因为这种评价与上级、外界对教师能力的评价直接联系在一起。形成性评价更注重学生的发展,虽然非常重要,但是总体而言在评价中占据的地位不高,并且和总结性评价一样是教师主导的评价,学生在其中没有太多发言权。这使得学生对评价缺乏控制感,意味着学生的存在价值始终受别人设置的评价标准的左右,学生有被其他人说长道短的威胁。

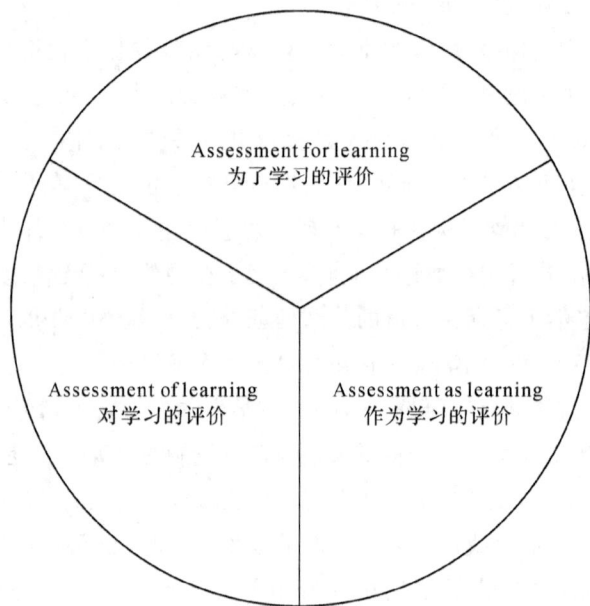

图 2-2　三种目的评价类型

四是单一教育评价方式通过诱发学生不当的防御行为来加深学校恐惧。以

---

① Earl L M. Assessment as Learning：Using classroom assessment to maximize student learning [M]. Thousand Oaks；CORWIN,2013；28.

作弊为例,在考分至上的教育中,分数的高低对学生而言意味着存在价值的高低。所以作弊是学生采取的一项保护自我存在价值的措施,然而这种措施本身蕴藏着制造更大恐惧的危险。一方面,有作弊想法本身就是一种对自己取得好成绩证明自己存在价值的不自信,作弊行为会强化学生的这种不自信。另一方面,作弊一旦被发现,就会使学生被贴上"作弊者"的标签,对其自尊是进一步的打击。除此之外,心理学研究发现学生在保护自我价值时常使用诸如自我妨碍、防御性悲观、防御性乐观、过度努力和完美主义等策略。[①] 这些策略表面上虽然可以暂时保护学生自我存在价值感,缓解他们的恐惧,但是都以损害学生的长远发展为代价。

本章小结

学校恐惧有层级之分,根据其对学生造成不良影响的程度,学校恐惧可被区分为呈金字塔式排列的轻度、中度、重度和极度四个层级。从底部的轻度恐惧到顶端的极度恐惧,由低到高不同层级间彼此交融,体现了学校恐惧发展的不同阶段。当学生处于轻度恐惧时,学校恐惧指向具体事件,这种恐惧大多无可避免,对学生造成的影响也是可好可坏。中度恐惧学生的恐惧对象开始指向某个特定的情境,呈现出泛化性特征,对学生造成危害的可能性开始增高。重度恐惧中的学生对学校生活产生了全面的恐惧,体现出全面的泛化性。这是一种非理性恐惧,会阻碍学生正常的发展,恐惧文化正是对该层级恐惧的真实写照。达到极度恐惧的人数很少,但会对学生造成致命打击。学校疏离和学校恐惧症是处于该层级学生的两种典型表现,恐惧驱使学生从心理和生理上远离与学校相关的一切情境。

家庭主要通过"虚弱主体性"制造学校恐惧。家庭教育中的虚弱主体性尤指家庭教育中,家长忽视学生主体性,而用自己主体性取代孩子主体性的状态。在家长眼中,孩子永远是不成熟的,是等待他们保护和改造的弱者,对孩子们发挥自己主体性的行为深感恐惧,并且采取种种措施压抑孩子主体性。对孩子的人身恐惧诱发了家长的过度保护,而过度保护本身就可能产生新的危险,制造出孩

① English A,Stengel B. Exploring Fear:Rousseau, Dewey, and Freire on fear and learning[J]. Educational Theory,2010,60(5):50-102.

子新的恐惧。过度保护也会使孩子内化家长的忧虑,增加威胁感,并且过度保护降低了孩子处理自己恐惧问题的能力,使得他们在威胁情境中无力自卫。对孩子的未来恐惧诱发了家长的过度控制。家长会对一切可能提高孩子未来竞争力的途径进行追寻与掌控,以确保孩子在未来获胜。过度控制可借助恐吓教育来制造学生的未来恐惧,可通过建构孩子的可欲状态来制造恐惧。过度控制易诱发孩子的反抗进而制造出更大的恐惧,它还会诱发学生的无力感以致形成恐惧。

教育本应致力于缓解学生的恐惧,但异化的教育使学校成为制造恐惧的场所。教育可通过以精英文化为主要特征的途径来生产学校恐惧。精英文化在教育中又可分为相互联系的标准文化、胜者文化和控制文化,它们在不同的层面影响了学生的恐惧。过于注重筛选和分流的学制体系使得学生的升学恐惧不断加剧。在教育过程中,等级制师生关系、严厉的教导方式、苛刻的学校规范和竞争性学生关系无不以各种形式制造和加剧学生的恐惧。而单一标准的教育评价更通过学科等级化和注重学习结果的标准化测验,来制造弱势学科擅长者和学习能力较弱生的恐惧。并且这种评价缺乏学生的自我评价和学生间的互评,这让学生对评价失去控制感。这种不合理的评价会诱发学生的诸如自我妨碍、防御性悲观等不当防御行为,从而加剧学校恐惧。

第三章 学校恐惧的双重性

学校恐惧具有双重性，它既可能成为促进学生发展的推动力，也可能成为学生正常发展的阻碍因素，产生积极意义或制造消极景观。已有的学校恐惧研究大致持两种实同形异的取向。一是消极恐惧取向，即视学校恐惧的意义为纯粹消极的，认为恐惧是教育中不应该存在的，希望"无恐惧教育"。二是遮掩恐惧取向，即不否认恐惧在学生发展中的重要作用，但将研究的重心还是放在对恐惧的消极意义的分析上。第二种取向对恐惧的积极意义只做蜻蜓点水的描述，既不及全貌又不及实质。其实，受多方面因素的影响，真实教育情境中的学校恐惧是始终存在的，不可能完全被消除。而且在一些情形中恰恰需要合理利用学校恐惧的积极意义促进学生发展，因此不应片面地机械地对学校恐惧持全盘否定或者敌视的态度。同时学校恐惧的双刃间存在着密切联系，在一定条件下，它们可以互相转化。有时看似相同的恐惧却可能产生非常不同的影响，这说明学校恐惧作用发挥的复杂性与条件性。这里对学校恐惧持辩证的态度，分别对学校恐惧的积极意义和消极景观做出分析，全面展示学校恐惧意义的双重面貌。

第一节 学校恐惧的积极意义

一、学校恐惧的客观存在

无论使用何种缓解手段，学校恐惧始终存在。需要注意的：一是存在的学校恐惧是发挥了正面意义的积极恐惧，还是阻碍学生发展的消极恐惧；二是假设是消极恐惧，那么它是阻止了学生发展的极端消极恐惧，还是只对学生发展起到一定阻碍作用的一般恐惧。实际上即使是消极恐惧也不可能被完全消除，所以用"缓解"一词比"消除"更为合适。缓解学生的消极恐惧是可以，也应做到的。此处主要从学生成长的特性、学校学习的特征,以及学校社会交往的特点这三个方面来论证学校恐惧的客观存在。

首先,学生的成长过程内涵容易诱发学校恐惧的因子。人在婴儿时期脆弱无助,需要得到父母(家长或其他成人)的照料方能生存。在此时期,婴儿主要是一个自然人,社会性非常低下,也没有多少个性可言或者说个体特征尚不明显。随着他的长大,经过幼儿期、童年期,再到青春期,个性逐步彰显,并且他的独立性越来越强。著名心理学家弗罗姆将这一过程称为"个体化进程",并认为:"个体化进程是一个力量增长和个人人格不断完善的过程,但同时又是一个丧失与别人共有的原始共同性,其中儿童与他人越来越分离的过程。这种日益加剧的分离可能导致寂寞的孤立,产生紧张的焦虑和不安全感。"①概言之,随着学生越来越成熟,越来越独立,以往所能给予其安全感的纽带愈益松垮,在个体性彰显的同时,与他人的亲密联系疏离,恐惧随之而生。这是每个学生成长的不可逾越的阶段。在这一过程中所产生的恐惧或多或少都会存在。尽管弗罗姆也指出:"如果儿童能够发展内心的力量和创造力的话,也有可能与他人建立一种新的密切而又休戚相关的关系。"②可见,学生成长的特性决定了学校恐惧的客观存在,恐惧是学生成长过程中必然会遭遇,也必须去体验的一种情绪。正如瑞士心理学家维蕾娜·卡斯特所说:"恐惧属于人类,是恐惧使得人类变得具有人性。"③

其次,学习过程包含着令学生恐惧的因素,包括严格的纪律和艰深的学习内容等。这与风险和危险联系在一起,而风险和危险又与不确定性有着紧密关系。杜威在论述理论与实践,知识与行为的分隔时就论述过不确定性对人们造成的恐惧,以及为了消除这些恐惧而产生的对确定性的寻求。危险意味着对人存在价值的威胁,因此任何一种威胁都会引发人们的恐惧心理。杜威认为人们主要通过两种途径来保护自己,一种可谓主观疗法,即在感情和观念上改变自我,如祈祷、献祭、礼仪等;另一种可相对称为客观疗法,即通过行动改变世界,如人类发明艺术来利用自然的力量,以从威胁他们的那些条件和力量本身中构成一座堡垒。④ 但是这两种途径都难敌不确定的概率,所以不能完全给人以确定性的

① [美]埃里希·弗罗姆.逃避自由[M].刘林海,译.北京:国际文化出版公司,2000:24.
② [美]埃里希·弗罗姆.逃避自由[M].刘林海,译.北京:国际文化出版公司,2000:24.
③ [瑞士]维蕾娜·卡斯特.摆脱恐惧和共生的方法——童话的心理学阐释[M].朱刘华,译.北京:国际文化出版公司,2008:11.
④ [美]约翰·杜威.确定性的寻求——关于知行关系的研究[M].傅统先,译.上海:上海人民出版社,2005:1-4.

安全感。一方面,在实践活动中不能发现完善的确定性,甚至实践活动本身也包含着危险、挫折、失败等。另一方面,人们又认为知识是和一个本身固定实有的领域联系着①,因此可以给人们以绝对的确定性,所以最终人们把理论与实践,知识与行动分隔开来,并通常将理论、知识置于更高的地位。由此可见,人们不喜欢不确定性,不喜欢由不确定性带来的使自己陷入危险的可能性,于是他们千方百计地寻求最大化的确定性。由此,学生的学习特征与学校恐惧的关系再明确不过了。只要学生想真正地实现学习,而不仅是知识数量的累积,他们就一定会面临挑战,包括新的学习内容对学生现有知识的挑战、对学生能力的挑战。而挑战一方面意味着认知风险和其包含的不确定性会引发恐惧,同时挑战又意味着学习困难(障碍)的产生。弗莱雷在论述学生对文本的理解时也论述过学生的畏难情绪:"当我们学习时,无论是作为学生还是教师,可能犯下的最可怕错误之一,就是在遇到第一个障碍时打退堂鼓……对无法完成理解文本过程的恐惧,是我们回避学习的第一役。我们会因此而指责作者的文字无法理解。"②困难与成功的不确定性是相互联系的,困难意味着失败的可能性,即成功的不确定性,所以学习的发生总是不可避免地会造成学校恐惧的产生,区别只是在真正学习中学生可以处理好自己的恐惧,被恐惧打倒的学生显然无法体会到学习可能带给人的存在价值感。正如戴夫·布朗(Dave Brown)所言,真正的认知发展需要冒险行为,这是认知发展的本质所要求的。不冒认知风险,学生很难发挥他们的学习潜力,也就很难谈得上发展。在他看来,"优秀"思维者的特点之一就是冒险。③

学校中学习结果的被评价性也令学校恐惧难以避免。尽管在前文已经分析了现有评价诸多不合理之处对学校恐惧的制造,但事实上,即使这些不当之处都被克服,学校恐惧也仍然存在,区别只是恰当的评价不会制造学生过度、不当的恐惧,会给学习松懈或懒惰者一定的警醒或恐惧。即便学校评价统统改为学生自己评价(事实上可能)也不可能完全消除由评价导致的恐惧。或者说,无论怎样改革评价,如不公布分数,采取等级制等,学生私底下始终还会存在着不同程度的比较、竞争(即使这些比较、竞争是完全良性的),这是由人的本性决定。所以每一场考试都是对学生进行一次评判,都是对学生存在价值的一次可能威胁,

① [美]约翰·杜威.确定性的寻求——关于知行关系的研究[M].傅统先,译.上海:上海人民出版社,2005:14.

② [巴西]保罗·弗雷勒.十封信——写给胆敢教书的人[M].熊婴,刘思云,译.南京:江苏人民出版社,2006:50.

③ Brown D F,Knowles T. What Every Middle School Teacher Should Know[M]. 2nd ed. Portsmouth:Heinemann,2007:105.

对能力较弱者而言,他们的失败恐惧总是难以避免。总之,凡是评价尤其是终结性评价,总是会对学生的能力做出判断,无论教师多么努力去避免学生过于将成绩与能力联系在一起,譬如帮助学生将不良学业成绩归因为努力程度的缺乏,而不是智商、能力的低下,学生总不可能对外界的反馈无动于衷。

最后,学校情境中学生交往的特点也决定学生不可能完全没有恐惧。在上学之前,儿童的人际交往主要以家庭为中心,它的特点是儿童始终占据交往的核心位置,一般情况下成人是围绕儿童打转的。即使与其他同龄人接触,也往往是小范围、低人数的交往。进入学校后,儿童不再处于"众星捧月"的位置,于是原有的人际安全感开始消失。学生需要在新的环境中重新找寻能恢复其安全感的纽带,这种纽带大致包括两种相关类型,一种为学生与教师的纽带,另一种为学生间的纽带。它们的获得都需要学生付出努力来取得教师、同伴的认可,而是否能得到认可在很多情境中又并不是那么确定,学生对其并没有很强的控制感,所以得不到认可的恐惧将不时地萦绕其心头。此外,与家庭交往主要集中于私人领域不同,学校交往更偏向"公共领域"。这就意味着学生的言行不可避免地会受到更多人的评判,并且这种评判与来自父母、亲友等的评价也大为不同,它更具有"无情性",即当学生做出不合宜举动时,同伴对此的包容性往往要比父母弱得多。此外,对学生而言,同伴评价占据极为重要的地位。在很多情境中,他们会更看重同伴对自己的看法,因而负面同伴评价造成的伤害常常要更深。学生在建构自己身份的过程中,总是不可避免地通过查尔斯·霍顿·库利所谓的"镜中我"的过程,来汇总同伴们的反馈,认知自我。[①] 低的同伴评价会使学生对自己的社交能力产生怀疑,伤害他们社会交往中的存在价值感,社交失败恐惧是对此种现象的最佳表征。

可以借用安东尼·冈思的一段话来对此节做个小结:"无论你是谁,一旦踏出舒适圈,你就会有可能感到恐惧。这个结论适用于每一个人,包括你自己。底线是我们都会感到恐惧,而重点是怎样处理恐惧。"[②]

二、学校恐惧的本体意义

本体通常被用来指代更具基础性的属性,本体意义也就是具备这种属性的

---

① Sadker M,Sadlker D. Failing at Fairness:How our schools cheat girls[M]. New York:Simon & Schuster,1994:100.

② [美]安东尼·冈思. 与恐惧共舞——不安世界的生存之道[M]. 梁婷,译. 西安:西安出版社,2011:8.

意义。学校恐惧的本体意义是其他各种意义产生的基础和前提,而这些意义的积极价值也需要建立在本体意义得以实现的基础上。

认识学校恐惧的本体意义要从恐惧的原始价值说起。如前所述,恐惧的原始作用就是提醒人们危险的存在,以使其全力投入处理威胁的活动中去,达到保存或维持人们存在价值的目的。如尤里·谢尔巴特赫指出恐惧会动员人的力量投入积极活动,这主要通过一些生理上的变化来实现。人恐惧时血液里会分泌肾上腺素以改善对肌肉的供氧和营养,使其发挥出更大的力量。[①] 薇拉·佩弗指出:"当我们感到处于危险的环境中时,恐惧是作为一种警诫信号的情感反应。当环境确实危险,并危及我们的生活或身体健康时,恐惧是有益的。"[②]多丽斯·沃尔夫等人也认为:"恐惧应该用来作为我们心灵上的警钟,提醒我们逃离或避免危及生命的场合和行为。"[③]所以,可将恐惧的原始价值简述为"远离危险、保存价值"。

恐惧的原始价值侧重于从进化意义上理解恐惧。现代社会人们的生活环境发生了重大变化,知识也得到长足发展,恐惧的源泉和情形发生了一定的改变。从前的一些致命情形已经不那么令人恐怖,现代人恐惧的许多对象在古代则闻所未闻。正如保罗·纽曼所言,原始的恐惧主要由于未知事物所导致,如篝火旁可怕的荒野;而现代的恐惧则和获得过多知识、承担过多责任有关,在这一意义上,知识太多也会和知识太少一样令人可怕,造成混乱。[④] 然而恐惧"远离危险、保存价值"的价值并没有发生变化,只是"危险"的性质已经发生变化,并且在很多情境中,若人们没有处理好恐惧,它将变得越来越不合宜。

学校恐惧作为一种特殊类型、特殊情境中的恐惧,有其独特性,但是就其作为恐惧的本质而言,它的本体意义与恐惧的原始价值是接近的。本书将学校恐惧的本体意义理解为预警学生身心在当前或将来可能受到的威胁,并促使其采取积极有效的措施来避免危险。对此可做以下理解:

其一,本体意义就是预警作用,这种预警作用通过学生的反思来产生。一方面,反思可能会使学生产生恐惧,譬如就某个问题的深入思考会使学生认知到更多的该问题所可能产生的负面结果,这往往会加重学生的恐惧。另一方面,学生

---

① [俄]尤里·谢尔巴特.恐惧感与恐惧心理[M].刘文华,杨进发,徐永平,译.北京:华文出版社,2008:109-110.

② [英]薇拉·佩弗.战胜恐惧[M].徐景春,译.北京:军事科学出版社,2006:4-7.

③ [德]多丽斯·罗尔夫·梅尔克勒.理解情感　解决问题[M].赖升禄,胡慧琴,译.北京:中央编译出版社,1999:65.

④ [美]保罗·纽曼.恐怖:起源、发展和演变[M].赵康,于洋,译.上海:上海人民出版社,2005:226.

的反思是恐惧预警作用发生的基础。学生体验到恐惧时,只是一种即时的情绪,表示有不好的事情可能会发生,至于是哪些事情,缘由是什么,有什么后果等较为复杂的问题则无法知晓。仅达到这种程度的话,恐惧的预警作用发挥是受限的,此时就需要学生的反思介入。恐惧进行预警,将学生注意力高度集中起来,通过反思对引起恐惧的情境进行分析,恐惧得以缓解,自我珍视的价值得以保存。

其二,积极恐惧面向的对象是学生身心在当前或将来可能受到的威胁。首先从威胁对象上来说,学生在恐惧中受到威胁的是他们的身心安全,其中又以心理安全为主,这一点从前文即可看出。无论是对在考试中失败的恐惧,还是对由同伴互为竞争者角色造成的人缘恐惧等,它们的共同点就是在这一过程中,学生的身体不会受到伤害,但是心灵可能被造成巨大的创伤。其次从威胁的性质来说,威胁既可能是学生当前面临或即将面临的,也可能指向更遥远的未来。恐惧可以帮助学生集中注意力处理短期内的威胁情形,也可以帮助学生延伸视野,将目光投向未来可能遇到的威胁。可见,学生感受到的学校恐惧可以为他们预警。

其三,积极的学校恐惧的本体意义是促使学生采取有效的措施避免危险。如果说前面两点尚不能显著区分彰显本体意义的学校恐惧(积极恐惧),与只起到负面影响的恐惧(消极恐惧)的差异,那么这一点是它们的显著差异——受恐惧驱动的学生行为最终能否真正达到缓解恐惧的目的。以学生的人际恐惧为例,如果因为担忧自己不能与同伴保持良好的关系,所以在交往中尽量做到和善地对待每一个朋友,坚持不做伤害朋友的事情,那么这种恐惧就是积极的恐惧,可以彰显恐惧的本体意义。也存在另外一种情形,由于恐惧被同伴抛弃,所以放弃自己的原则,对同伴"唯命是从",此时恐惧就表现为一种负面的形态。学生体验到恐惧,就一定会采取策略缓解之,策略的适切性是决定恐惧积极意义发挥的重要因素之一。正是学业失败恐惧所引起的自我妨碍、防御性悲观、防御性乐观等,是以不当的方式面向恐惧,所以才使得它塑造了恐惧的负面景观,使恐惧朝向消极面发展。若学生能采取积极有效的措施来面对和处理自身的失败恐惧,那么它也可以成为积极恐惧。

三、学校恐惧的工具意义

在实现本体意义基础上,积极恐惧作为工具所能为学生发展带来的正面影响,或者说实现本体意义而带来的其他衍生价值可称为学校恐惧的工具意义。学校恐惧的工具意义与本体意义是统一而非对立的。作为工具的学校恐惧可以是学生在学校生活中不可避免的一些恐惧，也可以是由外界有目的诱发的恐惧。

对于学校恐惧的工具意义，有两点需在此说明：

首先，此处的工具意义侧重于学校恐惧对个体发展的价值，而非社会价值。恐惧可以具有极高的社会价值，这已经得到历史和诸多学者的证明。正如史文德森所说："恐惧可以说是人类文明的基础，激发人类创造出了世上一切的文明成果。比如，房屋和城镇、工具和武器、法律和社会机构、艺术和宗教等。"[①]也有研究者指出："作为所有可怖之物中最古老的恐惧，可能是一种珍贵的资源，我们可以利用它来创造我们想象的生活、我们想要的世界。"[②]宗教的诞生就与死亡恐惧有着密切联系，一方面，早期人类面临着诸多威胁生命的情境和由于知识缺乏所难以理解的情形，所以打雷闪电就足以引起他们的巨大恐惧。宗教则通过将令人恐惧的东西神化，譬如将雷电解释为雷神的愤怒，随后通过祭祀、祷告等方式求得神的宽容，来缓解人类的恐惧。另一方面，死亡意味着存在价值的终结，于是宗教创造了不死的神话，如佛教的轮回理论、基督教的天堂与地狱，并通过因果报应来给予人类对自己死后"生命"的控制感以缓解死亡恐惧。萨特也指出世界显然是荒谬的，对人们来说，一切都以死亡而告结束。正因为人们害怕这种毫无理由的存在，也为了使自己确信能在来世获得某种补报，人们这才发明了上帝。[③] 政治学中，霍布斯就通过恐惧来构建自己的政治理论，认为天生爱好自由和统治他人的人类都愿意生活在国家之中，使自己受到束缚，这么做的终极动机就是企图通过这样的方式保全自己并因此而得到更为满意的生活。[④] 维柯也认为对于人性恶的恐惧与法律的诞生密不可分，恐惧促进了法律的发展，体现了它的社会价值。[⑤]

其次，此处的工具既指恐惧可以作为教师的工具，也指它可以成为学生的工具，但以前者为主。两者不是对立的。恐惧也会成为简单、粗暴的控制工具，蒙台梭利曾论述过这种非发展性工具价值，他指出："成人为了让儿童顺从自己，成功地利用儿童模糊不清的意识形态，人为地使他们产生了对黑暗中事物的恐惧。这是成人对付儿童最恶劣的一种方式，他用可怕的形象加重了儿童对黑暗天生

---

① ［挪威］拉斯·史文德森.恐惧的哲学［M］.范晶晶，译.北京：北京大学出版社，2010：115.

② Tarcher J P. You Have the Power：Choosing courage in a culture of fear［M］. New York：Penguin Group Inc，2004：5.

③ ［法］让-保罗·萨特.他人就是地狱：萨特自由选择论集［M］.关群德，等译.天津：天津人民出版社，2007：1.

④ ［英］霍布斯.利维坦［M］.黎思复，黎廷弼，译.北京：商务印书馆，1985：126-132.

⑤ ［意］维柯.新科学（上）［M］.朱光潜，译.合肥：安徽教育出版社，2006：126-141.

的恐惧。"①在教育中教师的诸多不当教学行为也体现了这种恐惧控制,如教师通过罚抄作业制造学生的恐惧来控制学生。在这种情况中恐惧对于教师而言或许可以降低其管理难度,方便其教学工作,体现出了工具价值,但是因为它不是以学生的发展为旨归,所以不属于此处讨论的工具意义。

(一)驱动学生学习

教育研究中有一种将教育美好化、学习愉悦化的倾向,提倡学生的快乐学习,反对教育中的一切苦痛。然而,现实中真正的学习充满着辛劳,用"苦中作乐"似乎可以更好地描述学习的理想状态。正如有学者所指出,学生的学习在本质上是一种劳动,"只要是劳动就必定意味着吃苦,甚至意味着受苦受难。没有任何一种使教育和学习愉悦化的努力,能够使学生在根本上摆脱学习的劳动本质和学习所应承受的苦痛"②。苦痛给学生带来负担、压力与恐惧,这也是前文多次强调的,即学习过程本身内含着恐惧因素。教育恐惧研究有着与学习研究类似的愉悦化取向,如认为教育应是无恐惧的,恐惧中没有教育,等等。应该来说,这种取向的恐惧观具有一定合理性,教育中的确有许多恐惧是不必要的,部分恐惧甚至会对学生造成毁灭性打击,这些恐惧确实应该从教育中根除。但是它缺乏对恐惧双重性的关注,这一方面使研究者们忽略了学校恐惧的客观存在,许多恐惧是无法消除,也没有必要消除的,单方面地强调"无恐惧"无论在理论上,还是在实践中都是不合理的,亦是不可能的。另一方面,对恐惧积极意义认识的匮乏,也使他们忽略了恐惧在教育中的重要作用。在一些情形中,人们非但不需要消除学生的恐惧,甚至可以有目的地激发一些恐惧以达到促进学生学习的目的,例如对于那些完全不遵守学习道德与规范的学生。此外教师们对于"无恐惧"的强调也使学生的恐惧观发生了偏差,一旦在学习中产生恐惧,他们会将此归结于自己能力的低下,产生羞愧感和耻辱感,因为他们所接受的教育告诉他们恐惧是弱者的表现。他们不敢直面自己的恐惧,也不敢向别人倾诉自己的恐惧。而害怕自己的恐惧为他人知晓则容易造成人缘恐惧。这使得学生们无法有效地处理学习中正常的恐惧,毋宁说不正常的恐惧了。于是他们可能为恐惧所束缚,被困难打倒;也可能采取不合适的措施来处理恐惧,最终将产生更多的消极恐惧。

恐惧之于学生的学习具有三大方面的工具意义,其中前两项与学习直接

① [意]玛利亚·蒙台梭利.童年的秘密[M].霍力岩,等译.北京:中国人民大学出版社,2008:192.
② 李政涛.做有生命感的教育者[M].北京:北京师范大学出版社,2010:55.

相关。

其一,通过以认知冲突的形式引入真正学习所必需(内含)的那种恐惧,来促进学生的学习。学习在一定程度上意味着新旧知识的融会贯通,新知识对学生原有的知识结构造成挑战,产生认知上的冲突,引起学生的不适感,产生焦虑,促进或抑制学习(取决于教师激发认知挑战的方式和学生处理自己恐惧的能力)。有研究揭示教育史中占据重要地位的三位教育理论家卢梭、杜威和弗莱雷都承认在学习过程中新的和意想不到的因素所起的重要作用,以及使学习成为可能中固有的不适感(discomfort)所扮演的关键角色。就他们对学习与恐惧的分析而言,三位学者都不以学生的舒适与安全作为教育目标。他们认为教师应成为对学校恐惧的深入了解者,不仅仅是预测恐惧,或帮助学生战胜恐惧,而且还需要将学生置于一种挑战性的、困难环境中。[①] 这一环境大抵就以认知冲突的发生为特征。冲突使学生产生认知上的焦虑,产生了恐惧,但这还并不能保证学习的产生,也就是说并不是所有的冲突都是合适的。恐惧也可能束缚住学生,使其停止学习,这就涉及恐惧的适切性问题。维果斯基的"最近发展区"理论用于解释这种现象也许比较合宜。教师为学生设置的认知冲突(挑战)就应当被限制于学生的最近发展区之内。教师既要了解每个学生当前的认知水平,又要了解他们能接受的最大认知挑战,这样才可能使挑战所激发的恐惧保持在合宜的水平。要实现该目标需要教师对学生现有的认知能力做出较为科学的测评。此外不同的个体具有不同的恐惧承受能力,对相同的情境也会有不同反应,因此学生的个人性格特征等也是教师在激发恐惧时要考虑的重要因素。可见只要冲突被控制在恰当的范围内,就能够促进学习。正如有研究所说:"我们将冲突视为一种挑战原有行为、思维形式的机会,在这种情况下,冲突可以成为一种教学工具,而不是课堂教学中令人恐惧的不良因素。"[②]

其二,通过激发学生适度的恐惧(积极恐惧),来驱动学生学习。此处的恐惧不再来自认知的冲突,而是来自外部的环境。恐惧的产生与珍视的东西受到威胁有关,所以当不看重的东西被剥夺时,人们不会感到恐惧。联系到学习,若学生对在学校中取得成就没有兴趣,即它不是学生的可欲状态时,学习好坏对其来说就毫无意义,可见学习的动力最终取决于学生的兴趣和责任。如果学生对学习有着浓厚的兴趣,将学习当作"游戏"一样乐此不疲,那再好不过了。然而,事

---

①　English A,Stengel B. Exploring Fear: Rousseau, Dewey, and Freire on fear and learning[J]. Educational Theory,2010,60(5):521-542.

②　Wagner A E. Unsettling the Academy: Working through the challenges of anti-racist pedagogy [J]. Race Ethnicity and Education,2005,8(3):261-275.

实并非如此。学习总是有困难的。如果说在学前阶段,低年级阶段学习尚且和游戏有几分相似,或者说可以以游戏的方式进行,随着学习年级的升高,学习内容的加深,学习不再是一件简单的事情,它需要学生花费大量的精力,忍受种种压力,乃至各样打击。可以说,无论多么美好的教育多少都存在着一定的外部压力。贝特尔海姆认为虽然过度的恐惧会阻碍学习,但很多时候,除非学习被某种可控的恐惧驱动,否则简单要求学生努力学习难以取得成效。① 所以要想学生能全身心投入学习,那么人们必须帮助学生形成在学校取得成就的欲望,与此相应产生学生会形成对不能取得成就的恐惧,也就是说,通过激发学生对不认真学习后果的适度恐惧来增进其学习的动机。在此过程中,教师应巧妙地使学生成为对学习成就的积极担忧者。薇拉·佩弗认为消极担忧者们拒绝去解决问题,只是坐等、忍耐,对可能发生的事感到害怕,这种恐惧是真正消极的;而积极担忧者则与此相对,他们将恐惧当成了一种动力。②

在此需指出两点:(1)此处的成就并非前文批评的成功文化中的成功。恐惧的这层工具意义的产生需要一个前提,即要求学校改变单一评价标准和随之而来的大部分人都难以成为成功者的局面,使每个学生都能体验到发展,体验到成就。这会有效地避免学生产生过多的消极的失败恐惧。(2)教师激发的恐惧应属于学生可控范围之内,即学生对缓解这种恐惧有较强的把握和信心。举例来说,学生对自己的不能取得成就有一定的恐惧,但是他们有自信只需通过自己努力,就能改善成就状况。即使失败了也将原因归结于自己努力程度的缺乏,而不是自身能力的低下,或通过自我妨碍等消极策略寻得心理的自我安慰。在这种情形下,恐惧非但不会成为学生发展的阻碍因素,反而能激励学生学习。

其三,体验、控制恐惧本身就是一种学习。正如有研究者所说,在许多情境中,可以有目的地,也是令人欲求地激发焦虑和压力,理由在于这可以帮助人们在真实世界中处理这样的思想和情绪。一个安全的环境加上事先周密的计划和事后的反思,可以使探索和理解发生。③ 学生在学校,乃至今后的社会生活中,总是不可避免地面临着诸多的恐惧情境。因此,教育非但不应否认和回避恐惧,而且要培养学生适应和管理恐惧的能力。正如卢梭所言:"人要是惧怕痛苦,惧怕种种疾病,惧怕不测的事件,惧怕生命的危险和死亡,他就会什么也不能忍受,所以我们愈是使人熟悉这些观念,就愈能医治他心中萦绕的不安的感觉。"④ 洛

---

① [西]费尔南多拉·萨瓦特尔.教育的价值[M].李丽,译.北京:北京大学出版社,2006:40.

② [英]薇拉·佩弗.战胜恐惧[M].徐景春,译.北京:军事科学出版社,2006:4-7.

③ Jones K. Fear of Emotions[J]. Simulation Gaming,2004,35(4):454-460.

④ [法]卢梭.爱弥儿:论教育(上卷)[M].李平沤,译.北京:商务印书馆,1978:158.

克也指出："家长有时甚至不妨故意使儿童受点痛苦,并在这样做时要求儿童不畏缩、不抱怨。"[①]萨瓦特尔则认为："如果我们从来不曾害怕过,之后也没有从恐惧中学会思考,那么我们永远都无法学会从恐惧中解脱。"[②]虽然爱、关怀之类的要素有助于学生不被恐惧束缚,但很多时候制造必要的恐惧也有其价值。对学生的过度保护,不让其感受到一点恐惧,剥夺了学生从恐惧中学习的机会,最终更可能使学生在恐惧前低头。

(二)促进学生道德发展

1.借由惩罚发展学生道德

惩罚与学生的道德发展有着密切联系。为凸显主题,此处集中探讨通过惩罚造成的恐惧对学生道德发展的促进作用。在教育史中有诸多的学者都强调惩罚在教育孩子中的重要作用,柏拉图的《法律篇》就认为孩子的理性尚未得到充分引导,理性之泉不知该流往何处,于是导致孩子成为灵动淘气的、不太好管教的动物。教师们应帮助学生成长为一个自由的人,其中重要的手段之一就是惩罚,"一旦看到孩子犯错,他的导师/教师就应对其进行惩罚,让其像奴隶一样接受处分。若是犯了错没有得到应有的惩罚,就是一种耻辱"[③]。在这里,他虽然没有明确说明通过惩罚来制造孩子恐惧以达到教育的目的,但联系到奴隶社会中奴隶的地位,以及他所言的将学生如同奴隶般惩罚,不难想象这种惩罚会是令学生恐惧的。相比柏拉图,夸美纽斯则说得更为明晰,他指出:"有时需要对不良行为加以惩罚,目的是使儿童有所畏惧,有所反省,并更加检点。"[④]赫尔巴特也认为在对儿童实施的管理时可以采用威胁的方式,但不可滥用。[⑤] 被公认为用反对外部惩罚来规训儿童的卢梭,他所提出的"自然后果法"——"我们不能为了惩罚孩子而惩罚孩子,应当使他们觉得这些惩罚正是他们不良行为的自然后果"[⑥]——在本质上也需要孩子产生对不良行为自然后果的恐惧才能生效。甚至在《爱弥儿》的部分情形中,卢梭明确指出要对孩子进行惩罚以激起他的恐惧来规范行为,如:"一个孩子把大人当作下人似的打骂是决不能容忍的,即使是跟他同等的人来打骂,也是不许可的。如果他真敢打什么人,纵然那个人是他的听

---

① 单中惠,杨汉麟.西方教育学名著提要[M].南昌:江西人民出版社,2000:123.

② [西]费尔南多拉·萨瓦特尔.教育的价值[M].李丽,译.北京:北京大学出版社,2006:40.

③ [西]费尔南多拉·萨瓦特尔.教育的价值[M].李丽,译.北京:北京大学出版社,2006:160.

④ 单中惠,杨汉麟.西方教育学名著提要[M].南昌:江西人民出版社,2000:111.

⑤ 单中惠,杨汉麟.西方教育学名著提要[M].南昌:江西人民出版社,2000:182.

⑥ [法]卢梭.爱弥儿:论教育(上卷)[M].李平沤,译.北京:商务印书馆,1978:109.

差,或者是一个刽子手,也要叫那么个人加倍地还手打他,使他不敢再有打人的念头。"①

由上可见,教育史中诸多学者并不一贯反对恐惧,相反他们认为通过惩罚激起学生的恐惧以达到改善学生思想、行为的目的是合理的,只要这种方法运用得当。不当的惩罚虽然在形式上也是期望通过激发学生的恐惧来产生相应的理想行为,但是它们在实质上是利用恐惧打击学生,使之服从于惩罚者所预设的行为表现,所以不当惩罚激起的恐惧通常是过度、不适当的,与学生所犯过错不对应的,甚至是为了惩罚而惩罚。在此过程中,惩罚成为控制的工具,而不是发展的工具。譬如有学生闹矛盾并打架,教师罚两人冬天站在教室外两小时。在这种类型的惩罚中,教师成为权力拥有者,而学生的人格尊严则遭到了践踏,学生沦为服从者,不利于他们道德的发展(且不说伤害了学生的身体与心理)。

那么合理惩罚是如何通过恐惧来达到发展学生道德的呢? 有研究者将学生道德发展中的合理惩罚称为道德惩戒,这就点出了恐惧促进学生道德发展的两大路径,即惩和戒。惩即通过对当事学生的惩罚以激起其恐惧之心,惩的目的在于使学生知道哪些事情是应该做的,哪些是不对的,用恐惧的视角来看它的目的是让学生明白哪些事情是应该让其感到恐惧的,即通过恐惧来完善学生的是非对错观念。当类似情境出现,学生对恐惧的记忆将令其感受到恐惧对自己的警示,进而端正行为。戒则指向非当事人的旁观者,即通过惩罚别人,来激发学生的恐惧(杀鸡给猴看)。戒所激起恐惧对学生行为的规范作用则与惩是类似的,区别只在于针对的主体不同。总之,道德惩戒"以促进人的道德发展为旨归,明确指向教育对象的道德过错,使其懂得违背道德的暂时快乐只能带来更大、更长久的痛苦,教其学会分析进而抑制种种不良行为,从而养成良好的道德行为习惯"②。

2.借助危机景象教育学生

所谓危机景象指的是对某种或某些行为可能造成的严重后果进行预测、展示。通过危机景象激起人们的恐惧心理以达到改变人们行为的目的,这被广泛地运用于各种人类活动中。心理学将此称为恐惧疗法(fear therapy),它是一种行为矫正技术,被应用于健康生活习惯的养成上,即通过宣讲某种有害健康的行为的危害性,使人产生恐惧感,从而矫正该行为。一些心理学研究者指出,若对自己具有某种特定的有害健康的行为或缺乏某种特定的有益健康的生活习惯感到恐惧,则会改变有害健康的行为,养成有益的生活习惯。但是同一般积极恐惧

① [法]卢梭.爱弥儿:论教育(上卷)[M].李平沤,译.北京:商务印书馆,1978:103.
② 郭毅然.道德教育中恐惧唤起的社会心理分析[J].教育学术月刊,2010(12):24-26.

一样,利用危机景象激发的恐惧只有在一定的范围内才能有效。心理学的研究认为中等程度的恐惧是最合适的,因为在高度恐惧时,个体会因此而不理解应该改变什么行为;在恐惧程度低的时候,个体又可能不会产生足够强烈的改变行为的动机。[①] 在道德教育中同样可以采取此策略。这在伦理学的研究中早有揭示,试以忧那思责任伦理学中的"恐惧启示法"(The Heuristics of Fear,又译"忧惧启示法")为例。

恐惧启示法认为需要通过对威胁后果的形象展示,以激起人们的恐惧感,使他们的行为朝向避免威胁的方向发展。他认为如果人们不知道有什么危险,也就不知该如何,以及为什么去面对它,这种知识来自对人们所期望避免之物、情形的感知。而人的感知具有一定倾向性,通常对恶的感知要比善要来得强烈得多。忧那思指出对人类来说,邪恶的力量只需出现就能为人所感知,而益处除非通过人们的反思(而这需要具体的理由),否则可能并不起眼,得不到人们的认识。他进一步指出,邪恶出现时,人毫不迟疑,而对于善,人们则只有通过体验其反面才能对其肯定。我们只有认识到疾病的危害才可能去赞赏健康,只有体验过欺诈才会去赞同真诚,知道战争的苦难才会去赞赏和平。因此,忧那思认为道德哲学需要将恐惧置于希望的优先位置,来理解人类所真正珍惜的东西。针对科技对人类社会可能造成的灾难,忧那思指出了未来伦理学的两大任务,即利用危机景象发展人类道德的两个途径。第一大任务可以称为将科技的长远影响可视化。忧那思认为恐惧启示法就是要通过理性对灾难的想象,在人的心中埋下人类所需的作为向导的恐惧。在这层意义上,未来伦理学就是选择一种情形,在其中灾难的创造性想象代替了实际灾难经验的作用,而这种想象不可能自发产生,需要进行有目的的引导。威胁的可视化是激起人们恐惧,引起人们重视的重要因素,譬如单纯对吸烟者宣讲抽烟的危害,向其提供吸烟提高疾病发病率的数据等,听者往往无动于衷,但是如果向吸烟者展示被烟熏坏了的肺的照片会更加有效。第二大任务则是在完成第一大任务的基础上,激起与可视化灾难相应的情感。危机景象发展人们道德存在一个很大的问题,那就是这种景象对人们而言往往是想象的、遥远的,它们并不属于人们自身,所以不会如同那种威胁自己或身边人的危险那样激起恐惧。譬如在电视中观看车祸惨状远不如亲临车祸现场所带给人的恐惧来得强烈。那么这一问题如何解决呢?忧那思提出应培养一种由审思的态度产生的恐惧,即通过对危机愿景的审思,使人们的灵魂受到未来生活的幸福或不幸的影响。忧那思认为如果人们能保持这种思维,他们将会

---

① 林崇德.心理学大辞典[Z].上海:上海教育出版社,2003:695.

乐于对适当的恐惧保持开放。① 我国著名伦理学家甘绍平对忧那思责任伦理的评价中指出，他或许在哲学上没能提供多少玄妙深邃的思想，但他的理论极有价值，这么说的其中一个重要原因就在于忧那思"向我们提示了或许只有重新召唤对神圣事物的敬畏、恐惧，才能有效吓止人们的任何一种越界行为"②。

把忧那思的理论迁移到教育中，教师可以通过危机景象方式向学生形象展示不当行为的可能后果，并激起相应的情感，使学生对特定威胁产生恐惧，进而促使其行为朝向逃离恐惧的方向发展。譬如在培养学生对自然的责任时，③教师可以通过给学生提供森林遭砍伐后的景状，提供动物们无家可归带着幽怨眼神的照片等，激起学生心理最原始的死亡恐惧，让其感受到破坏自然带来的毁灭后果。同时再结合一些生态环境遭破坏所可能为人们带来灾难的数据等，只要教师控制得当就可能产生良好的效果。正如有研究者所说："当恐惧得到控制，它是人们努力行动、对他人友善、保持健康的强大动力，因为人们对不这么做可能的后果产生恐惧。"④

当然，危机景象不是完美无缺的，存在着一定的缺陷。珍妮特·摩尔(Janet Moore)就指出："我试着想象，如果我用危机景象这种思想去进行教育，课堂将会有多么大的压力。在这一重复的对危机的讨论中存在着一股张力。"⑤危机景象使用不当确实可能造成学生许多不必要的恐惧，但这并非意味着这一方式不应运用于教育中，而是提醒人们需要更审慎地运用它，需要思考如何在课堂中增强学生意识的同时，不制造更多的焦虑、恐惧和担忧，如何将种种危机暴露于学生后还能帮助他们。

3.培养学生敬畏心发展学生道德

按前所言，敬畏乃一种特殊的恐惧，它与一般恐惧不同的地方就在于其所包

① Jomas H. The Imperative of Responsibility：In search of an ethics for the technological age[M]. Chicago：The University of Chicago Press，1984：26-28.

② 甘绍平.应用伦理学前沿问题研究[M].南昌：江西人民出版社，2002：141.

③ 一般意义上，人们认为道德是调节人与人之间关系的准则，所以单个人的情况下不存在道德问题。人对自然的责任看似为人与人之间的关系，实则不然。破坏自然带来的危害并不属于某一个人，在现代社会危害可能跨越国界。如某个国家排放废气，其对生态造成的影响是具有全球性特征的，典型的表现就是温室效应，它的产生从来就不是单个国家的问题，而是一种"合谋"。在这一意义上，学生对自然的爱护当属道德范畴。

④ Schmidt M. Accountability and the Educational Leader：Where does fear fit in[M]//Samier E A, Schmidt M (Eds). Emotional Dimensions of Educational Administration and Leadership. New York& London：Routledge，2009：150.

⑤ Moore J. Is Higher Education Ready for Transformative Learning?：A question explored in the study of sustainability[J]. Journal of Transformative Education，2005，3(1)：76-91.

含的敬的成分,其实恐惧本身确实与尊敬有一定的内在联系。萨瓦特尔曾就此问题有过精辟论述,他引用了《传道书》中的观点,即恐惧是智慧和理性的起点,因为人类的智慧始于死亡那可怕的不确定性,始于各种外界险恶环境加之于我们的限制。从对死亡的恐惧中产生了对现实的尊敬,尤其是对同类、同事和同谋的尊敬。在此基础上他指出教育的目的就在于学会愉快地去尊敬那些既恐惧又值得尊敬的事物。① 简单地说,所谓敬畏就是人们对某种"宏伟"(权威)东西的又尊敬又恐惧之情,敬畏的对象一般为与自己相比处于较高位置的人或事。当然这种较高位置并非完全指的是地位,如果说在政治中它描述了地位的差异,那么在教育中,它更多指的是情感层面。

　　一般来说,敬畏被认为是人与人、人与物之间所可能保持的最佳状态之一。"臭名昭著"的政治家尼科洛·马基雅维里曾提出这样的问题:"究竟是被人爱戴比被人畏惧好一些呢? 抑或是被人畏惧比被人爱戴好一些呢?"他给出的答案是:最好两者兼备。可见他所理解的君主与子民间的理想状态就是敬畏,只不过马基雅维里认为两者结合在一起的难度很大,如果君主要在它们中间进行取舍,那么被人畏惧比受人爱戴安全得多。因为爱戴靠恩义维系不够稳定,而畏惧则由于害怕受到绝不会放弃的惩罚而保持着。② 因此,马基雅维里心目中的敬畏是以畏为主,而教育中的敬畏更多的偏向敬的层次,但也不排斥畏的重要地位。在学校教育中,激起学生的作为敬畏的恐惧有利于学生道德的发展,这主要体现为三个方面,即对自然、对人、对规则的敬畏。

　　其一,对自然的敬畏。这首先要从巴赫金的"宇宙恐惧"说起,他认为宇宙恐惧是由纯人类情感被非地球、非人类的宇宙之宏伟所激起,是人们感受到的战栗。"当面对那无比伟大、无比有力的事物,那众星闪耀的星空,代表巨大物质体的崇山与大海,以及宇宙混沌和自然灾难时,人类感到恐惧。"③在宇宙恐惧中,人类感受到自身的渺小和自然的崇高。哲学家康德在论述"崇高"这一主题时,提及人所感受到的自然界的崇高,大抵就是一种敬畏之情。他认为自然界要被人们评判为崇高的,那么就必须被表象为激起恐惧的(尽管反过来并不能说,凡是激起恐惧的对象在我们的审美判断中都会觉得是崇高的)。紧接着,康德描述了那些能够让人产生敬畏的因素:"险峻高悬的、仿佛威胁着人的山崖,天边高高汇聚挟带着闪电雷鸣的云层,火山以其毁灭一切的暴力,飓风连同它所抛下的废

---

① [西]费尔南多拉·萨瓦特尔.教育的价值[M].李丽,译.北京:北京大学出版社,2006:39-40.
② [意]尼科洛·马基雅维里.君主论[M].潘汉典,译.北京:商务印书馆,1985:80-81.
③ [英]齐格蒙特·鲍曼.废弃的生命[M].谷蕾,胡欣,译.南京:江苏人民出版社,2006:42.

墟,无边无际的被激怒的海洋,一条巨大河流的一个高高的瀑布,诸如此类,都使我们与之对抗的能力在和它们的强力相比较时成了毫无意义的渺小。"①可见,对自然心存敬畏之人不会去做破坏自然、对自然不道德的事情。如果说用危机景象培养学生对自然的责任心,是通过激发学生对不良后果的恐惧来实现,那么敬畏则通过激发学生的原始恐惧(死亡恐惧),以达到其尊重自然的目的。

其二,对人的敬畏。应该说敬畏不属于同辈人之间的理想关系状态,他们之间更多的应该体现为尊重,而不是尊敬。所以更准确地说此处指的是对教师和父母的敬畏,这就涉及父母和教师的权威问题。单方面(不好)的权威往往是通过制造学生的恐惧来使其服从,而真正合理的权威就当属于一种被敬畏状态。通过惩罚等手段让学生对不该做的事情产生恐惧,而借助父母、教师的爱使子弟或学生产生尊敬,这两者的有效结合可以发挥恐惧对学生道德发展的促进作用。约翰·洛克早就论述过这一主题,他认为父母应在孩子面前树立起权威,如果孩子坚持去做令行禁止的邪恶之事,譬如故意说谎,父母就应坚定不移地始终对孩子采取严厉的态度,从而使孩子对其产生一种必要的畏惧心理。但同时洛克又指出父母应以慈爱的方式使孩子对自己产生一种特殊的感情,最终使孩子对父母产生一种崇敬之心。洛克所说的崇敬之心就类似于敬畏,它有两个部分即爱与畏,只有两者都保持下去,孩子的心灵才有可能走上德行与荣誉的大道。② 萨瓦特尔也持类似观点,他指出传统家庭的权威模式就是父亲,他既是让人害怕和恐惧的代表,同时又是慈爱和公正的代表,然而现代社会里这种模式消失了。他认为如今最明智的改变就是:"总结出一种足够权威的父亲模式,可以激起最原始的恐惧,在这一恐惧中,既包含着现实原则,也掺杂着体贴的家常、亲近温顺的感情需要。"③学生对教师的敬畏也大抵与此相似。一方面,教师需要对学生严格,在学生面前能保持一种威严,让学生对自己有三分畏意。另一方面,教师又需要以爱、关怀作为与学生相处的基本原则,这几乎得到所有教育家公认。两者合在一起构成了学生对教师的敬畏,这种带有尊敬的恐惧是教师发展学生道德的重要基础。

其三,对规则的敬畏。此处的规则既包括硬性条例,如法律、学校规章制度,又包括相对较为软性的道德准则等。这要从恐惧在社会秩序中的作用说起。恐惧作为社会规范调节器的功能常常遭到忽视,即人们由于惧怕受到法律的惩罚

---

① [德]康德.判断力批判[M].邓晓芒,译.北京:人民出版社,2002:99-100.
② [英]约翰·洛克.教育漫话[M].徐大建,译.上海:上海人民出版社,2005:105-106.
③ [西]费尔南多拉·萨瓦特尔.教育的价值[M].李丽,译.北京:北京大学出版社,2006:41-42.

或道德谴责而使自己的行为保持在合理范围之内。有研究者指出,主流社会科学研究中有轻视恐惧在保持社会秩序和决定生活质量方面作用的趋势:"主流社会科学趋向于将共同的社会价值和文化作为社会生活的主要调节器,而忽视或轻视恐惧在管理人们行为中的重要性。"①然而社会秩序不能依赖于人们的内部情感和内化的价值观,因为他们的价值观之间可能存在着深度的冲突,此时对惩罚的恐惧在保持秩序上是必需的。因此,在这一意义上,儿童的社会化就是一个过程,"在其中,年轻人学会了规则和违背规则所带来的惩罚"②。这也指明了教育的任务之一就是培养学生对规则的敬畏之心,即形成合理的恐惧心理,对违背规则可能带来的惩罚感到恐惧。这种惩罚既包括违背硬性规则所带来的制裁,如抢劫他人财物就需要被放入监牢,违反学校规章制度就需要接受规定的处理;也包括违背道德规则所带来的心理上的焦虑(道德焦虑)。而且通常在教育中,让学生形成必要的道德焦虑要比单纯地对惩罚感到恐惧更为有效。捷克著名教育家夸美纽斯就曾在《创建纪律严明的学校规则》一文中专门就此问题进行过探讨。他认为人们应当经常严格地、坚决地,但不是戏谑地或狂怒地来维持学校纪律。领导青年时应温和而不轻浮,做处分时容许斥责而不尖刻,在惩罚时要严格而不残酷。这一切最终都是为了使学生对学校纪律产生畏惧与尊重。③ 可见,夸美纽斯也不反对在学生心中建立起对规则的恐惧,只是这种恐惧需要尊重来进行协调,也即借助此处所说的敬畏,才能达到最佳的效果。其实不光是夸美纽斯,早在古希腊时期,柏拉图在论述勇敢这一品质时也对恐惧与规则之间的关系做了类似的论述,只不过在他的语境中规则主要指的是法律。柏拉图认为所谓勇敢就是一种保持,"就是保持住法律通过教育所建立起来的关于可怕事物——即什么样的事情应当害怕——的信念"④。并且勇敢的人无论处于苦恼还是快乐中,或者处于欲望还是害怕中,他们都会保持这种信念而不会去抛弃它。所以在柏拉图看来,教育的目的就是在学生心中建立起以法律为基础的恐惧观,凡是法律令行禁止的条目、行为等都是学生所应该恐惧的。因此每当学生即将采取非法律允许的行为时恐惧就会侵袭而来提醒他们正在做不恰当的事,教育就是要使学生明白什么是应该恐惧的。显然,从实际需要出发,教师合理地制造一些

---

　　① Shlapentokh V. Fear in Contemporary Society：Its negative and positive effects[M]. New York：Palgrave Macmillan,2006:21.

　　② Shlapentokh V. Fear in Contemporary Society：Its negative and positive effects[M]. New York：Palgrave Macmillan,2006:46.

　　③ [捷克]夸美纽斯.夸美纽斯教育论著选[M].任宝祥,等译.北京:人民教育出版社,2004:347.

　　④ [古希腊]柏拉图.理想国[M].郭斌和,张竹明,译.北京:商务印书馆,1986:148.

恐惧,对于学生对规则产生敬畏心理来说非但可行,亦是必需。

(三)在战胜消极恐惧中完善自我

一般来说,战胜意味着打倒、击倒某个对手,这个对手可以是人,也可以是某种困难,所以在这一层面谈到战胜恐惧意味着打倒恐惧。但是此处的战胜别有内涵,因为一方面如上文所述,对于积极恐惧,人们应持开放而非打压的态度,所以强调击倒恐惧并不合适。另一方面,将战胜理解为打倒容易使人们将恐惧理解为不好(厌恶)的情绪,因为人一般只会击倒对自己不利、不好的对象。这使得大家单方面地排斥恐惧这种情感,形成"勇者无惧"的文化。于是感到恐惧时,人们不会去理解、接受恐惧,而是将其视为羞耻之事,在情感上排斥它、躲避它、打压它。此处的战胜恐惧并不表示打倒恐惧,而是意味着与恐惧和谐相处,不被恐惧吓倒。关键并不在于是否有恐惧,而在于如何看待恐惧、管理恐惧。持健康的恐惧观,正确地处理恐惧,这就是此处所谓的战胜恐惧。

每战胜一次消极恐惧对学生来说意味着其自我又朝向完善迈进了一步。每个人都可以清晰记得遇到困难时的彷徨与恐惧,以及伴随克服困难而来的身心的愉悦。谢尔赫巴特就指出:"恐惧的积极意义还在于,通过克服恐惧,人可以达到完美。"[①]对于学生也是如此,在学校生活中每次克服消极恐惧的经验都将是令学生心醉神迷的,都将指引着学生朝着完善自身的道路不断前进。罗素也赞同这种看法,他认为:"战胜恐惧的经验是令人心醉神迷的体会。它易于唤起孩子的自豪感,当他因勇气而博得赞许时,将终日喜形于色。"[②]可见战胜恐惧当是学生发展过程中必须拥有的体验。

战胜消极恐惧本身也有直接的价值,这在教育中表现为促进学生成功。瑞贝卡的研究可为此提供佐证。他关注了学生在面对与自尊、能力等相关度高、难度高的课程时所产生的恐惧与应对策略,认为对于恐惧的学生而言,恐惧可能驱使他们去逃避学习,然而努力面对恐惧则可能提供他们能够成功的证据。学生们在面对高难度的课程产生的恐惧常常使他们不敢提交自己的课程作业,因为他们担心自己的作业太差会受到教师的批评,进而证明自己难以胜任此难度的课程,这对他们的自尊造成致命打击。然而根据瑞贝卡的研究,一旦学生们克服最大的障碍——一旦他们提交了最让他们恐惧的作业——他们的表现大大超过

---

① [俄]尤里·谢尔赫巴赫特.恐惧感与恐惧心理[M].刘文华,杨进发,徐永平,译.北京:华文出版社,2008:112.

② [英]罗素.罗素论教育[M].杨汉麟,译.北京:人民教育出版社,2009:73.

了当初悲观的预期。① 战胜恐惧为学生们带来了成功的体验,只有能够不断战胜恐惧的人才能成为有成就的人。

正如德国著名心理学家弗里兹·李曼所言:"克服恐惧,可以让我们成长成熟;避开它,不正面响应,会让我们停滞不前——无法战胜恐惧的人如同长不大的小孩。"② 从学生进入学校之初,他们就面临一个全新的、陌生的环境,学校对他们来说是一个充满未知,充满不确定性的场所。接受教育意味着经历陌生、新奇的东西,意味着自己所熟悉的东西不断地被打破与重建。在这一过程中,恐惧总是不可避免。正是在这一意义上,弗里兹·李曼指出:"每当我们扬弃熟悉的路线,踏入新阶段,准备接受新任务的时刻,恐惧便不请自来;每个年龄所面临的成长成熟课题,都包含了克服心中障碍的关卡,一旦我们战胜了恐惧,人生便又往前迈进一步。"③ 这大抵如一句俗语所云"失败乃成功之母",我们不妨就此套用为"恐惧乃成功之母"。恐惧是学生发展道路上不可避免之问题,只要辩证地看待恐惧,合理地管理恐惧(战胜恐惧),学生非但不会为恐惧所缚,反而可以利用恐惧来促进自己的发展,在不断地战胜一个又一个恐惧中,学生的自我也日臻完善。

四、彰显积极意义的条件

学校恐惧具有正反两方面价值,学校教育应注重发挥其积极意义,这就需要教师做到:利用学校恐惧的计划性、确保学校恐惧的教育性、发挥学校恐惧的辅助性以及使用学校恐惧的个别性。

(一)计划性

虽然没有计划地激发学生的恐惧也可能取得好的教育效果,但这显然与学校教育的本质相悖。学校教育的特性之一就在于其是有计划地促进学生发展的活动。鉴于恐惧是一种负面情绪,通常它带给学生的是不好的体验,所以必须强调教师使用恐惧的计划性。事实上,教育中很多制造负面恐惧的情境都与缺乏计划性有关,往往是无意识的,其影响也常常在不经意间发生。斯考特·赛德

① Cox R D. The College Fear Factor: How students and professors misunderstand on another[M]. Cambridge:Harvard University Press,2009:37-40; or Cox R D. "It Was Just That I Was Afraid": Promoting success by addressing students' fear of failure[J]. Community College Review,2009,37(1):52-80.

② [德]弗里兹·李曼.直面内心的恐惧——分裂、忧郁、强迫、歇斯底里四大人格心理分析[M].杨梦茹,译.太原:山西人民出版社,2007:7.

③ [德]弗里兹·李曼.直面内心的恐惧——分裂、忧郁、强迫、歇斯底里四大人格心理分析[M].杨梦茹,译.太原:山西人民出版社,2007:7-8.

(Scott Seider)曾选择两组富裕家庭学生,其中一组参加一个以社会公正为主题的课程,另一组则为对照组。在这一课程中,参与的学生将了解到社会公正的相关主题,如无家可归、贫困、世界饥荒和非法移民等。对参与课程学生人数前后的统计显示,随着课程的进行,越来越多的学生选择不再参与这一课程,而他们本来都支持穷人与富人间的教育平等。赛德对这些退出课程的学生进行了访谈,对他们的作业进行了研究,发现学生们态度的改变主要来自恐惧,他们恐惧在将来的某天也会变得贫穷或者无家可归。出于这种恐惧,他们更赞同保持现有的富裕地位,而非富人与穷人间的平等。[①] 这一案例向人们形象展示了激发积极恐惧所需的计划性。向富裕学生展示社会不公正的一面,本为激起同情之心,但是由于教师忽视了在这一过程中可能产生的恐惧,所以学生的恐惧呈"放任自流"状,阻碍了学生对社会不正义的厌恶感的形成,反而使得他们更赞同不平等的状态,最终没能实现培养学生社会责任感的目的。这一方面提醒教师需要注意自己的言行是否激发了学生的恐惧,即将可能制造恐惧的情形纳入自己计划的范畴;另一方面提醒教师若要合理利用学生的恐惧,就一定需要事先做好充分的计划,尽量杜绝恐惧反面作用的出现,若是未能杜绝也需要进行事后的补救以消解恐惧的不良影响。

(二)教育性

尽管有计划地使用和控制学校恐惧是其积极意义发挥的前提,但若仅止于此尚显不足。举例来说,教师可以有计划地利用恐惧操纵学生,比如向学生宣布期中考试未能达到平均线的学生都需要带家长到校,上课讲话的学生罚站整节课,等等,教师的目的很明确,计划性也并不欠缺,但是显然这样的情形非人们所愿。这就需要教师具备正确的恐惧观,从教育性的视角看待学校恐惧,即激发恐惧的目的不在于吓唬、操纵学生,而是促进学生的发展。那么何谓教育性呢?有研究者指出学校这种社会组织区别于其他社会组织最基本的也是最根本的特性:教育性。"教育性概念总是意味着教育者通过运用自己所掌握的专门知识及所具有的良好品格对于学习者身体、心智、人格与精神成长给予鼓励、引导和帮助,以便他们有可能健康地成长,趋向于成长为完整的、独特的和具有丰富人性的人。"[②]

---

① Seider S. "Bad Things Could Happen": How fear impedes social responsibility in privileged adolescents[J]. Journal of Adolescent Research,2008,23(6):647-666.

② 石中英. 教育中的民主概念:一种批判性考察[J]. 北京大学教育评论,2009(4):65-77.

（三）辅助性

通过激发恐惧来达到促进学生发展目的的活动在整体的教育活动中应居于非主要（辅助）地位，教师不应经常运用恐惧来教育学生，这主要出于以下两个原因：其一，如前文多次强调，恐惧虽然具有积极意义，但是这一情绪本身是负面情绪，在大多数时候它给学生的感受都是不好的，所以要慎用恐惧。经常使用恐惧手段一方面极可能使学生被"吓倒"，屈服于恐惧，剥夺了学校本应提供给学生自由发展的安全感；另一方面也可能激起学生的反感（反抗），使得恐惧具有的功能失效，这典型地体现在"老油条"学生的身上。两者都降低了恐惧所可能具备的教育效果。其二，真正的教育应该尽量保证学生在学校中能得到教师和同学的关心，保证学生能在学校中感受到存在价值感，而不应时常感觉到威胁，这得到了古往今来众多教育家的认可。教师只能将恐惧作为教育的辅助手段，并且它的使用还需要建立在教师和学生间建立稳定的关怀关系基础之上。

（四）个别性

不同学生有着不同的个性、心理承受能力，因此在运用恐惧策略时应对不同的学生保持一定的差异性。以激发学生的认知风险为例，有研究者就指出冒险虽然对于许多学生而言是一种乐趣，但是对那些在学术成功上面很少得到认可的学生而言未必如此。譬如在课堂上对着其他同学大声读课文，这被学生视为冒险行为，一些朗读能力不好的学生可能将此视为丢面子的行为。[1] 所以同样的激发恐惧策略适用于这个学生，但对另一个学生就未必合适。同时由于恐惧有负面情绪的特性，教师在激发恐惧后的安抚策略显得尤为重要。以惩罚为例，惩罚要产生效果很多时候需要恐惧因素的存在，但是由于学生的差异性，教师不光在惩罚时需要根据学生个性特殊对待，而且在惩罚后还要对部分学生进行安抚，防止消极恐惧的产生。有研究者提出的"罚后安抚策略"即为此意。"对学生进行批评与惩罚后，教师应利用适当的机会与之沟通，用行动证明对被批评学生的关爱，以免他们产生不良情绪或隔阂。"[2]惩罚之后教师应当根据每个学生的特定情况进行不同层次的安抚，对于心理非常脆弱、自尊很低的学生，一方面可能不宜用过于严厉的惩罚手段，这些学生更需要得到鼓励以战胜内心的消极恐

---

① Brown D F,Knowles T. What Every Middle School Teacher Should Know[M]. 2nd ed. Portsmouth：Heinemann,2007：106.

② 熊川武,江玲.理解教育论[M].北京：教育科学出版社,2005：317.

惧;另一方面在进行惩罚后,学生很容易产生不良情绪,譬如过度(不合理)的恐惧,这时候需要老师有一定的后续安抚工作。这种安抚还会强化教师与学生间的感情联系,让学生经常感受到教师的关心。对于承受能力较强的学生来说,安抚策略也许是不必需的,即使要进行安抚,也只需略为实施,不必"大费周章"。

第二节　学校恐惧的消极景观

同上述的一些积极意义相比,学校恐惧在更多的时候只会对学生产生消极影响。这一方面来自恐惧作为防御性负面情绪的本质;另一方面,恐惧发挥积极意义的条件是苛刻的,情境也是局限的。恐惧本为生物在进化过程中形成的对威胁的防御性反应,这与原始生物所面临的对它们而言充满危险的自然环境相适应。然而在现代社会,对大部分人来说外界已经不再危险,他们所面临的主要是失业、得不到人认可等非威胁生命的危险。所以恐惧的原始机制与现代人类生活已不完全适应,这使得人们种种的恐惧反应已不合宜,并成为阻碍他们发展的因素。同时在一般情境下,恐惧本身也是一种令人不愉快的情绪,它所给人们带来的感觉是糟糕的。学校恐惧的情形即与此相似。学校相对于其他场所来说是很安全的地方,在其中学生面临的威胁主要来自心理而非身体(生命)上的。这就决定了如果教育不能帮助学生管理恐惧,它将会对学生的发展起阻碍作用。因而探讨恐惧所可能对学生产生的消极影响就显得十分必要。此处主要研究消极恐惧可能对学生人格特质所产生的影响,即偏向消极恐惧对学生心理健康产生的后果。

本节从恐惧与信任丧失、恐惧与权威屈从、恐惧与保守行事三个角度来展示学校恐惧的消极景观。前两个方面侧重于从关系视角去研究当恐惧成为学生看待学校生活视角时,所可能产生的与周围人联系的异化;第三个方面则关注当学生面临挑战、转变时,恐惧所可能产生的使其行为趋向保守(不作为)的负面影响。三个方面之间并非完全隔离,如果说前两者之间差异相对较大,那么保守行事则多少与信任丧失和权威屈从有着一定的联系。

一、消极恐惧与信任丧失

保持信任是良好人际关系的基础,朋霍费尔曾高度称赞信任,他认为:"我们的责任,是尽我们的全部力量去加强和培养人与人之间的信任。尽管信任只能出现在一种必然的不信任的黑暗背景之中,它仍将永远是社会生活中最巨大、最珍贵、最幸福的福祉之一。"①波兰学者彼得·什托姆普卡也认为:"没有一些信任和共同的意义将不可能构建持续的社会关系。"②师生、生生就应保持一种信任关系,然而当其中掺杂了消极恐惧,信任的纽带就可能被打破,怀疑、不信任、敌视等开始滋生。

(一)教育中的信任

信任广泛地存在于社会生活的各个方面,是多个学科领域学者关注的焦点,在不同场域有着不同但又相似的内涵。本书此处不拟对信任概念做非常精细的分析,只大致介绍一些代表性观点。安东尼·吉登斯将信任解释为:"对一个人或一个系统之可依赖性所持有的信心,在一系列给定的后果或事件中,这种信心表达了对诚实或他人的爱的信念,或者,对抽象原则(技术性知识)之正确性的信念。"③虽然出于其理论背景,吉登斯的理解更体现出社会学特色,但是这一解释的主要观点也适用于教育。教育中的信任在本质上与其他学科并无差异,只是由于信任关系发生于学校教育情境,所以在形式上具有很多不同。譬如学生对教材知识的信任,就属于具有教育特色的信任。正如有研究者所言教育中的信任同社会学、伦理学、哲学等学科中信任的差异并非实质性的,而只是情境性的。他将教育学讨论的信任称为教育信任,认为所谓教育信任就是:"教育主体对教育世界及其人事可信性的肯定性反映。"④该定义与吉登斯的"信任"有很大的相似性,区别只是其凸显了信任的主体与对象等的教育特色。如吉登斯信任主体为任意的人,而教育信任的主体则为教育主体。

综合吉登斯的信任和教育信任的概念可以看出:

首先,信任绝不限定于人际关系,以吉登斯的定义为例,显然信任还包括对某一系统的信任。这很好理解,人们每天可以安心睡觉,不用担心半夜被人破门而入,这就体现了对社会治安系统的信任。在教育中亦是如此,学生每天准时进入校园学习而不用担心在学校受到伤害,这就体现了对学校安全性的信任。不过需要指出的是,本书出于研究需要主要将信任视为人与人之间的一种关系状态。具体来说就是教师与学生、学生与学生间的信任关系。

① [德]迪特里希·朋霍费尔.狱中书简[M].高师宁,译.北京:新星出版社,2011:12-13.
② [波兰]彼得·什托姆普卡.信任:一种社会学理论[M].程胜利,译.北京:中华书局,2005:1.
③ [英]安东尼·吉登斯.现代性的后果[M].田禾,译.南京:译林出版社,2000:30.
④ 曹正善,熊川武.教育信任:减负提质的智慧[M].上海:华东师范大学出版社,2009:12.

其次,两个定义都指向了信任主体对信任对象是值得信任的信心、肯定,从信任主体之一的学生角度来看,信任代表他们对老师和同学的信心。言其为信心,就意味着信任存在一定的风险,这是因为人类不可能洞察所有事情发生的内在过程。所以只要选择信任某个人,就存在着"被骗"的风险,只不过在大多数时候,信任产生的过程使人对信任对象有了较深的了解,这种风险被大大降低。可以说对信任对象的认识准确性程度和信任风险的大小存在着正相关。有研究者指出,教育信任具有"安全性",即教育信任的风险非常低。他认为在教育情境中,师生间进行着循环往复的交往,任何一方付出的信任可以在后续的交往中得到检验,而不断的检验客观上保证了信任的可靠性。由于这种安全性,学生信任教师就相对安全,因为教师的一言一行都在学生的眼皮底下,教师的弱点不可能被隐蔽得毫无痕迹,所以学生随时都可以利用之对教师进行批评。[①] 但是,这种安全性并不是绝对的,风险始终存在,所以一旦学生将这种风险放大,教育信任对其而言就未必真的具备很高的安全性。而事实上风险不但具有客观性,也具有主观性,即个体感知到的风险往往与实际风险未必一致。桑斯坦的研究发现当恐惧介入做出决定的过程时,人们往往会忽视风险产生的概率,对他们而言无论实际风险的大小,其所感知到的风险总是较大的。[②]

这里似乎可以得出这样的结论,即当学生对教师的不当言行、品性等有了较充分理解后,有可能做出此老师不值得信任的判断。这就是说师生间的信任建立在双方的感情投入基础之上。如果教师没有投入感情或者投入的是不恰当的感情,那么当学生对此充分了解后,他们不是由于感知到有风险而对教师不信任,而是认为教师是不值得信任的。这其中不再有风险问题,而是一种确定性结论。换句话说,此时学生对教师的可信赖性没有信心,对教师的可信性做出否定性反应。这提醒人们,学生对教师不信任的直接原因至少有两个,即出于风险考虑或者认知判定。学生的信任关系大抵与此相似,虽然由于两个信任对象群体的不同,师生信任和学生信任的性质会存在一定的差异。

在教育中,信任尤为重要,它是优良教育效果的重要保证之一。故而有研究者称:"信任是教师与教师、教师与学生、学生与学生的最重要的纽带之一,是构建和谐高效教育群体的关键。这与教育人员承担的社会责任包括教师的教育责任和学生的受教育责任有关。"[③]也有研究者专门探讨了师生间信任关系的重要

---

① 曹正善,熊川武.教育信任:减负提质的智慧[M].上海:华东师范大学出版社,2009:15.

② [美]凯斯·R.桑斯坦.恐惧的规则——超越预防原则[M].王爱民,译.北京:北京大学出版社,2011:62-70.

③ 曹正善,熊川武.教育信任:减负提质的智慧[M].上海:华东师范大学出版社,2009:13.

性,指出:"师生信任关系总是包含着师生的紧密联系,频繁接触,相互影响(尤其是教师对学生的影响),是教育活动赖以开展的基础,是促进学生发展的重要条件,是教育成功的关键。"①可见,在诸多研究者看来,教育应该建立在信任的基础之上,并且促进这种信任的发展。

(二)消极恐惧阻碍师生间的信任

师生间信任的缺失得到诸多学者的关注。有研究者称此为师生"信任危机",认为在教育场域内部,教育主体之间的关系不再以相互信任为基础。他概括出这样几种师生丧失信任的表现:第一,当学生遇到问题时,他们宁愿去网络寻找陌生人的帮助,而不愿与教师沟通;第二,教师对学生越来越像监狱管理人员对待囚犯,或可称之为"学校的监狱化",校园内安装了大量致力于监视的摄像头(尽管这些都发生在爱的名义之下);第三,私拆信件、暴力教学等教师行为对教师形象造成了严重破坏,使得教师在学生心中非但不可信任,甚至被学校妖魔化。② 这样的表现尚有很多,如一一列举恐将成为长篇累牍。师生信任的缺失破坏了正常的师生关系,不论是人们提倡的民主型师生关系、理解型师生关系,或者关心型师生关系等,教育研究者视域中所有的理想型师生关系都内含着信任,一旦信任被打破,各种阻碍学生发展的问题也随之出现。

造成师生信任丧失的原因是多方面的,学生的消极恐惧是其中一个重要影响因素。具体而言,消极恐惧大致经由两条路径制造了师生间的不信任:

其一,对学校生活的整体性恐惧使得学生无法对教师产生认同,产生了师生的疏离。许多研究都证明在学生的失败恐惧与其对学校的参与程度之间存在着显著的负相关③。学生不愿参与学校生活大抵就与极端性恐惧层级中的隐性逃学相似,但程度尚达不到隐性逃学之高。对学校的整体性恐惧使得学生厌恶与学校教育活动相关的一切因素,甚至连他们选择同伴群体时也不愿意与学习好的同学建立较深关系。而教师作为教育活动的组织者和学校的代表,属于学生的厌恶范围,或者说即使学生不讨厌教师,但也不愿与教师发生联系。不愿意参与学校生活的学生自然不会信任教师,他们不太可能愿意与教师分享自己的苦恼与问题,而更可能从同伴群体中寻求慰藉,并且往往是不良群体,学生们信任

① 张相乐.论师生信任关系的建构[J].教育导刊(上半月),2010(3):22-24.

② 石艳."共同生存"何以可能?——教育场域中信任问题的社会学审视[J].华东师范大学学报(教育科学版),2007(2):14-20.

③ Reike W M, Hall C. Self-efficacy, Goal Orientation, and Fear of Failure as Predictors of School Engagement in High School Students[J]. Psychology in the Schools, 2003, 40(4):417-427.

这些群体,因为它们可以为其带来短暂的存在价值感。最终学生更有可能去尝试吸毒、青春期怀孕,甚至犯罪活动等不符合社会规范和学生身份的行为。

其二,学生对教师个人的消极恐惧也会导致他们对教师的可信任性做出否定判断。学生信任教师意味着将自己的某些东西托付给教师,一旦这种托付行为可能是危险的,学生便可能选择不信任教师。以被教师标签为差生的学生为例,如果他们选择信任教师,那么就意味着相信教师对自己的评价为真,意味着将自己的存在价值高低的评价交由教师。那么教师将其标签为差生的行为即确证该生能力确实低下,这与前文所说的学生会尽力避免此种情境产生矛盾,所以"差生"往往会更加不信任教师,他们从教师那里毋宁说得到存在价值感,不被降低存在价值就已属万幸。学生的消极恐惧虽然来自教育制度、教育评价等多个方面,但这些因素与消极恐惧之间需要教师作为桥梁才能发挥作用。很多时候,学生直接感知到的是教师给他的压力而不是教育制度或者教育评价,所以他们将教师视为恐惧制造者,而不太可能认识到教师其实也被恐惧所缚。这样教师就成为学生心目中压迫自己的罪魁祸首(当然在一些由教师暴力倾向等个体性因素制造的恐惧中,教师确实就是罪魁祸首)。根据人们对恐惧的一般理解,恐惧会促使个体远离恐惧对象,或恐惧情境,那么当学生感到种种来自教师的恐惧时,远离教育情境,远离教师是他们通常的选择。显然在这种情况下,信任的关系无法建立。

(三)消极恐惧阻碍学生间的信任

消极恐惧制造了师生的不信任,这并不意味着学生会将信任给予教育情境中的其他人如同学。事实上消极恐惧也可能影响学生间的信任关系。当学生对同伴产生恐惧,即认为同伴的存在是对自己实现存在价值的威胁或潜在威胁时,他们会在自身与同伴之间建立起一道屏障,以保护自己不受伤害。西方恐惧文化研究所关注的教育中的种族问题即表现出此种特征。美国的种族问题由来已久,"9·11"事件更是将种族间的矛盾再次推上高潮。种族问题的理解与解决都建立在恐惧文化基础之上,因而对被标以种族主义的恐惧,以及对其他种族的恐惧占据了美国的校园。在这种背景下,一些学生出于对跨种族约会的恐惧,签订请愿书反对学校的重组,以避免种族混合可能带来的威胁事件。[①] 很明显,对其他种族可能带来的威胁的恐惧,使得学生们不愿去信任非同种族成员。当然,在

---

① McGlynn C,Zembylas M. Peace Education in Conflict and Post-conflict Societies: Comparative perspectives[M]. New York:Palgrave Macmillan,2009:119-120.

我国种族问题远没有美国突出,但亦不可掉以轻心。种族问题背后隐藏着由学校消极恐惧导致的学生信任的丧失。

具体而言,学生间信任的丧失与学生竞争关系有着密切联系。竞争性学生关系使学生间,尤其是成绩接近的学生间产生了乌尔里希·贝克所说的个体化过程。他认为不断增加的竞争压力引发了一种同等者间的个体化,同等者即分享着类似教育背景、经验、知识等的人。竞争压力瓦解了这种共享背景仍然存在的社群,削弱了但没有完全消除同等者的平等,导致了在同质社会群体中发生的个体的分离。[①] 竞争性学生关系使得每一个学生相对于其他分享类似背景同学而言都是潜在的威胁,制造了学生与学生间信任关系的中断,产生了学生的个体化。人们不会去相信竞争者的话,因为在他们的思想中,竞争者的目的总在于击倒自己,于是以一种不信任的态度去看待竞争者似乎是最合适的。这种情况应该改变,因为它不适合教育。学生间建构合理的信任关系是保证其在学校幸福生活的基础。学生之间更应是互相帮助和相互促进的关系,而非敌人。

由于竞争造成的消极恐惧导致学生间信任丧失的情形并不少见。譬如同学间不愿分享学习资料就体现了竞争性学生关系对学生行为的塑造。对大部分学生而言,有一份别人没有的资料意味着自己更可能在竞争中取胜。于是出于对竞争中失败的恐惧,用各种借口拒绝与同学分享资料便成为合理的选择。而这一行为本身就意味着学生间信任纽带的崩裂。类似的行为还有很多,譬如告诉同学自己回家就睡觉不自习,而事实上学习到深夜;告诉同学自己不参加辅导班,但事实上周末的时间都被用于上辅导班,甚至还请了家教。这些都体现了对同伴超越自己的恐惧之于信任的破坏。

二、消极恐惧与权威屈从

由于恐惧,学生会屈从于对其而言处于权威层次的教师或学生群体。权威屈从与信任缺失看似矛盾,实则不然。虽然表面上看,恐惧造成的权威屈从并没有拉远师生、生生间的矛盾,而是在他们之间建立了某种联系。但是这种拉近与信任所内含的真正联系是完全不同的。前者更多是一方对另一方的压制,而后者则侧重情感上的联系。

---

① [美]乌尔里希·贝克.风险社会[M].何博闻,译.南京:译林出版社,2003:116.

(一)教育中的权威

《现代汉语词典》对权威有两个解释,一是指使人信服的力量和威望;另一是指在某种范围内最有威望、地位的人或事物。[①] 由此可以看出,权威本身当属中性概念,即该词本身并不能告诉人们权威是好还是坏,而是要分具体的情境。

首先,在教育中权威可能起到正向的作用。以道德教育为例,教师需要扮演的角色之一就是道德的权威者。譬如威尔逊的道德权威概念中的权威即为褒义。他认为"道德领域中是有正确答案存在的,而正确答案往往是通过正确的方法论得出的[②],因此,道德相对主义是错误的。他肯定了道德领域中理性权威的存在。"所以在道德教育中,教师应该成为理性的权威,鲜明地表明自己的立场,自身应成为学生学习的榜样。此外,个体品德的形式结构也决定了教师必须是一个权威者。个体品德的形式结构包括道德认识和道德态度两大方面要素,当学生获得了错误的道德认知,道德情感等因素往往非但不能纠正他,反而会起到推波助澜的作用,使学生在错误之路上越走越远,因而确保学生不会选择错误的道德认知是德育教师的最重要的任务之一。这也要求教师必须成为一个道德权威者,拥有正确的道德认知,践行自己提出的道德规范,为学生树立道德榜样并提供相应的道德标准等。[③]

其次,对权威的盲从和屈从也会产生不良的后果。从前述第二重意义看,权威代表了某范围最有威望的人或事物等。这反映在教育情境中,有权威性的人事大致有三:一是教师,二是教材,三是有威望的同伴。比如教材,其内容通常经过学科专家、教育专家等多方人员商讨而定,具有较高的权威性,这无可非议。但是若鼓励学生将教材看作无可置疑的圣经,这就是培养学生对权威的盲从,而对质疑教材的学生进行嘲讽、打压则使学生产生恐惧心理,他们出于自保的目的则会产生对权威的屈从。最严重的将改变学生的人格特质,使其以服从的态度来面对一切具备权威因子的人和事。

(二)消极恐惧使学生屈从于权威

这里不妨重温约翰·杜威对宗教起源的一个比喻,他说:"当人们还没有后来才发明的工具和技艺时,他就像一个落水的人抓住一把稻草那样,在困难中抓

---

① 中国社会科学语言研究所.现代汉语词典[Z].北京:商务印书馆,2005:1130.
② 李晓明.威尔逊道德教育理论对我国学校德育的启示[D].重庆:西南大学,2007:15.
③ 周全.安·兰德"理性利己"道德观及其德育意蕴[J].基础教育,2012(2):93-97.

住他在想象中认为是救命根源的任何东西。"①这里表面说的是困难,实际上和恐惧直接相关。杜威所说的困难正是来自存在价值受到的威胁。这从"救命稻草"四个字即可看出。同时"想象中"三个字又表明人们所抓住的"救命稻草"本身未必确实能起到救命之效,只是对于恐惧的人而言,它能够从心理上缓解其恐惧感而已。原始人类做祭祀、祈祷等(这些皆为早期宗教的萌芽)正是为了缓解他们的恐惧感。这些行为实际上不可能改变自然,但原始人类相信如此作为即可控制凶险万分的自然,所以将这些行为视作救命稻草,紧紧抓住。

确实,当人恐惧时,他就会抓住他所认为的能缓解其恐惧的人或事物等不放,尤其是在极度恐惧中。在教育中,此种情形表现为学生在感到恐惧时对权威的依附与屈从。这里有必要谈到卡斯特的共生概念。他认为人们不断地寻找摆脱恐惧的方法会使他们陷入共生。卡斯特的共生指的是一个人跟另一个人,或另一团体机构等的结合,而且结合的方式是失去个人的心灵自由和自我的潜力发挥。当然他并不一贯反对共生。从概念的本义来说,共生也可能是有益的。最典型的表现就是大自然中的共生现象,非但没有问题,而且是人们极为期盼的一种和谐状态。以此为隐喻社会生活,人与人之间良性的共生状态恰恰是众人力图达成的一种理想。卡斯特认为在不良共生状态中存在着受束缚者和宿主之分,对于前者共生的好处在于使其知道自己受到了照管和保护,对于后者共生的好处是他的价值大大提升了。总体而言,共生的代价是一方大受限制,乃至个性遭到扼杀;另一方则大肆膨胀,变得狂妄。②在共生状态中,变得越来越强大的那一方(可能是单个人,也可能是某一群体)相对于另一方而言正是权威所在。由恐惧带来的对权威的服从必将阻碍学生自主性的发挥,正如卡伦·荷妮所言:"无论在何时,当一个人受到强烈的焦虑驱使时,其结果必然是丧失自主性和灵活性。"③自主性的发挥本就与风险有关,当恐惧占据学生的脑海,对其而言最安全的方式大概就是放弃自主性,而服从权威,因为这么做的短期风险是最小的,至少他不会受到教师与群体的非议,尽管在未来的某个时候,学生可能为此付出代价。

弗罗姆提出的逃避自由的两大机制也体现了共生的内涵。他认为当人们对自由产生恐惧时,会放弃个人自我的独立倾向,而与自身之外的某人或某物合为一体,通过除掉自我来重新感到安全;或者产生一种机械趋同的倾向,即个人不

---

① [美]约翰·杜威.确定性的寻求——关于知行关系的研究[M].傅统先,译.上海:上海人民出版社,2005:6.

② [瑞士]维蕾娜·卡斯特.摆脱恐惧和共生的方法——童话的心理学解释[M].朱刘华,译.北京:国际文化出版公司,2008:3.

③ [美]卡伦·荷妮.我们时代的病态人格[M].陈收,译.北京:国际文化出版公司,2007:78.

再是其自身，而是按文化模式提供的人格把自己完全塑造成那类人，于是个人与世界的鸿沟便消失了，与个体独立性相关的孤独感和无能为力感也随之消失。^①这正体现了恐惧与权威屈从的紧密联系。克里希那穆提也有类似描述，他指出大部分人都害怕无法谋生，他们认为如果不听从父母，不适应社会，那么将来会变成怎样无法知晓。所以在克里希那穆提看来，这些人总是不断地做别人要他们做的事。^② 接受父母为自己安排的轨迹，正体现了个体对自我独立性的恐惧、对未来不确定性的恐惧。为缓解自身的恐惧感，人们可能会选择将自我交由家长、教师等决定，并按照他们的愿望来行动。

在教育中，个体间的共生表现为学生对教师的依附，教师在学生面前具有霸权式的权威。有研究者指出："如果当权者可以使人们对什么是错的和不可接受的感到害怕和无知，这些人大多会接受被告知的'真理'和'事实'，并回避敌人。"^③简单地说，如果当权者使人们感到恐惧，那么这些人将会臣服于他的权威。米歇尔·斯密特也有类似观点，他指出对恐惧的典型反应就是个体屈从于别人的愿望。^④ 师生之间亦是如此，等级制的师生关系中，教师的角色即类似"当权者"。教师常常利用自己身份的优势，来制造各种各样的恐惧，让学生对自己产生消极恐惧。而当学生感到恐惧时，他们就可能会寻求与教师的共生，将自己的意志臣服于教师的权威，接受教师提供给他们的正误（真理）标准，而丧失了自己的理性分辨能力。因为对学生而言，在教师主导的教育情境中，最安全的莫过于听教师的话，做个好孩子；最忌讳（恐惧）的是与教师的意见不一致，或者说是质疑教师的权威。恐惧制造的对权威的屈从也体现在夸美纽斯的论著中，他指出父母、家仆等人通过将学校形容成地狱，来恐吓孩子，以达到控制的目的，这最终将引起孩子对学校的奴隶般的恐惧。^⑤ 这样的孩子进入学校，更可能对学校产生恐惧，并且屈从权威，因为他们从一开始就被学校"吓住了"。

教育中的个体与群体间的共生包括与主导价值或非主导价值的共生两种情形。两者的共同之处是都体现为克维特曼所说的对孤立的恐惧。这就不得不提

---

① ［美］埃里希·弗罗姆. 逃避自由［M］. 刘林海，译. 北京：国际文化出版公司，2000：98-126.

② ［印度］克里希那穆提. 人生中不可不想的事［M］. 叶文可，译. 深圳：深圳报业集团出版社，2010：65.

③ Poynor L，Wolfe P M. Marketing Fear in American's Public Schools［M］. Mahwah：Lawrence Erlbaum Associates，Inc，2005：5.

④ Schmidt M. Accountability and the Educational Leader：Where does fear fit in［M］//Samier E A，Schmidt M (Eds). Emotional Dimensions of Educational Administration and Leadership. New York&·London：Routledge，2009：150.

⑤ ［捷克］夸美纽斯. 夸美纽斯教育论著选［M］. 任宝祥，等译. 北京：人民教育出版社，2004：71.

到他的"适应性羞耻"概念。他认为适应性羞耻是社会性羞耻的一个非常特别的变种，它的核心是对被排除在某群体之外的恐惧，包括家庭、夫妻、关系、朋友圈子或者自己生活的群体。① 这就意味着对孤立的恐惧往往容易造成个体对群体价值标准和行为规范的遵守、服从。克维特曼指出，每个群体都存在着几百种价值标准和行为规范。如果人们希望获得尊重、喜欢，那么他就必须遵守这些标准与规范，一旦违背则会遭到群体成员不同程度的道德谴责。② 这本身具有合理性，但是一旦超过限度，很容易压制人们对群体价值观等方面合理性的批判性反思。换言之，服从于群体的主流价值观，而不敢对这一权威有所越矩。在教育中这种情形非常多见，譬如弗罗姆就指出，教育从一开始就不鼓励学生的原创性思想，而是将准备好的思想灌输到学生的脑子里去。实现这一过程的方式就包括恐吓、惩罚等通过制造学生的恐惧来实现他们对学校权威的服从。③ 学生如果质疑学校的主导价值标准，那么他将会受到各种各样的惩罚，出于对惩罚的恐惧，势单力薄的学生就极为可能屈从于权威。同时，当学校主导的价值标准已被学生群体内化时，出于对被同伴排斥的恐惧，学生们也会选择服从这些价值标准，而不会去质疑它们的合理性，这种服从为学生带来了一定的安全感。保罗·邓肯姆（Paul Duncum）在其恐惧文化研究中指出："暴力的媒介帮助制造和保持了一种恐惧文化，这反过来又维持了社会经济和社会政治的现状，因为一种恐惧与焦虑意识的渗透将会使人们持排除异议者的态度。"④这大抵可适用于教育中的相似情形。

与对主导权威的依附略微相反的则为与非主导权威的共生。非主导权威主要体现在亚文化中，克维特曼就指出适应性羞耻不光和一种文化有关，它也存在于一些跟主流文化完全不同，甚至有着相反价值观的亚文化中。他认为人们通过符合该亚文化准则的行为，可以表示自己不想隶属于除此之外的其他群体。在这种情形中，对被排斥的恐惧是对被亚文化圈子所遗弃而产生的恐惧。⑤ 在教育中，这表现为教育社会学所关注的非正式群体。非正式群体中就有一些群

---

① ［德］沃尔夫冈·汉克尔·克维特曼.道德沦丧：禁忌消失时我们将失去什么［M］.周雨霖，等译. 北京：中国画报出版社，2011：93.

② ［德］沃尔夫冈·汉克尔·克维特曼.道德沦丧：禁忌消失时我们将失去什么［M］.周雨霖，等译. 北京：中国画报出版社，2011：94.

③ ［美］埃里希·弗罗姆.逃避自由［M］.刘林海，译.北京：国际文化出版公司，2000：166.

④ Duncum P. Attractions to Violence and the Limits of Education［J］. Journal of Aesthetic Education，2006，40（4）：21-38.

⑤ ［德］沃尔夫冈·汉克尔·克维特曼.道德沦丧：禁忌消失时我们将失去什么［M］.周雨霖，等译. 北京：中国画报出版社，2011：95.

体的价值观与学校正式群体所持价值观间存在着冲突。譬如在某些非正式群体中可能存在着认真学习是书呆子行为的观念,那么要想成为该群体一员,就必须按照这一标准行事,即使内心对此并不赞成。但出于对被该群体排斥的恐惧,学生还是会以行动来表示自己对群体规范的支持。同时,此观念也就相应成为对学生而言的权威。吸烟行为也是个很好的例证。吸烟是学生对成人行为的一种模仿,常被中学生视为很酷的行为,如果在非正式群体中形成一种男人就要吸烟的文化,那么对被朋友耻笑的恐惧可能会促使群体成员也选择吸烟,尽管在感情上该成员可能并不赞同,也不愿意吸烟。

三、消极恐惧与保守行事

保守行事主要指的是学生在面临挑战与转变时,由于恐惧而产生畏缩不前,进而选择以消极方式进行应对的行为。如当教师在课堂上提出一个问题时,学生王某对该问题有自己的答案,但是对其准确性无法确定。出于对回答错误被同学笑话的恐惧,王某选择闷声不言。此时就可称王某的行为为保守行事,因为在课堂上回答问题这一情景带有挑战性,默而不语则表示王某选择了以消极方式应对挑战,以获得短暂的安全感。对王某而言,回避挑战的情境可以使自身的价值不会受到外界的评判,故而在某种意义上实现了自我存在价值的保存。

如果说在消极恐惧导致的信任丧失和权威屈从代表了学生控制恐惧的两种不同路径,那么保守行事则与此二者有更多的相通之处。在学生不信任的环境中,保守行事以保全价值是其正常的选择。王某之所以不愿回答问题的重要原因之一就是对教师和同学的不信任,因为他认为他们不会对其错误持宽容态度。同样,对权威的屈从也可能导致学生的保守行事,正是因为群体中可能存在的将回答错问题视为丢人、能力差的价值观,而王某又屈从了此权威,所以才会产生上述"默而不语"的行为。

与保守行事相关的恐惧来自变化可能为学生带来的焦虑。准确地说,挑战也是一种变化。因为学习挑战需要学生直面认知冲突,应对冲突的过程正体现了变化。然而变化并不总是顺利的,其中遇到的阻碍可被合理地称为变化的困境。有研究者在研究教学改革时探讨了这种困境,指出:"我们大部分人在放弃权利、地位时都会感到不适,我们担心同事,或项目主管对非正统教学的反应……感受到自身的虚弱性。"[①]这同样适用于学生在面临挑战、变化时的状态。

---

① Cranton P. Types of Group Learning[J]. New Directions for Adult and Continuing Education, 1996,71(Autumn):25-32.

珍妮特·摩尔的描述则更加丰富，她指出改变观点通常伴随着尴尬和不舒适，尤其是改变观点背后的假设，则更会使人们感到不安全和缺乏信心。通过避免转变观点，我们可能感觉到安全无忧。[①]

人的任何变化都带有一定的风险性，因为变化的结果通常超出人们的控制范围，对不良变化的恐惧将成为决定学生选择保守行事的重要因素之一。正如史文德森所言，"通常来说，恐惧会导致保守。任何改变都可能朝着更坏的方向，具有一定的风险性，因而被看作是危险的"[②]。他进一步引用了富里迪的"恐惧保守主义"概念，认为这种立场反对有任何改变，而希望维持现有的状态。持该立场的人只认可一种改变，那就是对更"原始"的某种状态的回归。[③] 概言之，变化可能带来的不良后果成为人们恐惧的对象，这种恐惧使他们更倾向于选择遵循旧有的行动路线，避免一切的冒险行为，包括在可能为其带来益处的情境中。正是在这一意义上，美国有研究者对高风险测验进行了批评，指出这种考试计划"不是鼓励学校成员去重新考察教育目的、过程和结构，而是促进了保守的做事习惯和方式"。高风险测验与教育问责制联系在一起，其核心即以考试成绩为评价标准决定对教师的奖惩。出于对考试失败的恐惧，教师合理的应对行为就变成了以考试训练为中心的应试教学，而忽略了教书育人的复杂性，将其简单化为在考试中取得成功。我国虽然没有高风险测验这一说法，但考试本身，尤其是高考就具备了高风险的特质，于是大多数教师选择以更为传统的方式进行教学也就在所难免。这里虽然论述对象是教师，但也同样适用于学生，在这一点上他们之间并没有本质区别。相同之处在于消极恐惧都可能使他们保守行事，区别只在于恐惧的种类、性质等存在一定的差异而已。

保守行事会对学生的发展造成诸多阻碍。在大多数语境中，保守本身就与发展相对，在某种意义上可以说保守就意味着不发展、不进步。此处仅以学生创造力的培育与发展为例，来展示消极恐惧、保守行事与创造力丧失之间的联系。应该说，尽管有许多不同形式的危害，但它们大致经过相似的路径生产出来，因此以创造力为例具有一定的代表性。

克里希那穆提就曾论述过消极恐惧与创造力之间的关系，指出要想有创造力必备几个条件："这意味着你不再有被强迫的感觉，不再有不能成为什么的恐

---

①　Moore J. Is Higher Education Ready for Transformative Learning?：A question explored in the study of sustainability[J]. Journal of Transformative Education，2005，3(1)：76-91.

②　[挪威]拉斯·史文德森. 恐惧的哲学[M]. 范晶晶，译. 北京：北京大学出版社，2010：67.

③　[挪威]拉斯·史文德森. 恐惧的哲学[M]. 范晶晶，译. 北京：北京大学出版社，2010：67.

惧,不能获得什么的恐惧,以及不能达到目的的恐惧。"①可见他将恐惧视为创造力的大敌,认为只要有恐惧存在,就没有创造力。那么恐惧为何会阻碍学生创造力的发展?其中最重要的中介之一就是保守行事。欲明此理,必须先从创造力本身说起。

创造力有四大特性:产生新颖事物、解决问题、破除传统和挑战标准。② 从后两者中可以分析出恐惧是怎样通过保守行事给创造力制造麻烦的。破除传统需要勇气的支撑,因为每一项传统的打破,都意味着对沉浸在该传统中的人们的侵犯,意味着自身可能要与传统守护者之间发生冲突,有时这种冲突还发生在个体内部。罗洛·梅指出:"每一个创造经验都有可能会侵犯或否定个人周遭的他者,或者个人内在的既定模式。"③显然一旦恐惧占据学生的脑海,破除传统的勇气就难以存在。学生选择保守行事,放弃对传统的挑战,以避免这种令其恐惧的情境产生。学生对课本知识的质疑、对教师教学的质疑、对改进学习方法的尝试等都带有创造性因子的行为。但是一旦学生对挑战的后果产生恐惧,那么他们往往会放弃这些行为,对教师教学中的错误视而不见总比给教师指出问题要安全得多。保守行事正是这样阻碍了学生创造力的培育与发展。

从创造力的核心要素上来说,批判在创造力中占据重要位置。"批判精神所体现的,是一种独立自主的精神和对更为美好环境和状态的向往;而批判能力所体现的,则是为了实现更为美好状态而对现实状态进行破坏的能力。"④可见,作为创造力核心要素之一的批判所强调的也是对现状的一种打破、转变,所以批判同样是存在着风险的行为,它的实现需要学生克服内心的恐惧,需要他们有积极面对变化的勇气。批判的精神与保守之间也是对立的,保守的氛围不会容忍批判的存在,保守的个体也不会具有批判的精神与勇气。

本章小结

学校恐惧既有积极意义,也存在消极景观,体现了双重性。学校恐惧在教育

---

① [印度]克里希那穆提.人生中不可不想的事[M].叶文可,译.深圳:深圳报业集团出版社,2010:95.

② 王佳佳.论学校制度与学生创造力的发展[D].上海:华东师范大学,2010:22-24.

③ [美]罗洛·梅.焦虑的意义[M].朱侃如,译.桂林:广西师范大学出版社,2010:40.

④ 王佳佳.论学校制度与学生创造力的发展[D].上海:华东师范大学,2010:27.

情境中是客观存在的,因为学生的成长过程存在诱发学校恐惧的因子;学习过程也包含着令学生恐惧的因素,严格的纪律和艰深的学习内容都可能诱发学生恐惧心理;学校中学习结果的被评价性也令学校恐惧难以避免;而学校情境中学生交往的特点也决定了学生不可能完全没有恐惧。在这一意义上,学校恐惧只可能被发扬其积极面,缓解其消极面,但无法得到完全的消除。学校恐惧的本体意义是其他各种意义产生的基础和前提,这种本体意义与恐惧的原始价值相连,主要指预警学生身心在当前或将来可能受到的威胁,并促使其采取积极有效措施来避免危险。在此本体意义基础上派生出学校恐惧的三大工具价值,即:驱动学生学习;通过惩罚、危机愿景、培养学生敬畏心来促进学生道德发展;引导学生在战胜恐惧中完善自我。学校恐惧积极意义的彰显需要限定在一系列条件之下,为此教师在运用恐惧服务于教育目标时需要注意计划性、教育性、辅助性和个别性。

恐惧作为负面情绪的本质,以及发挥其积极意义所需要的苛刻条件,两者一起决定了学校恐惧更多时候对学生产生的是负面影响。这体现在三个方面。首先,消极恐惧容易打破师生、生生间的信任纽带。如对学校生活的整体性恐惧会使学生不认同教师,产生师生间的疏离;学生对教师个人的消极恐惧也会让他们选择不信任教师;竞争性的生生关系中断了学生同辈群体间的信任联结。其次,消极恐惧也会导致学生对权威的盲目屈从。这既表现为对以教师为代表的主导权威的依附,也体现在对学生亚文化群体为代表的非主导权威的依附。最后,消极恐惧还会导致学生的保守行事,令其不敢应对挑战与改变。因为挑战面临着不确定性,面临着对学生固有价值的可能损害,而改变则总带有一定的风险性,这些都令学生感到焦虑不安。在这一过程中学生的创造力被消极恐惧消磨殆尽。三者共同塑造了学校恐惧的消极景观。

第四章　缓解消极学校恐惧的教育作为

　　缓解学校消极恐惧可沿着两大路径进行。一条致力于学校教育的整体改善，另一条则强调学生个体管理恐惧能力的提升。前者可称为外因调试，后者可称为内因疏导。通过内外条件的双重改变，帮助学生逃离学校恐惧的束缚。第一条路径的核心在于减少学校教育中的不必要致恐因子，转变学校教育中的恐惧文化。第二条路径则着眼于学生的人格特质。本章拟从四个角度来分析缓解消极学校恐惧的教育作为。首先探讨缓解消极恐惧的重要基础，该节主要围绕可欲状态和价值安全感两大方面展开论述。其次，分析教育文化的整体变革。再次，剖析缓解恐惧的教育路径，主要从更为具体的角度去分析教师在日常教育工作中可以从哪些方面着手。最后论述缓解恐惧的个体路径，侧重于探讨在个体层次，教师需帮助学生做的一些转变。

第一节　为缓解消极学校恐惧奠定基础

　　据前文对"学校恐惧"的界定，可以分化出与学生消极恐惧相关的两大因素：一为学生对自身存在价值的认识，另一为他们在教育情境中感受到的对其存在价值的威胁。与此相应，缓解消极恐惧的基础也由此生发。对于前者，人们需帮助重建学生的可欲状态，对于后者，则需教育为学生提供价值安全感。

一、重建学生的可欲状态

　　据恐惧的概念分析，恐惧总是与某种或某些可欲状态有关。学生对某个对象产生恐惧，意味着该对象对其而言属于非可欲状态，或者更准确地说是反可欲状态。相应地，一般来说该对象的反面即为学生的可欲状态。所以当学生认为得到教师表扬是一件很好的事情时,受到表扬此事即为其可欲状态,而得不到表扬,甚至遭到批评显然为其所不可欲。那么该生就可能对后者产生恐惧,即学生将得到教师的表扬视为其存在价值的确证。当学生的存在价值观不合理时,即他们追求的是不合理的可欲状态时,消极恐惧就很有可能产生。教育需要做的正是帮助学生追求合理的可欲状态,纠正不合理的存在价值观。那么如何理解学生不合理的存在价值观呢?所谓价值无非就是人类生命为追求和实现生命资源的最大丰裕度和生命状态的最完满感而采取的行动。① 通俗地讲,价值就是有用。相应地,存在价值表征了某物、某人或某事等存在所具有的有用性。此处的存在价值即学生存在的有用性,而学生对什么能体现自己存在的有用性的认识即存在价值观。人必须感受到自己的存在是有价值的,即存在价值感得到彰显才能快乐,如果觉得自己一无是处,对谁而言都是没有价值的,人就会感到失落、恐惧。所以如果学生在学校中感受不到自己对于别人而言是有用的,他们就会认为自己是失败者,学校的整个生活过程就是对其无用性的证明,恐惧自然而生。这些学生心里想的只是如何尽早跳出学校这一"苦海"。当然对于大部分学生来说,更多的情形是他们的存在价值在确证与失证之间摆动,处于一种不确定的状态中。正是这种状态加重了学生的焦虑,使得他们的学习过程总是充满了忧虑而非快乐。

对学生而言,不合理的可欲状态包括两种类型:一是学生错误地建构(被建构)了自己的可欲状态,他们所持的是错误的存在价值观。以安·兰德为代表的客观主义伦理学派就指出,"如果人在选择价值中犯了错误,那么他的情感机制就不会纠正他,因为情感机制本身没有意志。如果人的价值使他追求那些在事实上和现实中导致他毁灭的东西,他的情感机制不会拯救他,反倒会促使他走向毁灭:他将意志反过来设置这种机制,反对他自己,反对事实,反对自己的生命"②。也就是说如果学生建构了错误的可欲状态,恐惧往往不会帮助其改变错误,而只会令他在错误的道路上越走越远。譬如学生受家庭、学校应试教育氛围、社会交往等多种因素影响,将考试成绩建构为评价自己存在价值的唯一标准,这就是一种不合理的存在价值观。它的不合理之处不在于将好成绩视为可欲状态,而是将其视为存在价值的唯一评价标准。一旦学生将成绩必须优秀视为可欲状态,恐惧不会纠正他的这一错误观念,反而更可能使其在类似考试的评价情境中失利。

① 唐代兴.利益伦理[M].北京:北京大学出版社,2002:253.
② [美]安·兰德.自私的德性[M].焦晓菊,译.北京:华夏出版社,2007:60.

　　第二种类型涉及学生存在价值的基础的问题。当学生认为尽一切能力满足他人(通常是对其而言比较重要的人)的要求、需求是自己的可欲状态时,即他们将自己的存在价值主要建立于他人评价基础之上时,恐惧更容易产生。这首先是因为他人的需求未必符合自己的实际情况。父母、教师大多喜欢成绩好的学生,但是在当前教育体制下并不是每个学生都能取得优异的成绩。所以,如果学生将满足他们的需求视为可欲状态时,他就不可避免地感受到其可欲状态的剥夺,因而,对学业成就的失败会有更高程度的恐惧。其次,他人的要求具有不稳定性,不同人对同样事情的要求可能是不一致的,将存在价值建基于此无异于在流沙之上建筑高楼。罗素对此点有精辟论述,他说道:"有些人依靠内在情感生活,也有些人只是他们熟人情感及意见的传声筒。后者绝不可能具有真正的勇气:他们必须时时受到他人的赞许,并为唯恐失去这种赞许的恐惧所困扰。"①可见,将存在价值主要建立于他人要求基础之上,势必使学生为了满足他人的需求而疲劳奔命,总是对不能满足他人需求的可能性感到恐惧。这也解释了在很多情境中,为何不光惩罚会造成学生的恐惧,表扬也可能诱发学生的消极恐惧。

　　相应地,如果想帮助学生摆脱消极恐惧的束缚,教育就需要使学生重建可欲状态。依据学生可欲状态的主要来源,即家庭、学校、社会生活,及它们发挥作用的情况,需要将学校教育的作用扩大化,尽量减少家庭和社会生活中的不良影响。这一方面需要教育系统自身的转变,另一方面需要培养学生的批判反思能力。吉鲁曾针对社会生活中的不良因素对学校恐惧的制造进行过深入研究,指出为了反对充满恐惧文化的政策和媒体,需要教育者运用课堂来帮助学生们对他们四周的世界进行批判性思考。② 此处,培养学生批判反思的能力就是为了提高学生自主性,增强他们对事物合理性的分辨能力。吉鲁所说的方法其实不光可以运用于学生对社会的思考,也同样适用于家庭,如何分辨父母对自身要求和关爱等方面的合理性,对于学生而言也至关重要。事实上,理性能力的提高虽然在一些时候会增加学生的恐惧,但在更多的情境中它能够增强学生抵御消极恐惧的能力。

　　依据学生不合理的存在价值观类型,需要在两点上着手重建他们的可欲状态:(1)帮助学生树立正确的存在价值观。这需要从有意识和无意识两方面入手。首先,需要有意识地培养学生正确地看待自身,追求合理的可欲状态;其次

① [英]罗素.罗素论教育[M].杨汉麟,译.北京:人民教育出版社,2009:42.
② Giroux H A. Democracy, Freedom, and Justice After September 11th: Rethinking the role of educators and the politic of schooling[J]. Teacher College Record,2002,104(6):1138-1162.

需注意教育中隐性课程可能在无意识间对学生存在价值的塑造。推崇考分至上的教育，自然在无形间使得优秀的成绩成为大多数学生的可欲状态，他们几乎不可避免地将成绩的高低作为自己存在价值的证明。所以对教育整体文化的改变，也间接地发挥着帮助学生形成正确存在价值观的作用。（2）引导学生将存在价值建立在更坚实的基础之上。具体而言，这一基础需要更具内在性而非取决于外部主体的反馈、评价等。与满足他人需求这种类型基础相比，新的基础首先要符合学生的实际情况，譬如鼓励学业成绩不好的学生发现自身优势，并将此作为自己有用性的证明。这远比将成绩作为主要基础更坚实。其次，该基础需具有一定的稳定性，不易受到外部条件的影响，比如学生将存在价值建立在自己对自我的判断，而不是他人对其存在价值的评判基础之上，稳定性就会比较强。

二、努力形成价值安全感

当学生的可欲状态合理时，他仍然未必能够摆脱恐惧的束缚，此时还需要另一个保证性条件，即他必须生活在一种极具价值安全感的教育环境中。只有在较强的安全感下，学生才可能发展出正确而坚实的存在价值观。同时，当学生存在价值观内容合理、基础牢固时，往往能促进他们价值安全感的形成与维护，两者相辅相成。

不安全感是制造恐惧的温床，以至于保罗·纽曼用受到恐吓的动物通常都是最凶猛的，来比喻不安全感所可能带给人们的恐惧。他以邻居交往为例分析了这一情形，指出当一个人感觉邻居是不安全的时候，这意味着他的邻居也许也有类似想法，如果他想除掉邻居，那么没准邻居也有同样的想法。所以不管邻居买了什么样的枪支，他最好也要备齐，这最终使得人们走进一种进退两难的境地，除非两人都全身裸露地走出家门，彼此相互握手。① 所以他越是认为邻居是不安全的，就可能体验越多的恐惧，尽管实际上可能并没有真正的威胁。追求安全感就意味着有恐惧的存在，一个安全、幸福的人不会刻意去寻求安全感。正是在这一意义上，克里希那穆提指出："只要你还想得到安全感，也就是那些在婚姻、工作、地位、责任、理念、信仰以及与世界和神的关系中的安全感，你就有所恐惧。只要你心中存有任何形式及任何程度对安全感和满足感的需求，你就必定有恐惧。"② 由此可知，要想一个人没有恐惧，极力形成他的安全感至关重要，当

---

① ［美］保罗·纽曼.恐怖：起源、发展和演变[M].赵康，等译.上海：上海人民出版社，2005：234.
② ［印度］克里希那穆提.人生中不可不想的事[M].叶文可，译.深圳：深圳报业集团出版社，2010：285.

人们生存在能给其以安全的环境中时,安全就成了他们生活的底色,这些人不会产生求取安全感的冲动,因为对他们而言安全感就融合于生存状态之中,他们确定地知道自己不会失去安全。

此处的安全感主要指价值安全感,即学生在学校中所形成的对自己的存在价值不会受到无故威胁的信心。这种信心不仅来自学生个体方面的因素,更取决于他们在校的生活、学习经历。为了避免不安全感可能为学生带来的恐惧,人们需要通过多种教育手段尽量使学校成为学生能寻找到存在价值的场所,并且使学生在其中能感受到一定的规范性、可预期性,即学生应对学校生活具有一定的可控制感。

采取不当策略追求价值安全感的过程往往导致更多的恐惧。比如采取自我妨碍策略。其核心是通过干扰自己来追求价值安全感。举例来说,在考试前夜,大量饮酒而不好好复习或休息,以这种策略保证自己的价值安全感。如果在随后的考试中失利则可以有理由将原因归结到自己没好好准备而不是能力的低下。一旦侥幸取得较好的成绩则可以将原因归结为自己能力高强,没准备也能取得良好成绩。在"声称的自我妨碍"中情形与此类似。所谓声称的自我妨碍与行为的自我妨碍区别在于后者确实采取了妨碍行为,而前者则只是对别人说说而已,实际上并没有做。仍以考试为例,有些学生考试之前会和同学说自己最近身体不好,经常头疼,肯定会考砸了。这就是典型的声称的自我妨碍。同样,一旦学生在考试中失利,其余同学可能认为是该生确实是身体状况影响了他的发挥,而不是他能力的不足。假设侥幸取得好成绩,便能表现该生即使在身体不好的情况下也能考场得意,证明其实力雄厚。短期来看这些策略都起到了保护自我存在价值的作用,是学生的一种追求价值安全感的行为,但是长此以往会制造更多更大的恐惧。如过多使用声称的自我妨碍策略可能引起同学的怀疑,他们会认为这个学生在找借口,实际上能力确实不行。学生类似行为的产生多与他们在学校中体验到的价值不安全感有关,如果将成绩的高低视为学生聪明程度的证明,这就势必会产生大批的所谓"差生""笨学生"。每个学生都可能成为相对意义上的差生,价值不安全感也随之而来。许多学生为了尽量使自己显得不那么"笨",只能通过类似自我妨碍的策略来缓解自己的恐惧,获得短暂的价值安全感,尽管这些行为最终会带来更低的价值安全感。

所以教育应该极力形成学生的价值安全感。而要做到这一点,学校本身应成为价值安全的场所。如果说重建可欲状态强调从个体入手,环境为辅,那么形成学生价值安全感则主要从环境入手,个体为辅。这一环境指的是学校整体的育人环境,若将环境分为物质环境和精神环境,那么它更多指向精神环境,但也不排除能够促进良好精神环境形成的物质环境。譬如有学者将教学空间资源分为有形教学空间和无形教学空间,这大抵就类似于此处所谓的物质环境与精神环境。在有形教学空间中以座位安排为例,一般课堂普遍采取的是秧田式。这种布局类似于教堂中神父传道式的排列,学生面向教师而坐;教师则站在高一台阶的讲台上,讲台位列秧田对面中间处。这种位置格局以教师为主,并且从人的视觉上来说会显得站在讲台中央人的形象比较崇高,这符合神父传教的特点,因为他代表的是上帝的声音,传授的是不容一丝质疑的《圣经》,所以秧田式位置有助于讲述(权威)式教学,且在这种教学中师生表现为一种等级制关系。而对这种排列稍加变化,情形随即发生改变,譬如圆周形排列"让学生围成一个圆周,可以大大增加师生、生生之间的言语和非言语交流,最大限度地促进学生之间的社会交往活动。这种排列方式从空间特性上消除了座位的主次之分,有利于师生平等关系的形成"[①]。平等的师生关系也是缓解消极恐惧的重要保证,所以说这种物质环境的改变确实可能带来良好精神环境。

精神环境更多指的是学校生活中的一些无形影响力,它的近义词有学校氛围、无形教学空间、隐性课程等,主要指代的是不可见的,但是又确实能够对学生发展产生影响的那些教学因素。譬如教师不以成绩的高低来评价学生就是优良精神环境的特点之一,有利于缓解学生对考试的恐惧。精神环境的优劣与学生的价值安全感直接相关,有研究者将无形教学空间分为教学风气和课外交往两种,其中教学风气主要指在课堂教学过程中形成的某种占优势的态度与感情的综合表现。教学风气存在着多种表现:有的教学风气积极而活跃,有的拘谨而刻板,有的则冷淡而紧张。显然后两种教学风气更可能产生学生的价值不安全感,制造学校恐惧。教学风气又可分为积极的和消极的,前者可以帮助教师及时掌握学生学习情况,有利于师生间的感情交流和信息交流;而后者则对教学活动起着干扰作用。[②] 本书所倡导的自然为前者,只有在积极的教学风气中,学生与教师的关系才可能更加亲密,亲密的关系有助于形成和维护学生的价值安全感。即使有时教师由于失误进行了不当的、过度的惩罚,这种关系也有利于缓解学生所可能产生的恐惧。甚至在某些情形中,学生会对教师的不当惩罚持理解态度,不会产生不必要的恐惧。

① 熊川武.教学通论[M].北京:人民教育出版社,2010:153.
② 熊川武.教学通论[M].北京:人民教育出版社,2010:157-158.

第二节　整体变革教育文化

围绕着上述两大基础,教育文化需要进行整体性的变革。恐惧文化将教育建基于恐惧之上,相应地就需要以一种与恐惧文化相对的新型文化来代替之。在恐惧政治研究者多米尼克·莫依西的视域中,这种新型文化就是希望文化。他认为:"恐惧对应着希望……恐惧是缺乏自信,如果你的生命被恐惧占领,你就会害怕现在,并且觉得未来会变得更加危险。相比之下,希望则是一种自信的表达。它基于'今天要比昨天好,而明天会比今天更好'这种信念。"①类似的表达也可见于教育研究者中,如梅奥就强调我们应该给受到恐惧文化侵袭的孩子们以希望感和社会责任感,以缓解他们的恐惧。②虽然两位学者针对的是不同情形的恐惧,但是他们不约而同地认为希望文化可以作为反对恐惧文化的一种新的文化类型。但是莫伊西的研究主要针对的是国与国、种族与种族之间的政治问题,而梅奥虽然针对的是教育问题,但主要指的是社会中的恐惧信息对学生的影响,而不是由于教育活动本身给学生带来的恐惧。帕尔默的观点则与本研究之情境颇为契合,她对学校恐惧文化突破方式的论述给人以启示。帕尔默认为要想消除不良恐惧"就需要将认识作为一种爱的形式,放弃控制的幻想,而与世界万物形成伙伴关系"③。他所描述的正是一种关心,用关心文化取代恐惧文化可以成为教育文化的变革方向。关心与希望又紧密联系,很难想象没有与他人、世界建立关心式联系的个体却能对生活充满希望。反过来,沐浴于关心中的人一定是一个对明天充满希望的人。

一、学校教育中的关心文化

此处的关心文化主要以诺丁斯的关怀理论为基础,她认为:"道德教育不仅

---

① [法]多米尼克·莫伊西.情感地缘政治学:恐惧、羞辱与希望的文化如何重塑我们的世界[M].姚芸竹,译.北京:新华出版社,2010:序言.

② Mayo K E. Education in a Global Society: Meeting the needs of children in a socially toxic world [J]. World Future: The Journal of Global Education,2004,60(3):217-223.

③ Palmer P J. The Courage to Teacher: Exploring the inner landscape of a teacher's life (Ten Anniversary Edition)[M]. San Francisco:Jossey-Bass,2007:35-62.

是指一种旨在培养有道德的人的特殊教育形式,它也可以指任何一种在目的、政策和方法上合乎道德的教育形式……道德目的是教育的首要目的,它指引其他目的。"① 基于关心的教育重构是诺丁斯关注的焦点问题。诺丁斯理解的关心是对关心的词典释义的延伸性解释。在词典中,关心被解释为一种投注或全身心投入的状态,即在精神上有某种责任感,对某事或某人抱有担心和牵挂感。由此她认为关心有两种基本含义:"其一,关怀与责任感相似,如果一个人操心某事或感到自己应该为之做点什么,他就是在关怀这件事;其二,如果一个人对某人有期望或关注,她就是在关怀这个人。"② 具体而言,可通过以下几点来理解诺丁斯眼中的关心。

首先,人们普遍需要得到别人关心。在其代表作《始于家庭:关怀与社会政策》一书的开篇,诺丁斯就指出:"我必须为这样一个观点辩护:关怀是人类生活中的一个基本要素,不可以被视为可有可无的——确实所有的人都希望得到关怀。"③ 也就是说关心是人的一种基本需求,这与人类对安全感的需求是一致的,没有人喜欢生活在一个充满危险的场所,同样也没有人认为得不得到人的关心是一件无所谓的事情。关心需要的普遍性来自人们缺失的恒常性。应该说人总是处于一种缺失的状态,肚子饿了就希望有地方可以满足自己食物的缺失,生病了就会希望有家人、朋友能嘘寒问暖。这种对缺失状态弥补的需求成了人的常态,每个人都希望自己的需要得到他人的重视并予以满足,这使得人们都需要被关心。也正是在这一意义上,诺丁斯说道:"只要一个人确实需要得到别人的某种反应,只要别人敏感地满足他的这个需要,就可以说他得到了别人的关怀。"④ 其实在教育活动中,不光是师生间,生生间亦是如此,每个学生都希望能得到同伴的接受与认可,关心显然是形成此种情形所必不可少的要素之一。无法想象生活在得不到关心的群体中的学生会认为同伴关系是温暖的。

其次,关心的实质是关系。这可从两方面分析:

一是关系性。"关心意味着一种关系,它最基本的表现形式是两个人之间的一种连接或接触。两个人中,一方付出关心,另一方接受关心。"⑤ 在对关怀做出的现象学描述中,诺丁斯指出了关怀关系中关怀者的两大特征:(1)关注即接受

---

①　[美]内尔·诺丁斯.学会关心——教育的另一种模式[M].于天龙,译.北京:教育科学出版社,2003:4.

②　侯晶晶,朱小蔓.诺丁斯以关怀为核心的道德教育理论及其启示[J].教育研究,2004(3):36-43.

③　[美]内尔·诺丁斯.始于家庭:关怀与社会政策[M].侯晶晶,译.北京:教育科学出版社,2006:11.

④　[美]内尔·诺丁斯.始于家庭:关怀与社会政策[M].侯晶晶,译.北京:教育科学出版社,2006:12.

⑤　[美]内尔·诺丁斯.学会关心——教育的另一种模式[M].于天龙,译.北京:教育科学出版社,2003:23.

对方。这主要指的是关怀者对关怀对象的注意,他愿意将自己的注意力集中于关怀对象。在教师对学生的倾听中,即可以表现出这一特征。简单地说,当学生向教师讨教问题,教师表面上在听学生提问,但是心里却想着别的事情,此时教师就没有对学生进行关注,关心关系也就不会建立。而当教师愿意放弃心中其他的所有事情,专心听学生的问题时,关怀的第一特征关注也就出现了。所以这种关注可以被更贴切地称为接受性关注。(2)动机移置。这主要指的是关怀者在对关怀对象倾注关注后,还需要站在关怀对象的角度来理解关怀对象所要表达的需要并满足之。所以当学生需要教师帮助时,教师就给予帮助;当学生需要情感上的支持时,就给予情感支持。与关心者相呼应,被关怀者需要对关怀者的关心做出回应。诺丁斯将被关怀者的意识形态描述为认识或承认关怀,通过这一意识形态人们并不知道被关怀者具体的,或者说应该的回应方式,而是指他的某些形式的回应应该得到关怀者的察觉。但是诺丁斯还指出,被关怀者对关怀者产生回应,并不意味着被关怀者本身也需要成为关怀者,而只是需要让关怀者感受到自己的关心得到了认同。在成人间,关怀者与被关怀者应该建立一种相互关心的关系。然而在师生间教师作为成人,学生作为发展中的个体,并不要求学生反过来作为关心者去关心教师,只需通过表情、行动等方式向教师展现其已经理解并接受了教师的关心。譬如教师对弱生(即传统意义上的差生)表示出关心,弱生体验到了这种关心,于是在课堂上认真听讲,这就体现了被关怀者对关怀者的回应,而并不需要学生对教师的工作、生活也表现出关心。正是在这一意义上,诺丁斯指出:“A 的关怀被 B 接受才标志着关系的完成。只有这样我们才能说这个关系或相遇经历是关怀性的。”[1]“被关心者接受他人的关心,然后显示他接受了关心。这种确认反过来又被关心者认知。这样一个关心的关系就完成了。”[2]由此诺丁斯将关怀关系的充分必要条件表述为如下:[3]

①A 关怀 B——即 A 的意识形态特征是关注与动机移置,而且

②A 做出与①相符的行为,而且

③B 承认 A 关怀 B

二是伦理性。所谓伦理性指的是关怀关系是需要关怀者付出伦理努力的。这就要提到诺丁斯对自然关怀和伦理关怀的理解。她认为道德关系的首选方式为自然关怀,即或多或少由深情或内心愿望自发产生的那种关怀,它的现象学特

---

① [美]内尔·诺丁斯.始于家庭:关怀与社会政策[M].侯晶晶,译.北京:教育科学出版社,2006:18.

② [美]内尔·诺丁斯.学会关心——教育的另一种模式[M].于天龙,译.北京:教育科学出版社,2003:25.

③ [美]内尔·诺丁斯.始于家庭:关怀与社会政策[M].侯晶晶,译.北京:教育科学出版社,2006:18.

征是无须诉诸伦理努力，直接因为被关怀者的需要而产生。在自然关怀中道德主体无须进行伦理与逻辑的慎思。而在伦理关怀中："关怀伦理注重关怀在对象身上所起的作用。关怀伦理要追问，关怀关系是否已真实地建立起来，并得到维系或加强。此外，关怀伦理还建议我们考虑关怀行为对于整个关怀网络产生的作用。"①可见伦理关怀强调关怀者对被关怀者需要的反思，以及整个关怀关系有效性的反思。

最后，关心注重生活性，即强调在关心式的生活中发展学生的关心能力。这体现了诺丁斯对道德教育的第二层理解——凡是以道德的方式进行的教育皆可谓之为道德教育。凡是以关心的方式进行的教育都有利于发展学生的关心能力。以诺丁斯培养学生对人类创造的物质世界的关心为例。她指出教师应在学生使用设施、工具的同时指导学生注意有关之需和正确使用物质设施，让他们明确可以利用的资源材料及它们的用途。"对物品使用价值的思考必然导致对其形态的探究。为什么这个物品被设计成这个样子呢？能被设计成别的样式吗？带着这些问题，孩子们有机会探索写作工具、桌椅和书本等的演进历史。"②通过引导学生对日常使用的物品、工具进行思考，进而扩展至其他物品、工具，诺丁斯强调了在生活中培养学生对物品的关心。同样，在学生物品的维护能力发展中，诺丁斯也强调了一定要让学生在维护物品的实践中形成这种能力。她指出："孩子们应该参与到维护学校环境和设施的活动中来。应该给他们实践欣赏自己劳动的成果。"③不妨用诺丁斯的原话对本段做一小结："如果我们殷切希望孩子们成长为关怀者，我们必须在所有的学习情境中都提供机会促使他们发展为关怀者。"④总之，要想使学生成为关怀者，就必须为其创造关怀式的学校生活。

二、变恐惧文化为关心文化

变恐惧文化为关心文化有两个方面的依据：从关心文化出发，关心本身的性质，以及将其作为教育的核心为教育带来的改变有助于促进学生在校归属感、幸福感的形成，这些都为消除学生的消极恐惧奠定了坚实基础；从恐惧文化出发，

---

① ［美］内尔·诺丁斯. 始于家庭：关怀与社会政策［M］. 侯晶晶，译. 北京：教育科学出版社，2006：29.

② ［美］内尔·诺丁斯. 学会关心——教育的另一种模式［M］. 于天龙，译. 北京：教育科学出版社，2003：179.

③ ［美］内尔·诺丁斯. 学会关心——教育的另一种模式［M］. 于天龙，译. 北京：教育科学出版社，2003：185.

④ ［美］内尔·诺丁斯. 始于家庭：关怀与社会政策［M］. 侯晶晶，译. 北京：教育科学出版社，2006：221.

诸多的消极恐惧正形成于师生间关心的缺失,在一个得不到关心的场所学习、生活,任何人都不会开心,都找寻不到存在价值,恐惧自然无可避免。以学生对安全感的追求来说,很大程度上他们就是希望得到教师、家长乃至同伴间的关心,只是这种追求以扭曲的方式进行,最终只能加深学生的恐惧。具体而言,关心文化主要从以下几个角度缓解了学生的消极恐惧。

其一,关心文化以发展学生为要义,而非如恐惧文化以控制为主。尽管在关心文化中也可能存在必要的控制,但是这种控制立基于发展,而不是为了控制而控制。这就好比同样的学校规则,由学校领导、教师和学生协商制定,就更可能关心到各个群体的需求与利益,规则本身也就更具关怀性。这样的规则更可能被学生遵守,因为学生对有序的规则也是有需求的,只有在合理、有序的规则下学生才最具安全感。同样在制定规则的过程中学生也可以认识不同人群的差异需求,对别人需求和自身需求之间的平衡亦是体现了关心的特色。此外他们还能因此获得一种权利感,体验到自己的话语对于改善朋友们生存状态的作用,于是对学校生活的掌控感也得到加强。而当规则只是从外部硬性塞入学生脑海中时,他们会对这些规则产生异己感。这些规则通常只是为了满足制定规则的人更便利地管理,而非促进学生发展。典型的表现如学生在校外餐厅饮食出现食物中毒,学校通常的做法是制定规则禁止学生在校外就餐,违者通告批评乃至更大的处分,以此来恐吓学生"规范"他们的行为,而不是从学生角度考虑,尽量改善学校食堂的伙食以满足学生对美味的需求。长期生活于恐惧控制文化之下,学生的恐惧几乎无可避免地被增加了。关心文化不同于恐惧文化,它"重视学生的体验与感受",所以教师的所作所为无不真正从学生角度出发,以促进学生的发展为其要旨。

其二,关心文化可以缓解,乃至避免恐惧文化引起的信任关系丧失。信任关系的建立是缓解学生消极恐惧的前提之一,对教师、同学的信任有助于形成学生的价值安全感。范梅南就曾经指出:"充满关怀的学校则能让学生的生活发生变化。比如说,当老师展示他们对学生的关心,以一种亲切的方式教学,给他们设定富有挑战性的期望来表示他们对学生充满信心时,学生做得最好。"[①]他强调的正是关怀、信任的师生关系为学生带来的价值安全感。前文有言,消极恐惧容易造成主体间的不信任,而不信任又会进一步强化学生的恐惧,造成恶性循环。打破这一循环就需要从建立信任关系入手,这与关心有着密切联系。正如有学

---

① [加]马克斯·范梅南.教学机智——教育智慧的意蕴[M].李树英,译.北京:教育科学出版社,2001:78.

者所言："关心即信任,是因为人们通常只关心值得关心之人,值得关心的人就是值得信任的人……从学生方面看,关心老师不仅是对老师的信任,而且可引发教师对学生更大的关心和信任。"①不过关心与信任之间很难说清孰先孰后,一方面有研究者认为："关心关系的建立起始于师生间信任和相互尊重的发展,教师的工作是建立信任以保证对每一个学生的尊重。"②可见,他认为只有在建立信任的基础之上,关心关系才可能产生。另一方面,没有建立关心关系,又何来信任。教师需要在与学生的交往中主动建立起关心关系,信任才会慢慢形成。关心文化更容易增进师生间的理解与沟通,让教师及时发现学生存在的困难,增进师生间的感情。消极恐惧的形成很大一部分原因来自学生不愿与教师谈论自己的恐惧问题,因为这些恐惧多与教师有一定的关系,他们对教师采取不信任的态度,建立关怀关系不但可以缓解已经存在的消极恐惧,亦可能在无形中降低潜在的恐惧。

其三,关心文化不以单一学术科目成绩作为所有学生学习的旨归,尊重学生的生命,注重满足学生的多元需求。教育不应以一个模子刻画所有学生,诺丁斯认为："教育的目的应该是鼓励有能力、关心他人、懂得爱人、也值得别人爱的人的健康成长。"③任何合理的兴趣之间都是平等的,学术兴趣并不一定比其他兴趣的层级更高。教育需要考虑到每个学生不同的兴趣,故而自上而下统一的、标准化课程就显得并不合适。所以关心文化强调学生、教师决定课程内容的权利。"学校课程必须由教师和学生共同决定。现在的情况是,教师和学生对课程内容基本没有任何发言权。课程大纲、课程标准以及教材完全是由上而下强加给学生的。学生的选择必须受到重视。学生有权在教师指导下决定他们所学的内容。"④赋权在很大程度上给了学生对在校生活的控制感。学校学习不再主要是外部强加于学生的活动,而是经过了学生的自主选择。所以有研究者认为人类受教育的理想环境的第一条就是学习主要是通过自我激励与自我管理来进行的。他认为人们应该主动去学习他们想要并准备努力学习的东西,应该自由地选择资源、材料,学校应成为学生的独立性得到彰显的并被视为有责任心的人加以对待的场所。⑤

---

① 曹正善,熊川武.教育信任:减负提质的智慧[M].上海:华东师范大学出版社,2009:77.

② Brown D F, Knowles T. What Every Middle School Teacher Should Know[M]. 2nd ed. Portsmouth: Heinemann, 2007:96.

③ [美]内尔·诺丁斯.学会关心——教育的另一种模式[M].于天龙,译.北京:教育科学出版社,2003:5.

④ 于天龙.学会关心:与内尔·诺丁斯对话[J].全球教育展望,2010(11):10-13.

⑤ Ackoff R L, Greenberg D. Turning Learning Right Side Up: Putting education back on track[M]. Upper Saddle River: Wharton School Publishing, 2008:135.

第三节 借由教育缓解消极学校恐惧

学校恐惧作为学生在学校中感受到的恐惧,缓解之道自然应该从改变学校教育中的一些不合理的致恐因素着手。首先需要转变学生的恐惧观念。对恐惧的观念决定人们采取何种措施对待恐惧,所以这是一切力图缓解学校恐惧的努力之基础。其次应改善学生在校的人际关系,使其从制造恐惧的师生等级制关系、生生竞争性关系朝着优质的师生、生生关系转变。再次需致力于增加学生对学校的归属感,让学生觉得在校学习是一件有乐趣、能获得自我价值感的事情。这就需要提高学生对学校的参与度,其核心在于为学生赋权。最后建立具有学术安全特色的积极课堂被视为在教学中缓解学校恐惧的重要方法。这四条路径彼此联系,譬如良好的师生关系往往就与学生对学校的参与密切相关,多路径相互促进,方能综合治理学校恐惧。

一、形成学生正确恐惧观念

不合理的恐惧观主要表现为对恐惧的否定、打击态度。著名心理学家罗洛·梅在对焦虑的研究中揭示:"西方文化很容易将恐惧和焦虑当作负面事物,并认为是不当学习的结果……它的暗示作用,使得建设性地接受和运用这些非神经性的日常焦虑经验的可能性,轻易地被我们排除掉。"[1]虽然他说的是西方的情况,但此种情形同样适用于我国。在一般观念中,恐惧与害怕是近义词,并与懦弱联系在一起。一旦有人对某事产生恐惧,当前的文化倾向于将其解释为懦夫。尤其是男生,社会对男性的角色期待更多是坚毅、勇敢等似乎与恐惧完全相反的品质。这样的一种文化在无形中对教育产生了影响。书本中塑造的是视死如归的战斗英雄形象,在学习中对困难的一点点恐惧都被视为是不应当的,应极力消除的。在教育中,恐惧、害怕总是以负面的形式出现,而忽略了恐惧的客观存在。这就产生一个矛盾,一方面恐惧是人面临威胁的正常反应,另一方面人们却希望完全消除恐惧。由此当学生感到恐惧时,首先出于对自己文化的认同,他会将其视为自己懦弱的证明,这导致了低的存在价值,使得学生拒绝承认这一

---

① [美]罗洛·梅.焦虑的意义[M].朱侃如,译.桂林:广西师范大学出版社,2010:301.

合理情绪,并通过各种各样可能并不合适的手段合理化之。其次,受到文化的"强迫",即使学生不认为恐惧等同于懦弱,他们也多不愿意自己的恐惧暴露于别人眼前,因为他们惧怕自己的恐惧会被别人视为懦弱。这一点充分体现在男生对自己恐惧的表达上。诸多的对中小学生在校恐惧体验水平的测试都显示,女生报告的恐惧要高于男生。为什么会存在此种差异?绝大部分学者都未将主要原因归结为男女生理结构的差异,而是归结于文化因素。在大多数文化中,男生被以"男人"的形式教养着,对他们的社会期待要求他们不能感到恐惧,所以在研究者进行调查时,男生更倾向于掩饰自己的恐惧体验,因为他们认为那是丢人的,令其难以启齿的,会让别人觉得自己不够男人。而女性自古多被主流文化视为应表现出温柔、贤淑的一面,与男性相比她们"本"就是懦弱的,所以女性表达自己的恐惧是可以被接受的。尽管随着男女平等的思想深入人心,女性同样也需要掩饰恐惧,但是在恐惧表达上她们还是有着自己的"特权"。简单地说,学生的情绪表达是受到社会建构影响的,什么情绪可以表达,什么情绪不可以表达,在很多时候是受到社会规定的。

要想缓解消极恐惧,需要转变学生对恐惧的错误观念,并"直面恐惧"。直面恐惧需要一种勇气,一种敢于承认自己的恐惧,并在恐惧中前行的勇气。巴西著名教育家弗莱雷就明确指出:"面对害怕是将害怕转化为勇敢的第一步。"[①]学生的直面恐惧需要得到教师的合理引导。这种引导包括两个主要成分:首先,教师要转变学生旧有的关于恐惧是令人难以启齿的、令人感到羞辱的观念,这可以通过学生与教师对恐惧经验的分享来实现。如有研究者强调和学生一起分享恐惧的效能。[②] 在分享中,一方面学生可以发现原来教师也与自己一样存在着恐惧,恐惧乃人之常情。另一方面他们又能发现同伴们相似的恐惧问题,既然每个人都有自己的恐惧,那么恐惧本身也就不再那么难以让人接受。教师需要帮助学生理解问题不在于感到恐惧,而在于不要让恐惧成为束缚自己的力量。同时分享的过程又有利于增进师生间和学生间的理解,这无论对于缓解学生的社会恐惧还是学业恐惧都不无裨益。其次,教师要帮助学生合理地管理自己的恐惧,使恐惧能够转变为帮助学生发展的力量。在这一点上弗莱雷的思想值得借鉴,他提出了应对恐惧的三个步骤:第一步,无论学生遇到何种恐惧,首先要做的是确定该恐惧是否真的有理由存在;第二步,假设恐惧确有存在的理由,那么学生需

---

① [巴西]保罗·弗雷勒.十封信——写给胆敢教书的人[M].熊婴,刘思云,译.南京:江苏人民出版社,2006:90.

② Connelly R J. Intentional Learning: The need for explicit informed consent in higher education [J]. The Journal of General Education,2000,49(3):211-300.

要做的是将这些理由与战胜恐惧的可能性进行对比;第三步,如果某种困难无法马上克服,为了将来更有把握克服这一困难,学生需要决定采取哪些步骤循序渐进地克服它。① 可见弗莱雷非常强调理性在缓解消极恐惧中的重要性,无论哪个步骤都充满了学生对恐惧的理性把握。

"直面恐惧"的达成还需要动机的支持。有研究者就批判了那种认为克服恐惧并不难,只要面对恐惧即可的观点,指出:"这种观点是站不住脚的,因为它并没有提出走出舒适圈的动机,而这个动机正是勇气的基础。"那么这个动机是什么呢? 在他看来便是直面恐惧所可能为主体带来的好处。动机越强,直面恐惧所能帮助人们缓解恐惧的能量也就越足。因此,在转变学生的恐惧观念时,教师需要向学生展示恐惧的双面性,即合理管理恐惧所可能为学生发展带来的益处,以及不敢面对恐惧、掩饰恐惧和被恐惧所束缚所可能带来的后果,激发学生直面恐惧的动机。这种展示可以以故事的形式进行,譬如教师可以通过历史上一些发生在名人身上的与恐惧"战斗"的事例来为学生系统展示恐惧是如何影响一个人的生存状态的。在帮助学生直面恐惧的过程中也需要不断地强化这一动机,这可通过学生分享自己的恐惧体验、克服恐惧的经验以及随之而来的收获等经历来实现。

二、改善学生在校人际关系

社会交往是学生学校生活的重要组成部分,学生人际关系的状况会对其学校表现、学校归属感等产生重大影响。不良人际关系常会成为制造恐惧的温床,而良好的人际关系不仅能减少学生不必要的恐惧,也有助于缓解学生已经产生的恐惧。学生在校人际关系涉及多个方面,此处对两个方面进行讨论。

(一)建构优质师生关系

什么样的师生关系可称为优质的? 有研究者通过访谈学生,总结出有的教师能够使学生爱学习,而另一些则不能的十二大原因。② 这十二大原因似乎不是直言师生关系,但其实揭示了良好师生关系的典型特征,可以成为构建优质师生关系的重要参照:

---

① [巴西]保罗·弗雷勒. 十封信——写给胆敢教书的人[M]. 熊婴,刘思云,译. 南京:江苏人民出版社,2006:50.

② Martin A. Building Classroom Success: Eliminating academic fear and failure[M]. London:Continuum International Publishing Group,2010:187.

(1)师生间优良的联系性；

(2)教师将与年轻人一块展开教学活动视为乐趣；

(3)课堂氛围能够在权威与放松之间很好地保持平衡；

(4)在严格的学习与娱乐中保持平衡；

(5)幽默感；

(6)尽可能合适地使学习变得更加充满趣味；

(7)给学生以选择的机会；

(8)充满年轻活力的教学方式(无论教师是多大年龄)；

(9)做全方位(all-round)教师；

(10)有效清晰地对教学内容做出解释，并以所有学生都能掌握此内容为目标；

(11)全面地评价学生；

(12)多样化的教学资源和教学方法。

通过这十二条，可以总结出优质师生关系的一些核心特征。

其一，关爱学生。在传统意义上，人们总认为只要教师将感情投入学生身上，就是关心学生。然而，诺丁斯不是这样看的。如前介绍，她强调学生对教师关心的回应。如果没有被关心者的回应，那种"关心"就出现了偏差，甚至没有产生。有学者在研究教育感情时指出，人们经常忽略教育感情既可增力也可减力的特性，导致了教育中溺爱与偏爱现象的产生。① 对优生的过度关心即体现出此特征。对学生真正的关爱，不仅需要教师感情的付出，也要教师理性的介入，即教师要能够合理地表达自己的关爱，注重关心的科学性，或曰合理性问题。具体来说，对学生真正的关爱应体现出三个特点：第一，这种关爱应建立在对学生的理解的基础上。这就要求理解学生的性格特点、学习动机、学习方式、差异性需求，理解应该在何时、以何种方式对学生的那些方面表现出关爱，等等，并且这种理解发生在与师生相互交往中。上述第一条特征表达的就是这层意思。当学生认为教师真正走入自己的心中，了解自己的所思所想，理解自己的独特需求时，他们更容易信赖教师，相信教师的种种行为的最终目的都在于促进自身的发展。第二，这种关爱是无差别的。所谓无差别并非教师对所有学生倾注相等的关爱，而是说这种爱不是根据对象的不同而存在等级性的。譬如教师不应该因为学生成绩的优劣、讨自己的"欢心"程度等而区别对待。第三，这种关爱建立在尊重学生主体性基础之上。关爱并非对本该学生完成的工作的操

---

① 熊川武.教育感情论[J].教育研究，2009(12):53-57.

办,而是提供一切有利于学生发展的条件,而具体的发展进程则需学生自主完成。所以在优质师生关系中,教师一定会将学生视为在人格上与自己平等的个体。在交往中,学生越能感受到自己作为自主个体的身份得到尊重与确认,那么这种关系越可能走向优质的道路。上述第七条特征给予学生选择的机会即对此有充分体现。

其二,教师对教学的较高感情投入,这涉及教师身份认同感。大致上,教师可以将其育人工作视为事业、职业或谋生手段。当教师将教育当作事业,他们会将自己的主要情感倾注于教学工作,于是该工作特殊性所带来的劳累、厌倦等就不会过多影响其对教师工作的认同,而是尽量发现该工作中吸引人之处。当教师将教育视为职业,他将遵守该职业所要求的职业伦理,尽管他未必对教育工作有很深的感情,但是出于职业道德他将使自己的感情投入、表达保持在一个教师工作所需的基本水平之上。最糟的情况是教师仅将其工作视为谋生手段,此时他们不会将自己的感情投入学生身上和教学工作中。他们没有耐心和爱心去帮助学生发展,对学生的管理上也多以简单、粗暴的手段为主,以牢牢控制住学生为目的。甚至在某些极端情形中,教师会持冷漠的态度,无心钻研教学方法等,对学生存在的不良问题不闻不问。显然在前两种情形中,师生更可能形成优质关系,消极恐惧就会得到大大降低,因为他们更相信这些老师是真正为了自己的发展而教。而在最后一种情形中,学生很容易对教师产生不信任、敌对的情绪。由于教师的心思不在教学上,学生也容易对自己的前程产生过度焦虑。上述第二条特征就集中反映了此点,"教师能将与年轻人一块展开教学活动视为乐趣",这本身就表达了教师对教学工作感情投入的重要性。但凡具有此种特征的教师一定会不断地反思自己的教学,反思自己与学生的关系。所以,这样的教师更可能与学生建立优质关系。同时学生也可以感受到教师对自己教学工作的态度,若教师的态度是积极的,学生也更愿意与教师建立积极联系。

其三,专业的教学技能。上述十二个特征中很多都指向了教学技能,可见高超的教学技能之于优质师生关系的建构有着紧密联系。专业的教学技能缓解学校恐惧的路径大致有以下两条:第一,技能高超的教师能够合理地开展教学工作,与学生和谐相处,这在源头上避免了很多消极恐惧的产生。一方面,教学技能低的教师往往会令学生认为学习枯燥无味,使其面临的学习压力和困难都会增大。这将导致学生学业失败的可能性增大,同时学生也不愿意与这样的老师形成亲密的联系,于是他们的价值安全感就受到了威胁。另一方面,教学技能低的教师所采取的一些不当教育措施直接导致了消极恐惧。不当惩罚对学校恐惧的制造即属此类。专业的教学技能有助于避免这两种情形的出现。第二,技能高超的教师往往更容易得到学生的认同,而这是建立优质师生关系的一个重要基础。专业的教学技能能够增长学生在学校情境中取得成功的信心,他们喜爱这样的教师,愿意与他们建立起亲密联系,认真聆听并采纳这些教师对自己学习的建议。最终这种认同不但使学生的价值安全感增强,也有利于教师改变学生不当的可欲状态。

(二)形成合作学生关系

在一定意义上,学生间的合作关系是一种生活。这符合陶行知的生活教育原理。他认为人过什么样的生活便是受到什么教育,过好的生活便是受好的教育,过坏的生活便是受坏的教育,过有目的的生活便是受有目的的教育,过糊里糊涂的生活,便是受糊里糊涂的教育。① 以此观之,在竞争氛围下成长,便是接受了以战胜别人、杜绝失败为核心的教育,消极恐惧自然难以避免。而在合作关系下学习,从竞争转向合作,彼此信任,互通有无,利益共享,那种因相互猜忌、彼此轻视等导致的恐惧会大大减少。

合作性学生关系缓解消极恐惧的价值表现在:

首先,这种关系有助于提高学生学业成就,进而缓解其消极学业恐惧。消极学业恐惧的产生除了学业的挑战性本身所带来的成分之外,更多的来自学生低的学业成就感。尽管在恐惧文化的影响下,无论是优生还是弱生都可能产生学业恐惧,但是正如有研究揭示,有着更高学业表现的学生,他们的焦虑、恐惧和沮丧的程度与那些学业表现低下的学生相比要低很多。② 所以在教育情境中提高学生的学业成就,增加他们的学习自信心、学习成就感是缓解学生消极学业恐惧的主要途径之一。合作学习在很大程度上就实现了这一点。以小组合作学习为例,只要分组方式是恰当的,教师指导是合适的,弱生在其中就更可能改善自己的学业状况。一方面,小组成员间无形中产生一种互相监督的良性关系,这种关系潜移默化地带动了弱生的学习,可以有效避免传统课堂中教师用心教书但部分学生"春风过耳"的现象。另一方面,实行小组捆绑制,考核一般以小组总体的成绩而非单个学生的成绩为标准。出于集体荣誉感,弱生大多更愿意努力提高自己学业。也许更重要的是,在小组学习中,优生大多愿意帮助弱生,使之得到有效的提高。

① 高奇.中国教育史研究(现代分卷)[M].上海:华东师范大学出版社,2009:117-118.

② Li H,Zhang Y. Factors Predicting Rural Chinese Adolescents' Anxieties, Fears and Depression [J]. School Psychology International,2008,29(3):376-384.

其次,这种关系有助于改善学生人际关系,进而缓解其消极人缘恐惧。如前所述,学生间必然存在一定的竞争。但当竞争过于激烈时,就不可避免地制造出大量的失败者。而合作性学习可以有效地避免过度竞争给学生带来的恐惧。有研究者对合作性交往做出这样的描述:"不同的学生互相启发、互相补充,实现思想、观点的碰撞,会使学生学得更好。合作的学习集体,有利于学生自尊、自重情感的产生……在合作性交往中有利于培养学生倾听别人意见,表达自己思想,吸收他人意见和参与、决策等社会能力,并获得各种社会性情感体验。"①确实,合作性学生关系有利于增进学生间的相互理解。理查德·亚兰兹等人就指出合作学习有利于促进学生间的接纳与容忍。在现实教育中,每个学生都有自己的独特性,在学习新知识的速度、接纳新知识的方式、学习习惯等方面都存在着差异。若是群体对弱生不够宽容,用统一的步调要求他们,势必使部分人由于跟不上大家的脚步而产生自愧不如的感觉,从而使自己的存在价值受到威胁。汉克尔的研究显示,群体越宽容,就越能够灵活处理自身价值行为准则。② 那些学生的差异性需求更可能得到满足。此外,与竞争性学生关系不同,在合作性学生关系中,学生间不再是一种敌对状态。某个学生的成功并不意味着其他学生的失败,即他们的存在价值不再是基于与其他学生比较。尽管在测验中仍然存在着分数高低之分,但是在一种鼓励合作的氛围下,学生们可以感受到其他同学的关爱,弱生不会因为取得了低分而害怕别人对自己做出能力低下的判定,优生也不会因为偶尔的失利而惧怕遭到别人的质疑与嘲笑。所以在合作性学生关系中,失败者的形象得以淡化,乃至消失,学生对失败的恐惧得到较大缓解。

进一步说,合作性学生关系的建构大致可以经两种途径实现:一种可称为正式合作学习,它主要发生在课堂教学中,是新近最受关注的教学形态之一。正式合作学习有着结构化的程式,理查德·亚兰兹等人对之做了说明(见图4-1)。③可见,在一般意义上,合作学习是通过合作的形式完成特定教学任务的教学形态或教学策略。也许合作学习有一定的适用范围,可能因学科性质不同,应用的频率与范围不同。但无论什么学科,让学生更多地互帮互助、合作共赢是最有效的教学举措。

---

① 华国栋.差异教学论[M].北京:教育科学出版社,2007:150-151.

② [德]沃尔夫冈·汉克尔·克维特曼.道德沦丧:禁忌消失时,我们将失去什么[M].周雨霏,译.北京:中国画报出版社,2011:95.

③ Arends R I,Kilcher A. Teaching for Student Learning:Becoming an accomplished teacher[M]. New York& London:Routledge,2010:307.

```
┌─────────────────────────────────────────────────────┐
│  第一步：澄清学习目标，激发学生学习动机                │
│              ↓                                        │
│  第二步：提供信息和/或材料                             │
│              ↓                                        │
│  第三步：组织学生进入学习小组                          │
│              ↓                                        │
│  第四步：教师对小组作业和课题的指导                    │
│              ↓                                        │
│  第五步：小组作业的展示或针对学习材料掌握情况的测验    │
│              ↓                                        │
│  第六步：对个体和群体的努力与成就的激励                │
└─────────────────────────────────────────────────────┘
```

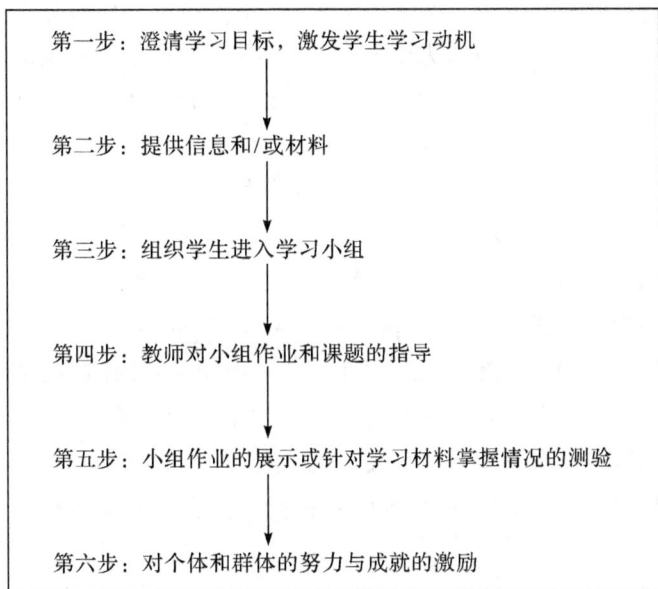

图 4-1　合作学习流程

与正式合作学习相应的是非正式合作学习，主要发生于非课堂教学中。这里的非课堂教学主要指课外活动，既包括学生在校的非课堂时间的活动，也包括学生校外的活动。因此，一般称此种合作学习为伙伴教学，主要指的是优生和弱生结对互助，以实现共同发展的非正式教学形式。当然称其为非正式并不代表它的层次、水准较低，而是相对来说，它在程式上更灵活，形式上更多样。事实上，得到较好组织的非正式合作学习在提高学生学业成就，发展学生社会性能力等方面，所能发挥的作用甚至大于正式合作学习。在这种非正式合作学习中，弱生可以得到优生差异化的个别辅导，一定程度上弥补了教师难以照顾到所有学生差异的不足，有利于弱生学业成就的提高。同时优生看似浪费了时间，但是实际上对其发展也大有裨益。一方面，通过辅导弱生，优生巩固了所学知识。只有当学生可以用自己的语言将学习的知识表达出来，并能为别人理解时，他对知识的掌握程度才能算得上牢固。另一方面，这种合作学习本身也能让优生体验到更多的成就感，这也许是教师和父母等的称赞所不能带来的。

三、增加学生参与活动程度

消极恐惧与学生参与学校活动的程度呈负相关，低参与常会导致恐惧的产生，而恐惧的产生又会进一步降低学生的参与。不难理解，消极恐惧的产生原因之一在于学校对学生而言缺乏必要的吸引力,学生在学校中找寻不到存在价值因而没有归属感。他们有的认为学校不关心自己,学校中所发生的种种事情要么与其毫无关系,要么只会给他们带来伤害,久而久之学生与学校在情感上本应有的亲密性渐次消失。为避免这样的现象发生,有必要以关心文化为中心重建教育世界,通过种种手段提高学生参与学校活动的程度,使之以更积极的心态做学校生活的主人。让学生感受到在学校学习和生活的意义,真正把学校的事情当作自己应该做并且要做好的事情,而不是父母,抑或教师强迫自己做的事情。只有真正参与学校生活,学生才能在其中找寻到存在价值。

提高学生的学校参与度的重要方面在于赋权学生,使他们在整体教育生活中不再扮演被动接受者角色。从管理、德育、教学与后勤等方面,从计划、实施、评估、总结等环节,都给学生一定的权利,使他们有更多发挥聪明才智的机会,同时有更多经受考验与磨炼的机会,抗风险的能力会更强,产生消极恐惧的概率会大大降低。

当然,这里不可能面面俱到,只能重点展开相对微观的参与途径与方式。第一,增加学生对教学的参与。在一般意义上,学生的教学参与主要是对学习的参与,譬如学生对课堂讨论的参与,在课堂上认真听讲等。然而本研究认为学生同样可以参与到教的活动中,这主要表现为学生可以作为平等的商讨者,与教师就如何开展有利于学生发展的教学展开讨论。在其中学生不仅是建议者,甚至也可以成为教师教学的指导者。第二,增加学生对教学评价的参与。教学评价包括对教的评价和对学的评价,学生自然有权对教师的教学能力、教学管理等做出自己的评价,不过此处主要关注的不是这一层面的评价参与,更多地指向对学生学习的评价,即学生有权对自己的学习情况做出自己的评价。这涉及评价标准的制定,评价过程的实施,以及对评价结果的反思等。第三,增加学生对校内课外活动的参与。所谓校内课外活动主要指非课堂教学时间的活动,学生有安排和组织此类生活的权利。当前在很多学校流行的学生兴趣小组、社团、主题活动等皆属于此类。只要方式恰当,并且充分调动学生的积极性,譬如社团要由学生自己组织申报而非完全由教师拟定,主题活动要多尊重学生的意见,让学生感受到自己是生活的主人,那么他们参与的积极性就会大大提高。

此外,这里想着重探讨一种增加学生教学参与的新途径——学生作为教师教育工作者。这是指中小学学生作为教师教育的主体之一,正式参与教师的专业指导。这种参与是行动层面的,需要学生和教师真正建立起对等的合作关系,这一行动不仅是"教师向学生学习",更是"学生是教师的教师"。

一般意义上的教师教育者包括四类人群:其一,大学的教师教育机构中负责教育、辅导准教师的指导教师；其二，中小学中帮助指导实习教师的合作教师；其三，辅导初任教师以顺利度过导入阶段的指导教师；其四，为在职教师提供继续教育的教师。[①] 显然，其中没有学生的位置。然而事实上，学生也同样可以扮演教师教育工作者角色，只是这种角色的特征、任务、教育内容、教育形式等方面与一般教师教育工作者存在着较大差异。我国自古就有教师向学生学习的思想，所谓"教学相长""三人行必有我师"都可以被理解为学生身上也有值得教师学习的东西，也能成为教师的教师。随着现代教育研究对学生主体的强调，人们也开始重新审视这一传统的教育意蕴。国内有研究者强调教师的发展要通过教师自身的不断学习来实现，并指出教师学习的途径是多样的，教师可以向社会学习、向书本学习、向同行学习、向专家学习，向网络学习，除此之外，向学生学习也能收益颇多。[②] 也有学者认为教师和学生是教学活动的主体，在教学活动中教师和学生都会受到对方的影响而得到发展。教育是一个使教育者和受教育者都变得更加完善的事业。[③] 可见教师向学生学习的重要性已经渐渐为人们所重视。

学生作为教师教育工作者这一举措要想取得成功，大致需要做到以下几点。

第一，对学生主体性的尊重与激发。赋权学生是一项复杂的工作，并非简单地将过去由教师控制的权利交还给学生。譬如由过去以教师讲解为主的一言堂，转变为学生自学、讨论为主的教学形态，这是给学生赋权。这一过程未必顺利。既然有所谓赋权，那么就必定面临着被赋权者是否愿意受权的问题。改变过去教师满堂灌，而成自由讨论为主，将课堂权利返还到学生手中，这并不会得到所有学生的欢迎。有的学生已经适应了被动听课，即一种无权或低权状态，突然赋予他们权利有时反而会引起他们的焦虑。这提醒人们赋权要想切实有效，必须以激发学生主体性为前提。

让学生成为教师教育工作者，确实有利于发挥学生的主体性。这是因为：首先，它在理念上充分认识到学生主体性所可能达到的高度。学生具有成为教师教育工作者的能力，这已为西方新近的一项研究证明。在西方，有学者就有效教学做了一项学生与专家观点的对比研究。一方是初高中学生，另一方则是被大家公认的专家、专业研究者，他们旨在重建美国高中，为教师改善学生的教育结果提供具体的、基于研究的行动方案。结果发现两类群体对于如何实现有效教学的观点存在惊人的相似。如专家们强调教师应该使用多样化的教学策略，与

①　杨秀玉，孙启林.教师的教师：西方的教师教育者研究[J].外国教育研究,2007(10):6-11.

②　王少非.新课程背景下的教师专业发展[M].上海：华东师范大学出版社,2005:63.

③　唐崇德.教师素质：自在的教师[M].桂林：广西师范大学出版社,2007:182.

此相似,学生们都非常赞同灵活的、更具参与性的教学策略,他们希望学习既是有趣的又能增长见识;专家们强调教师的学业评价应促进学生发展,学生则希望教师能给予其支持性的反馈;等等。① 由此可见,学生有能力就如何改善教师的教学发表自己的见解,倾听他们的声音意义重大。其次,从结果上看它增强了学生的主体性。学生作为教师教育工作者,参与到教师的专业发展中来,正是充分发挥了学生的主体性,将学生视为与教师平等的人。学生作为教师教育工作者,可以为学生提供有意义的经验,而这些经验对于学生的成长来说具有重要的意义。麦卓(Mitra)的研究发现,聆听学生的声音,让学生参与到教师教学的改进中来,可以提高学生自尊,增强学生的能动性,这些都是促进学生发展的核心要素。② 对教学参与的提高带来的是主体性的提升,随之而来的则为成绩的提升;成绩的提升又提高了学生学习的信心与兴趣,学校成为学生可以找寻到存在价值的场所,故而对学校的参与也会增加,由此形成良性循环。美国圣弗朗西斯科郊外的一所中学 Whitman High School 通过将学生的声音纳入教师的专业发展,令学生扮演教师教育工作者的角色,大大促进了学生的学习。一位学生表示了解教师使用的教学方法的来源、背景,知道他们的课堂将何去何从,这非常酷。③

第二,对学生教学参与的及时反馈。教师应及时帮助学生发现自己的参与给自身和学校带来的改变,使他们切实感受到参与的意义。譬如在学生作为教师教育工作者中,学生可能与教师就教学某个环节的设计展开讨论。教师可以选择接受学生建议,也可以选择不接受,但无论哪种情形教师都应让学生知晓自己的选择,并陈述能令其信服的理由。教师应及时向学生反馈根据学生意见对自己的教学等方面所做的调整,让学生看到自己努力的成果。只有这样,学生才能切实地感受到自己的声音得到了倾听,并产生了成效,自豪之感、自信之心油然而生,从而能以更积极的心态投入学校生活。从赋权角度看,此种做法给学生以权利感,即学生感受到自己的言行对学校生活的改变是有影响力的,如果他们行使这种权利,学校生活可能变得更加适合自己,而如果放弃这种权利,他们将丧失对学校生活的控制。

第三,落实学校的制度保障。再好的措施如果只是停留在理论层面,或者虽然进入实践,但是却缺乏规范性,具体的实施情形取决于多种偶然因素构成的随

① Defur S H. Listening to Student Voices[J]. The Clear House,2010,83(1):15-19.
② Mitra D L. The Significance of Students: Can increasing "student voice" in schools lead to gains in youth development? [J]. Teacher College Record,2004,106(4):651-688.
③ Scherer M. Engaging the Whole Child: Reflection on best practices in learning, teaching and Leadership[M]. Alexandria:Association for Supervision and Curriculum Development,2009:248.

机性,那么预期的效果将难以实现。如学生作为教师教育工作的思想并不新鲜,理论研究居多,实践研究偏少;旨在转变教师思想观念的研究居多,如何在行动中落实,怎么通过制度保障向学生学习的研究偏少。这造成的直接后果之一便是向学生学习是教师对学生的"恩惠"。教师可以在思想上接受向学生学习的观念,在行动上依然遵循自己的老路子。所以人们需要学校的制度保障,使学生作为教师教育工作者成为一种制度性实践,而不仅仅是思想或者意识。这意味着要使教师和学生的学术交流如同教研组活动一样常规化。校领导和各学科带头人需要定期组织学生和教师就某一主题发表各自的看法,促进教师与学生之间的对话。作为教师教育者的学生的选择应注意全面性,做到优生、中等生和弱生的均衡,力争使每个层次的学生都能发出自己的声音。美国的一个"共同教与学"计划负责人的做法值得我们借鉴,他在文章中写道:"我不仅将中学生吸收进来,而且把他们视为有专业知识的人来对待,同我会为客座讲师或助教付报酬一样,我也会为参与计划的中学生付费。我认为这有着重要意义,因为这么做可以给各个大学和中学的管理者以及教师和学生本人传递一种信息,即学生的观点对于教师教育而言是有价值的。"[1]通过这种方式,学生作为教师教育工作者的实践得到了制度的保障。

四、重视构建学术安全课堂

课堂生活是学生学校生活的主体之一,理想中的课堂应给予学生情绪安全感。国内有效教学研究者认为教师要进行生态教学,创设安全的课堂环境至关重要。他指出:"安全的课堂是学生感到有安全感、没有现实和潜在恐惧和威胁的课堂环境……有充分的安全感,才能满足学生的安全需要。"[2]西方则有研究者指出建立积极课堂环境的关键在于学生要有足够的情绪安全感,从而使学生有勇气应对学习的挑战。[3] 据此本书将学术安全课堂理解为"学生可以满怀信心地学习而无存在价值威胁感的课堂"。当然,这里的存在价值主要指的是与学术相关的存在价值。

---

① Cook-Sather A. Teachers-to-be Learning from Student-who-are: Reconfiguring undergraduate teacher preparation[M]// Intrator S M. Stories of the Courage to Teach: Horning the teacher's heart. San Francisco:Jossey-Bass,2002:233.

② 姚利民. 有效教学研究[D].上海:华东师范大学,2004:93.

③ [美]Dale Scott Ridley,Bill Wather. 自主课堂——积极的课堂环境的作用[M].沈湘秦,译.北京:中国轻工业出版社,2008:26.

在前文已有部分涉及此内容。提倡课堂中的合作学习，降低学生间的竞争就是构建学术安全型课堂的应有之义。如有研究者就指出，要创设安全课堂环境需要做到降低班级同学间的横向比较，提倡适度竞争，使这种竞争保持在可以激发学习积极性而又不会产生过大压力的程度上。[①] 不过，此处更多的是强调如何从整体上改善课堂，以降低学生可能产生的消极恐惧。

分析起来，构建学术安全课堂需要教师做到以下几点。

第一，教师角色向非权威的转变。需要明确的是，这里的权威特指教师的言行作为标准答案的权威。当教师以这样的权威者姿态出现时，学生就会产生多种恐惧。对此，有研究者描述道，在课堂教学中，如果学生过分担心不能根据教师的讲授思考、不能适当地参与课堂讨论，以及考试成绩差等而被教师批评、讽刺、训斥，那么他们就会提心吊胆，处于恐惧、焦虑之中，毫无安全感，不能专注于学习。这样的课堂就不是安全的课堂。[②] 简单地说，当教师成为标准答案的化身，一切不符合教师标准的行为将意味着与教师产生冲突。在中小学，教师对学生的评判直接影响到学生对自我的认知，或者说身份的形成。所以教师的角色应该由权威者、控制者转向引导者、关心者。对学生而言，教师是自己的引导者，不是发展标准。这样当学生未达到既定目标时，他们不会有面对教师的恐惧，相反会大胆寻求教师的帮助。

第二，营造一种不想犯错但不怕犯错的文化。在不少情况下，学生在课堂上的消极恐惧可能来自将自己的缺陷暴露于人（包括教师和学生）的焦虑。典型的表现如学生不愿在课堂上回答问题，因为他们害怕一旦答错会暴露自己的"无知"而遭到教师和学生的嘲笑。为了缓解学生此种恐惧，教师可以：一是帮助学生形成正确的错误观，使学生明白犯错是人类学习中的正常现象，甚至在很多情境中犯错是一种合理的学习方式如尝试错误法。在学生回答问题前，教师应鼓励学生"不怕胡说，就怕不说"，让每个学生都有不怕犯错的发表自己见解的强烈欲望。研究证明，学习需要承担风险，学生们一无所知、不知真情地走进课堂，并愿意承认和公开自己的无知，以期获取新的精辟见解。这就需要学术安全课堂的保证，在其中学生承认自己知识的漏洞或学习中的过错是很平常的事。[③] 二是帮助学生理解在很多时候犯错误可能蕴含着更高的品格。譬如创新性的特征之一就是提出与一般答案不同的见解，而这些见解在出现之初很可能被视为是

---

① 姚利民.有效教学研究[D].上海：华东师范大学，2004：94.
② 姚利民.有效教学研究[D].上海：华东师范大学，2004：94.
③ [美]Dale Scott Ridley，Bill Wather.自主课堂——积极的课堂环境的作用[M].沈湘秦，译.北京：中国轻工业出版社，2008：26.

错误的。历史上很多影响人类至深的新发明的出现很多时候都体现了这种特征,所以在学生犯错误与他们的能力之间不存在绝对的联系。

第三,让每个学生都有成功的体验。这与学生的学习自信联系在一起。一个自信心不足的人在做任何事情时总是恐惧失败。改变这种人的最好方法之一就是使其获得自信体验。这需要教师做到:其一,用多种标准评价学生,而不仅是学术能力。学术安全课堂要求教师更注重评价学生的努力程度,而非具体的学术能力、学术成就,给每个学生提供只要真正投入精力就能获得成就感的机会。多进行个体内差异评价,少进行横向的比较竞争,其二,多样化的、更具个性的课堂教学策略。布朗等人的研究表明,学术安全意味着教师能选择满足各个学生不同学习风格的教学策略。① 这表明学术安全课堂一定是一种尊重学生差异性的课堂。由此可以更进一步得出结论,不光是教师的策略需要多样化,他们对学生的学术期待也应具有差异性。

第四节　改变个体来缓解消极学校恐惧

消极学校恐惧的形成,既有外部的诱因,也有学生个人内在原因。因此,当结束外部诱因的探讨之后,适当思考学生个人特质方面的问题,也是必要的。如果说改变教育主要是从群体的同质性角度来缓解消极恐惧,那么改变个体则强调关注个体的异质性。两者彼此交融、相互影响。一方面,教育整体的改变有助于个体的转变,如一个注重为每个学生提供成功感的课堂,常常带来学生个体对学习、学校的喜爱、归属感等;另一方面,个体的发展也有助于教育变革的实现,如一个乐于追求成功、不怕失败的学生更可能有高的学校参与。

一、发展学生坚实自尊

"自尊是自我意识中具有评价意义的成分,是与自尊需要相联系的,对自我的态度体验,也是心理健康的重要指标之一。"② 大致来说,自尊涉及人对自己能力、道德品质等方面的评价,而评价的高低影响到人具体的行动。布兰登对自尊

---

① Brown D F, Knowles T. What Every Middle School Teacher Should Know[M]. 2nd ed. Portsmouth: Heinemann, 2007: 107.

② 林崇德. 发展心理学[M]. 北京: 人民教育出版社, 1995: 224-258.

的理解更具情境性。他认为：“自尊指的是对我们思维能力的信任，对我们应付生活挑战的能力的信任。对人人都可以成功，具有追求幸福能力的信任，以及对我们自身的价值，对我们维护自身的权益，享受劳动果实的信任。”①布兰登的定义不但指出了自尊的发生情境是对主体而言具有挑战性的场合，并且凸显自尊的正面性质，是个体对自己的肯定性判断，是优质（幸福）生活的必备因素。同时将自尊理解为某种信心，这意味着在一定的程度下信心越充分，自尊的程度越高，两者存在正相关。由此可推导出在一定的范围内，自尊越高，往往给人们带来的好处越多。亚当·詹姆斯（Adam James）的理解与布兰登非常接近，他认为所谓自尊指的是：“对自己思考处理生活中的挑战、成功和希望的信心，得到珍视与归属的感觉，确定我们要求与愿望，获得我们的价值并享用自己成功的果实……自尊存在于我们的感知之中，并通过感情和行为表现出来。”②詹姆斯的定义给出了自尊的一些新因素，集中体现为得到珍视与归属的感觉。这说明自尊不仅与个体人格特质有关，亦与外部条件对个体做出的反馈有关。若一个人的需求能够经常得到回应，他的价值能够受到人们的重视，归属感即可能产生，相应地，此人的自尊程度更可能保持在一种合适的高水平。

在学校中，所谓自尊即学生对自己在教育情境中克服学习、生活困难，取得令其满意成就和得到教师、同学认可的信心的正面评价。学生的自尊与一般意义上人的自尊有共同之处，但学生的自尊通常具有更大的可塑性，这同时意味着他们的自尊可能因为教育中不合理的因素而受到伤害，以致恐惧的产生。在一定范围内自尊越高，学生的学校生活就越幸福，他们也越能处理好自己的学业、交往等方面的问题。当这种高度突破合理的范围，过高的自尊也可能导致脆弱的个体。这大抵与自信的特征相关，过于自信就会表现出自大的弊端。在教育情境中，不同自尊水平的学生在追求积极人生、塑造积极形象上的动机不相同，“高自尊者倾向于自我增强，而低自尊者倾向于自我保护甚至自我贬低；高自尊者倾向于追求成功、荣誉、积极的评价等，而低自尊者却倾向于避免失败、羞辱、消极的评价等；高自尊者比低自尊者在克服困难中具有更大的坚持性和主动性”③。也有研究专门探讨了自尊与学习、学业成绩间的关系，指出自尊和学习动机与学业

① ［美］纳撒尼尔·布兰登.自尊的六大支柱：实现自我的游戏规则［M］.吴齐，译.北京：红旗出版社，1998：4.

② James A. Gives Aid, Not Counselling［EB/OL］.（2002-4-19）［2012-12-25］. http://www. time-shighereducation. co. vk/story. asp？story code=168569&sectionaode=26.

③ 逄宇，佟月华，田录梅.自尊和学习动机与学业成绩的关系［J］.济南大学学报（自然科学版），2011（3）：327-330.

成绩之间存在显著的正相关。自尊水平高的学生学业成绩也较高。而自尊与学业成绩的中介即学习动机。该研究认为高自尊者往往具有较高的自我评价和积极的自我情感体验,常常在学业行为中做出如追求更多的知识,对考试结果更为关心等有助于提高学业成绩的表现。相反,低自尊者对自己有较低的评价和消极情感体验,这会影响到他们自身的态度及行为,进而做出与其认知相一致的学业表现,导致其取得较差的学业成绩。① 两项研究的侧重点不同,但是得出的结论大体是一致的。自尊高的人倾向于追求成功,他们的注意点在如何创设成功的条件,以保证自己成功的可能性提升至最大;自尊低的人则更注意避免失败,或者说为自己的失败找出自我安慰的理由。

　　自尊的高低还存在着自我强化的倾向,即自尊高者愈高、低者愈低的倾向。这主要来自不同自尊水平对个体思想、行为的塑造。这样一段话很好地表达了此思想:"高低自尊者在自尊动机上的差异类似于恶性循环:自尊水平低导致自尊动机低,而自尊动机低又导致满足自尊需要和提升自尊水平的机会减少,并最终导致自尊水平更低。因此就动机而言,低自尊者比高自尊者低下。"② 就此而论,低自尊学生对使用自我妨碍处理恐惧的倾向性,往往导致学业成就的失败,而这又进一步强化了学生对自己的消极认识,自尊水平会更加低下,由此形成恶性循环。

　　可见,要缓解消极恐惧就要注意提高学生的自尊水平,这要求教师从以下几点入手。

　　第一,形成学生自尊的多基础性。自尊并非凭空拔地而起,它总是建立在一定基础之上。家庭教养、社会交往经历等都会影响学生的自尊基础。当学生自尊的基础较为单一时,其自尊水平就容易受到不良影响。譬如本研究多次提到的以学术成绩为唯一的评价标准,常常会导致学生将自尊主要建立在考试成绩的高低上。那么一旦这单一的基础崩溃,学生的自尊就可能受到不同程度的伤害。极端的情形有部分优生由于偶尔的一次或几次失利,自尊就受到极大打击,对自己的能力产生怀疑,甚至厌学和轻生。而对于弱生而言,一次次考试就是在不断拷打其自尊,让其颜面无存。所以较为单一的自尊基础预示着不稳定性,意味着学生的自尊随时可能因为这一基础的些许动摇而受到重创。也正是在这一意义上,应该倡导发展学生自尊的多基础性。当自尊建立在多个基础之上,即使

---

　　① 都兴芳,姚舜.自尊:青少年成才的动力之源[J].中国青年研究,2007(9):71-73.
　　② 逢宇,佟月华,田录梅.自尊和学习动机与学业成绩的关系[J].济南大学学报(自然科学版),2011(3):327-330.

其中某个基础出现动摇,学生仍能从其他基础上找回自信,不会轻易被困难击倒。当然这一基础应该是促进学生发展的,而不是任意的。

第二,保证学生自尊的合理自足性。自足性是相对意义上的,绝对的自足意味着学生完全无视别人的意见、建议,故而是不合适的。合理自足性指的是学生的自尊主要不是建立在别人的评价、成绩优劣等不稳定的基础之上。这与非自足性不同。非自足性基础主要有两个特征:一是一般为学生不可控因素,譬如成为最优学生就不完全属于学生可掌控的因素,它的实现存在着太多的不确定性。二是通常反映了别人对学生的要求,而非学生自己真正的需求。自足性主要表达的是学生将自尊建立在与学生需求更加契合,对其而言更具控制性的基础之上,这样的自尊更加牢固。在这一意义上,学生将自己努力学习的程度,或者在与其他同学竞争中获胜视为其自尊的基础。有这个基础垫底,学生的自尊有了保障,因自尊缺失的恐惧就会减少。

第三,尽量采用培育自尊的教学形式。这里有必要重温诺丁斯道德教育理论。她强调以道德的形式进行的教育皆可谓之道德教育。培育学生自尊需要教师以自尊的形式进行。首先,教师本身就应该是有自尊的,只有自尊感强的教师才可能教出高自尊的学生。"如果教师能展示一个健康、肯定的自我意识,他就能更容易地唤起学生们的自尊感……这是教师增进学生自尊感能力的首要因素。自尊感低微的教师往往更喜欢惩罚人、没有耐心且专制。他们往往更注意学生的弱点而不是优点。他们让人惧怕和提防,他们鼓励依赖。"[1]高自尊的教师一般表现为对教师职业有高的认同感,关心学生,注重对教学进行反思等。其次,教师需要尊重与关心学生,让学生切身感受到自己是独立的个体,在学校是得到教师重视的。以教师对学生隐私权的尊重为例,因为怀疑某个学生偷了别人的东西,所以采取搜身的方式来进行确认,这就属于不尊重学生,极容易伤害学生的自尊。而教育智慧高超的教师能从该生的角度出发考虑问题,即使确实是该生偷了东西,他们也往往能以更具智慧性的手段使学生认识到错误,而不会伤害其自尊。

二、改变学生归因方式

学生在学校总是会经历学业、社交等方面的成功与失败,如何看待成功或失

---

[1] [美]纳撒尼尔·布兰登.自尊的六大支柱:实现自我的游戏规则[M].吴齐,译.北京:红旗出版社,1998:224.

败的原因将直接影响学生对自身的认知和学校经验的感受。不当的归因方式阻碍学生合理地处理恐惧，常常会令学生恐惧之事变为现实。且看下面两个案例：[①]

　　案例1：罗伯特，11岁，在校表现不良。他相信主要原因是他不够聪明，因为他认为自己的能力是固定的，无法改变。对其糟糕的学校表现他感到无能为力。故而罗伯特采取种种手段尽量以最不伤害自尊的方式失败。他开始迟到早退、逃学晚归。可以想见，他的学业表现更差了。但是表面上看来他考试失败的原因是自己在平时学习中没有尽力，而不是能力不足。这样对于罗伯特而言，他的不良学业表现不是其能力不足的证明——至少目前来说确实如此，由此他获得了心理上的安慰。

　　案例2：当不公正地给了她低分的教师再次出现时，米兰达对下一轮考试有多大的控制感？她感到无能为力，因为她相信上次考试失利的原因（教师的不公正）属于外部低可控因素。她采取的缓解恐惧的策略是不努力学习。为什么她会有此自我妨碍行为？因为她认为她的成功、失败，以及不良学业表现由外在原因导致，所以她向再次失败的可能性投降了。通过不努力学习，她就可以将下次考试的失利归结于没有认真学习。

　　教育应帮助学生形成合理的归因方式，对自己的成功或失败进行正确的归因。学生的成败归因可分为内在归因和外在归因。前者将成败的原因归结为内部因素，如学习不够努力、学习态度不端正等；后者则归结为外部因素，如老师改卷不公正。按照原因可控程度的高低，学生成败归因还可分为高控归因和低控归因。在高控归因中，学生将一些容易控制的因素视为成败的原因，反之则为低控归因。两种分类方式之间有一定重叠。一般来说，内在归因既可能属于高控归因，也可能属于低控归因，外在归因则一定是低控归因。正确的归因应既是内在归因，又是高控归因，或可称为内在高控归因。这从上述两个案例即可看出。

　　首先，正确的归因应属于内在归因。案例2中，米兰达的错误就在于她是外在归因者，她将自己的失败主要归结为遇到了不公正的教师，而不是去反思自己学习是否用功、学习方法是否有问题。外部原因属于低控因素，显然米兰达不能保证下次考试就不会再遇到被其视为不公正的教师，于是她对改善自己学业成绩的信心，或者说控制感消失了。而她重新获得控制感的方式就是通过故意不

---

　　① Martin A. Building Classroom Success：Eliminating academic fear and failure[M]. London：Continuum International Publishing Group，2010：174.

认真学习,以给自己机会将失败的原因归结于学习努力程度。但在本质上她更相信是不公的教师,而非自己对学习的投入不足导致了失败,所以米兰达是外在低控归因者。

其次,内在归因既可能属于高控归因,也可能属于低控归因。案例 1 中的罗伯特认为自己智商低下是造成学业失败的主要原因。出于此点被人发现的恐惧,他选择了迟到早退、逃学晚归来缓解恐惧,最终阻碍其发展造成更多、更大的恐惧。罗伯特将失败归结于自己的能力,这属于内在归因。问题在于他持能力不可改变的观点,所以该归因同时又属于低控归因。罗伯特的错误之处就是他将失败归结到了不易控制、难以改变的因素上。那么对于罗伯特而言,怎样的归因更为合理呢?那就是内在高控归因。譬如,假设罗伯特转变自己的能力观(能力是固定的、不可改变的),认为可以通过努力、学习策略、学习态度等可控因素提高能力,那么能力低对罗伯特而言就不再是低控因素,此时的归因就属于内在高控归因。

对于上述两点,可通过安德鲁·马丁的成败归因表(见表 4-1)[①]进行深入理解。

表 4-1　成败归因

原因	结果	
	失败或糟糕的表现	成功
内在高控归因	我失败的原因是: ①学习时间少 ②准备不充分 ③学习不够努力 ④学习拖拉	我成功的原因是: ①学习勤奋 ②充分练习 ③学习投入
内在低控归因	我失败的原因是: 能力不足或不够聪明	我成功的原因是: 聪明、有能力
外在低控归因	我失败的原因是: ① 运气不好 ② 考试难度高 ③ 改卷不公平	我成功的原因是: ① 运气好 ② 试卷简单 ③ 改卷老师打分慷慨

① Martin A. Building Classroom Success: Eliminating academic fear and failure[M]. London: Continuum International Publishing Group, 2010: 173.

三、促成学生掌握导向

当学生主要关注的是如何完成学习任务,掌握所需学习的知识时,可称他们为掌握导向。与此相对的取向可谓之自我取向,这种取向的特点是学生将学业成就与自我过度地联系在一起,譬如考试失利就认为自己能力差即属于该情形。自我取向的学生过于注意别人对自己的评价,强调自己和别人的比较,他们通常将其他同学视为竞争对手,而且认为一旦自己考试失利就会受到别人的嘲笑。有较为严重的自我妨碍行为的学生多具有此种取向。在当前以考试为中心的教育(同时又是一种制造恐惧的文化)中,持自我取向的学生非常普遍。考试成绩作为学校、家长评价学生的主要,甚至唯一标准,学生难免会将成绩的高低与自己的能力、聪明程度等联系起来。再加上考试排名等做法鼓励了学生间的竞争,将弱生的缺点暴露于众人眼前,这更使学生将注意力聚焦于自我之上,他们完成学习任务的目的不是发展自己,而是获得他人好评;学习动机更多地倾向于避免失败而非追求成功。所以当他们面临学业失败的恐惧时采取自我妨碍行为便显得合情合理。

掌握导向对促进学生发展,提高他们在学校中的成就感、幸福感等正面情绪体验颇有益处。有研究显示:“那些追求高掌握目标的学生体验到更多的高兴情绪,报告了较少的厌倦情绪。”[1]显然,对这些学生而言,学校是可以找寻到其存在价值的场所,消极恐惧自然也很少在这些学生身上出现。掌握导向之所以可以缓解消极恐惧主要有以下几大原因。

首先,掌握导向缓解了学生由比较所带来的恐惧,有助于改善学生关系的竞争性。持有掌握导向的学生将目光聚焦于具体任务,他们所关心的是如何完成这些任务,而非在竞争中取胜。每个学生可以有自己完成任务的进程与方法,而不需要与别的同学比赛完成任务的速度等,只要最终能够掌握任务所要求的知识、技能等即可。在此意义上,掌握导向强调的是自己与自己竞争,自己与自己比较,每完成一个任务就代表着能力又迈上一个台阶。

其次,掌握导向使学生更自信,不会或者很少产生失败恐惧。失败恐惧产生的重要原因之一在于学生将失败视为自己能力低下的证明,即他们过多地关注

① Daniels L M,Haynes T L,Stupnisky R H,et al. Individual Differences in Achievement Goals: A longitudinal study of cognitive, emotional, and achievement outcomes[J]. Contemporary Educational Psychology,2008,33(4):584-608.

了失败与自我的关系。掌握导向的学生也会面临失败情境,但他们不会由此质疑自己的能力,也不会因为失败而担心受到别人的不良评价。相反,他们会对任务完成的过程进行反思,找出导致失败的真实原因所在,尽一切能力改善各种条件以保证下次成功的可能性。这类似于上文所说的内在归因取向。

最后,掌握导向更容易促使学生取得成功。任何一个人的成功都来自一步步的努力,学生的优良学业成就来自成功完成一个个学习任务,正所谓"不积跬步无以至千里"。掌握导向的学生注重完成每一个学习任务,这一任务也许对别人来说早已完成,也许对别人来说非常容易,但这些都不会对该生完成这一任务产生过大影响,他采取的是适合自己的方式,但最终结果与其他同学是类似的。当学生将注意力聚焦于具体任务时,他们通过各种方式促进任务的完成,日积月累,良好的学业成就带来高自尊、成就感等是缓解各种类型消极恐惧的重要基础。

学生掌握取向的形成需要教师合理引导,包括从认知上帮助学生正确认识学习的意义,学业成就与自我的关系等;从情感上增强学生对自己的认同,提高他们的自我效能感;在环境创设上注重消除容易导致自我取向的因子。如针对课堂教学,有研究者指出:"教师应尽可能减少自我取向的课堂取向,如减少对学生的能力和表现进行衡量和比较,用名次与分数来刺激学生彼此竞争的教育措施,否则学生容易采用自我妨碍策略来维护自我的低能力的、失败的形象。"[1]总之,应避免学生将学业失败与自我的过度联系,"失败乃成功之母",鼓励学生将失败视为对自己该段时间学习状况的警示,它可以成为学生改善学习以更好地完成学习任务的契机。

本章小结

学校教育应重视缓解消极学校恐惧对学生的不良影响,这种缓解需建立在重建学生可欲状态和努力形成价值安全感两大基础之上,通过整体变革教育文化,从教育和个体两方面入手。学生不合理的可欲状态包括学生不当地建构(被建构)了自己的可欲状态,和将自己存在价值主要建立在他人评价基础之上两种类型。为此,教师需帮助学生重建可欲状态,帮助学生树立正确的存在价值观,

---

① 沈列敏.关于学生自我妨碍等策略及相关研究的综述[J].心理科学,2005(4):929-932.

引导学生将存在价值建立在诸如自我判断之类更坚实的基础之上。努力形成学生价值安全感是缓解消极学校恐惧的另一个重要基础,而要做到这一点,学校就应从精神环境和物质环境两方面着手,使其自身成为价值安全的场所。围绕这两个基础,教育文化需实现从恐惧文化到关心文化的转变。关心文化认为人们普遍需要得到别人关心,关心的实质是关系性,重视生活性。它从三个角度缓解了学生的消极恐惧:以发展学生为要义,而非控制;缓解,乃至避免恐惧文化引起的信任关系丧失;不以单一学科成绩为评价学生的唯一标准。而这种转变需要从教育和个体两条路径着手。学校教育首先要帮助学生形成正确的恐惧观念,直面恐惧,承认恐惧乃人之常情并鼓足勇气在恐惧中前行。其次,教育要改善学生在校人际关系,构建优质师生关系,形成合作学生关系。再次,应增加学生参与活动程度,赋权学生,使他们在教育生活中不再扮演接受者角色。最后,重视构建学术安全课堂,使学生可以满怀信心地学习,而无存在价值威胁感。这要求教师的角色向非权威者转变,注重营造一种不想犯错但不怕犯错的文化,让每个学生都有成功的体验。改变个体缓解消极恐惧的关键在于三点。一为发展学生自尊。为此教师需注重形成学生自尊的多基础性,保证学生自尊的合理自足性,尽量采用培育自尊的教学形式。二为改变学生归因方式,多采取内在、高控归因,而非外在、低控归因。三为促成学生的掌握导向。掌握导向可促进学生学业发展,提高他们的学校成就感,能让学生更加自信,从而可以从容应对恐惧。掌握导向还能够促成学生的成功,建立抵抗消极恐惧的重要基础。

参 考 文 献

[1][英]A. S. 尼尔.夏山学校[M].王克难,译.海口:南海出版公司,2010.

[2][美]Dale Scott Ridley,Bill Wather.自主课堂——积极的课堂环境的作用[M].沈湘秦,译.北京:中国轻工业出版社,2008.

[3][英]阿兰·德波顿.身份的焦虑[M].陈广兴,南治国,译.上海:上海译文出版社,2009.

[4][美]埃里希·弗罗姆.逃避自由[M].刘林海,译.北京:国际文化出版公司,2000.

[5][法]埃马纽埃尔·列维纳斯.从存在到存在者[M].吴蕙仪,译.南京:江苏教育出版社,2006.

[6][美]艾伦·T. 贝克,加里·埃默里,鲁斯·L. 格林伯格.焦虑症和恐惧症——一种认知的观点[M].张旭东,王爱娟,等译.重庆:重庆大学出版社,2010.

[7][英]爱德华·泰勒.原始文化[M].连树声,译.上海:上海文艺出版社,1992.

[8][美]安·兰德.自私的德性[M].焦晓菊,译.北京:华夏出版社,2007.

[9][美]安迪·哈格里夫斯.知识社会中的教学[M].熊建辉,陈德云,赵立芹,译.上海:华东师范大学出版社,2007.

[10][美]安东尼·冈思.与恐惧共舞——不安世界的生存之道[M].梁婷,译.西安:西安出版社,2011.

[11][英]安东尼·吉登斯.现代性的后果[M].田禾,译.南京:译林出版社,2000.

[12][印度]奥修.死亡[M].林国阳,译.上海:上海三联书店,1998.

[13][古希腊]柏拉图.理想国[M].郭斌和,张竹明,译.北京:商务印书馆,1986.

[14][美]保罗·蒂利希.存在的勇气[M].成穷,王作虹,译.贵阳:贵州人民出版社,1998.

[15][巴西]保罗·弗雷勒.十封信——写给胆敢教书的人[M].熊婴,刘思云,译.南京:江苏人民出版社,2006.

[16][美]保罗·纽曼.恐怖:起源、发展和演变[M].赵康,于洋,译.上海:上海人

民出版社,2005.

[17][波兰]彼得·什托姆普卡.信任:一种社会学理论[M].程胜利,译.北京:中华书局,2005.

[18]曹静.回望中国教育2011[J].民办教育新观察,2011(12).

[19]曹正善,熊川武.教育信任:减负提质的智慧[M].上海:华东师范大学出版社,2009.

[20]陈晨.北京市城区中学生考试焦虑及影响因素分析[J].中国学校卫生,2010(11).

[21]陈俊,张积家.中学生成就动机与成功恐惧的研究[J].心理科学,2003(1).

[22]陈少华.情绪心理学[M].广州:暨南大学出版社,2008.

[23]陈树林.存在的勇气与哲学旨趣——蒂利希对存在的勇气与本体论分析及启示[J].哲学研究,2005(5).

[24]陈振中.论教育身份[D].上海:华东师范大学,2005.

[25]辞海编辑委员会.辞海[Z].上海:上海辞书出版社,2009.

[26]崔吉芳,李嫩晓,陈英和.数学焦虑影响儿童数学任务表现的作用机制探析[J].心理发展与教育,2011(2).

[27][加]大卫·杰弗里·史密斯.全球化与后现代教育学[M].郭洋生,译.北京:教育科学出版社,2000.

[28][加]丹·加德纳.黑天鹅效应——你身边无处不在的风险与恐惧[M].刘宁,冯斌,译.北京:中信出版社,2009.

[29][英]邓肯·米切尔.新社会学词典[Z].蔡振扬,谈谷铮,译.上海:上海译文出版社,1987.

[30][德]迪特里希·朋霍费尔.狱中书简[M].高师宁,译.北京:新星出版社,2011.

[31]都兴芳,姚舜.自尊:青少年成才的动力之源[J].中国青年研究,2007(9).

[32][美]段义孚.无边的恐惧[M].徐文宁,译.北京:北京大学出版社,2011.

[33][德]多丽斯·罗尔夫·梅尔克勒.理解情感 解决问题[M].赖升禄,胡慧琴,译.北京:中央编译出版社,1999.

[34][美]多米尼克·莫伊西.情感地缘政治学——恐惧、羞辱与希望的文化如何重塑我们的世界[M].姚芸竹,译.北京:新华出版社,2010.

[35][西]费尔南多·萨瓦特尔.教育的价值[M].李丽,孙颖屏,译.北京:北京大学出版社,2012.

[36]费孝通.乡土中国 生育制度[M].北京:北京大学出版社,1998.

[37]费孝通.中国绅士[M].北京:中国社会科学出版社,2006.

[38][法]佛朗索瓦·勒洛尔,克立斯托夫·安德烈.情绪的力量——爱情,愤怒,快乐……[M].杨燕明,译.北京:民主与建设出版社,2004.

[39][美]弗兰克·G.戈布尔.第三思潮:马斯洛心理学[M].吕明,陈江雯,译.上海:上海译文出版社,2006.

[40][英]弗兰克·富里迪.恐惧[M].方军,张淑文,吕静莲,译.南京:江苏人民出版社,2004.

[41][英]弗兰克·富里迪.恐惧的政治[M].方军,吕静莲,译.南京:江苏人民出版社,2007.

[42][法]弗里茨·李曼.直面内心的恐惧:分裂、忧郁、强迫、歇斯底里四大人格心理分析[M].杨梦茹,译.太原:山西人民出版社,2007.

[43][英]弗里德里希·奥古斯特·冯·哈耶克.通往奴役之路[M].王明毅,冯兴元,译.北京:中国社会科学出版社,1997.

[44]付洪军,郑桂玲.语言焦虑对大学英语课堂教学影响研究[J].教育研究,2011(3).

[45]傅丽萍,丁芳.恐惧信息与儿童心理发展[J].中国教育学刊,2004(11).

[46]甘绍平.应用伦理学前沿问题研究[M].南昌:江西人民出版社,2002.

[47]高德胜.论现代教育的"幸福追求"[J].高等教育研究,2011(8).

[48]高德胜.学校教育与恐惧制造[J].教育研究与实验,2010(1).

[49]高奇.中国教育史研究(现代分卷)[M].上海:华东师范大学出版社,2009.

[50]顾明远.教育大辞典[Z].上海:上海教育出版社,1998.

[51]郭毅然.道德教育中恐惧唤起的社会心理分析[J].教育学术月刊,2010(12).

[52]韩庆祥,王勤.从文艺复兴"人的发现"到现代"人文精神的反思"——近代西方人的问题研究的清理与总结[J].北京大学学报(哲学社会科学版),1999(6).

[53]禾禾.战胜恐惧60招——青少年成长过程中亲历的60个故事[M].北京:石油工业出版社,2003.

[54]何怀宏.世袭社会及其解体——中国历史上的春秋时代[M].北京:生活·读书·新知三联书店,1996.

[55]何怀宏.选举社会及其终结——秦汉至晚清历史的一种社会学阐释[M].北京:生活·读书·新知三联书店,1998.

[56]侯晶晶,朱小蔓.诺丁斯以关怀为核心的道德教育理论及其启示[J].教育研究,2004(3).

[57]侯晶晶.内尔·诺丁斯关怀教育理论述评与启示[D].南京:南京师范大学,2003.

［58］胡纪泽.中国人的焦虑——一次文化突围的尝试［M］.北京：中国工人出版社，2008.

［59］华国栋.差异教学论［M］.北京：教育科学出版社，2007.

［60］黄武雄.童年与解放［M］.北京：首都师范大学出版社，2009.

［61］［英］霍布斯.利维坦［M］.黎思复，黎廷弼，译.北京：商务印书馆，1985.

［62］蒋纯焦.一个阶层的消失：晚清以降塾师研究［M］.上海：上海书店出版社，2007.

［63］金生鈜.论人的教育需要［J］.中国人民大学教育学刊，2011(2).

［64］［美］卡伦·荷妮.我们时代的病态人格［M］.陈收，译.北京：国际文化出版公司，2007.

［65］［美］凯斯·R.桑斯坦.恐惧的规则——超越预防原则［M］.王爱民，译.北京：北京大学出版社，2011.

［66］［德］康德.判断力批判［M］.邓晓芒，译.北京：人民出版社，2002.

［67］［美］克莱德·克拉克洪，等.文化与个人［M］.高佳，何红，何维凌，译.杭州：浙江人民出版社，1986.

［68］［印度］克里希那穆提.教育就是解放心灵［M］.张春城，唐超权，译.北京：九州出版社，2010.

［69］［印度］克里希那穆提.恐惧的由来［M］.凯锋，译.上海：学林出版社，2007.

［70］［印度］克里希那穆提.人生不可不想的事［M］.叶文可，译.深圳：深圳报业集团出版社，2010.

［71］［印度］克里希那穆提.一生的学习［M］.张南星，译.北京：群言出版社，2004.

［72］［美］克里希那南达，阿曼娜.走出恐惧——穿越"内在小孩"的迷思，消融我们的伤与痛［M］.王静娟，译.桂林：漓江出版社，2011.

［73］孔博鉴，路海东.国内中学生考试焦虑干预效果元分析［J］.上海教育科研，2011(8).

［74］孔维民.情感心理学新论［M］.长春：吉林人民出版社，2002.

［75］［唐］孔颖达.十三经注疏·周易正义［M］.北京：北京大学出版社，1999.

［76］［捷克］夸美纽斯.大教学论·教学法解析［M］.任钟印，译.北京：人民教育出版社，2006.

［77］［捷克］夸美纽斯.夸美纽斯教育论著选［M］.任钟印，译.北京：人民教育出版社，2005.

［78］［挪威］拉斯·史文德森.恐惧的哲学［M］.范晶晶，译.北京：北京大学出版

社,2010.

[79]李飞.为了让恐惧的学生不再恐惧[J].现代教育论丛,2009(11).

[80]李松林.控制与自主:课堂场域中的权力逻辑[M].北京:教育科学出版社,2010.

[81]李晓明.威尔逊道德教育理论对我国学校德育的启示[D].重庆:西南大学,2007.

[82]李政涛.做有生命感的教育者[M].北京:北京师范大学出版社,2010.

[83]林崇德.发展心理学[M].北京:人民教育出版社,1995.

[84]林崇德.心理学大辞典[Z].上海:上海教育出版社,2003.

[85]林逢祺.教育规准论[M].台北:五南图书出版公司,2010.

[86]林海亮.全面理解正面教育原则——略论假丑恶的教育意义[D].上海:华东师范大学,2010.

[87]刘晓东.解放儿童[M].2版.南京:江苏教育出版社,2008.

[88]刘晓东.论儿童教育学的古今中西问题[J].南京师范大学学报(社会科学版),2010(6).

[89]刘晓东.蒙蔽与拯救:评儿童读经[M].南京:江苏教育出版社,2009.

[90]刘玉梅.道德焦虑论[D].长沙:中南大学,2010.

[91][法]卢梭.爱弥儿:论教育(上卷)[M].李平沤,译.北京:商务印书馆,1978.

[92][美]罗洛·梅.焦虑的意义[M].朱侃如,译.桂林:广西师范大学出版社,2010.

[93][英]罗素.罗素论教育[M].杨汉麟,译.北京:人民教育出版社,2009.

[94][英]罗素.罗素论幸福人生[M].桑国宽,等译.北京:世界知识出版社,2007.

[95]罗祖兵,李丽.教学恐惧:涵义、危害与对策[J].全球教育展望,2012(7).

[96][加拿大]马丁·M.安东尼,理查德·P.斯文森.羞涩与社交焦虑[M].王鹏飞,译.桂林:漓江出版社,2011.

[97][加]马克斯·范梅南.教学机智——教育智慧的意蕴[M].李树英,译.北京:教育科学出版社,2001.

[98][意]玛利亚·蒙台梭利.童年的秘密[M].霍力岩,等译.北京:中国人民大学出版社,2008.

[99]莫书亮,孙葵,周成,等.中学生考试焦虑与学习动机和人格特质的关系[J].教育研究与实验,2009(6).

[100][美]纳撒尼尔·布兰登.自尊的六大支柱:实现自我的游戏规则[M].吴齐,译.北京:红旗出版社,1998.

[101][美]内尔·诺丁斯.始于家庭:关怀与社会政策[M].侯晶晶,译.北京:教育科学出版社,2006.

[102][美]内尔·诺丁斯.学会关心——教育的另一种模式[M].于天龙,译.北京:教育科学出版社,2003.

[103][意]尼科洛·马基雅维里.君主论[M].潘汉典,译.北京:商务印书馆,1985.

[104][美]帕克·帕尔默.教学勇气——漫步教师心灵[M].吴国珍,余巍,等译.上海:华东师范大学出版社,2005.

[105]逢宇,佟月华,田录梅.自尊和学习动机与学业成绩的关系[J].济南大学学报(自然科学版),2011(3).

[106][英]齐格蒙特·鲍曼.废弃的生命[M].谷蕾,胡欣,译.南京:江苏人民出版社,2006.

[107]祁鹏娜."封闭式学校"有人赞成有人否[N].石家庄日报,2010-5-28.

[108]全国十二所重点师范大学.教育学基础[M].北京:教育科学出版社,2002.

[109]冉玉霞.学校教育中的惩罚与学生发展——从教师不敢惩罚现象说起[D].上海:华东师范大学,2010.

[110][法]让-保罗·萨特.他人就是地狱:萨特自由选择论集[M].关群德,等译.天津:天津人民出版社,2007.

[111]戎国强.教育的恐惧[J].教学月刊(小学版),2011(11).

[112]单中惠,杨汉麟.西方教育学名著提要[M].南昌:江西人民出版社,2000.

[113]沈烈敏.关于学生自我妨碍等策略及相关研究的综述[J].心理科学,2005(4).

[114]石艳."共同生存"何以可能?——教育场域中信任问题的社会学审视[J].华东师范大学学报(教育科学版),2007(2).

[115]石中英.教育学研究中的概念分析[J].北京师范大学学报(社会科学版),2009(3).

[116]石中英.教育中的民主概念:一种批判性考察[J].北京大学教育评论,2009(4).

[117]司升宝,朱霞.国外幼儿恐惧心理研究简述[J].教育导刊(下半月),2011(3).

[118][英]斯图亚特·沃尔顿.人性:情绪的历史[M].王锦,等译.上海:上海科学普及出版社,2007.

[119]苏普金.高三学生考试焦虑影响因素及其与焦虑抑郁症状的关系[J].中国学校卫生,2011(7).

[120]孙彩平.道德教育的伦理谱系[M].北京:人民出版社,2005.

[121]孙培青.中国教育史[M].3版.上海:华东师范大学出版社,2009.

[122]孙晓冬,汪玲.失败恐惧研究述评[J].心理科学进展,2007(4).

[123]孙云晓.捍卫儿童[M].2版.南京:江苏教育出版社,2009.

[124]唐崇德.教师素质:自在的教师[M].桂林:广西师范大学出版社,2007.

[125]唐代兴.利益伦理[M].北京:北京大学出版社,2002.

[126]汪玲,孙晓冬.失败恐惧的影响因素及其对学业成绩的影响[J].心理学探新,2009,(6).

[127]王洪礼,胡寒青,潘运.大学新生交流恐惧与自我概念的关系[J].心理科学,2006(6).

[128]王佳佳.论学校制度与学生创造力的发展[D].上海:华东师范大学,2010.

[129]王任梅.幼儿园恐吓教育现象的类型分析[J].教育导刊(下半月),2009(1).

[130]王润生.西方功利主义伦理学[M].北京:中国社会科学出版社,1986.

[131]王少非.新课程背景下的教师专业发展[M].上海:华东师范大学出版社,2005.

[132]王天一,夏之莲,朱美玉.外国教育史[M].北京:北京师范大学出版社,1993.

[133][英]薇拉·佩弗.战胜恐惧[M].徐景春,译.北京:军事科学出版社,2006.

[134][意]维尔弗雷多·帕累托.精英的兴衰[M].刘北成,译.上海:上海人民出版社,2003.

[135][意]维柯.新科学(上)[M].朱光潜,译.合肥:安徽教育出版社,2006.

[136][瑞士]维蕾娜·卡斯特.摆脱恐惧和共生的方法——童话的心理学阐释[M].朱刘华,译.北京:国际文化出版公司,2008.

[137][德]沃尔夫冈·布列钦卡.教育科学的基本概念——分析、批判和建议[M].胡劲松,译.上海:华东师范大学出版社,2001.

[138][德]沃尔夫冈·汉克尔·克维特曼.道德沦丧:禁忌消失时我们将失去什么[M].周雨霖,等译.北京:中国画报出版社,2011.

[139][德]乌尔里希·贝克.风险社会[M].何博闻,译.南京:译林出版社,2003.

[140]吴蕊雯.李圣珍与"疯女孩"[EB/OL].(2004-06-29)[2012-08-06].http://www.gmw.cn/content/ 2004-06/29/content_49564.htm.

[141]吴康宁.中国教育改革为什么会这么难[J].华东师范大学学报(教育科学版),2010(4).

[142]吴式颖.外国教育史教程[M].北京:人民教育出版社,1999.

[143][奥]西格蒙德·弗洛伊德.精神分析导论讲演[M].周泉,严泽胜,赵强海,译.北京:国际文化出版公司,2000.

[144][奥]西格蒙德·弗洛伊德.精神分析导论讲演新篇[M].程小平,王希勇,

译.北京:国际文化出版公司,2000.

[145]熊川武,江玲.理解教育论[M].北京:教育科学出版社,2005.

[146]熊川武.教学通论[M].北京:人民教育出版社,2010.

[147]熊川武.教育感情论[J].教育研究,2009(12).

[148]熊川武.实践教育学[M].上海:上海教育出版社,2001.

[149]许国贤.恐惧感与政治[J].人文及社会科学集刊,1989(1).

[150][汉]许慎.说文解字(校订本)[Z].南京:凤凰出版社,2004.

[151][德]雅斯贝尔斯.什么是教育[M].邹进,译.北京:生活·读书·新知三联书店,1991.

[152]闫静.英语专业学生课堂焦虑成因分析[J].西南民族大学学报(人文社会科学版),2010(6).

[153]闫荣双.初中生学校恐惧的特点研究[D].济南:山东师范大学,2004.

[154]严从根.在正当与有效之间——社会转型期的道德教育[D].南京:南京师范大学,2011.

[155]杨秀玉,孙启林.教师的教师:西方的教师教育者研究[J].外国教育研究,2007(10).

[156]姚利民.有效教学研究[D].上海:华东师范大学,2004.

[157][德]伊曼努尔·康德.论教育学[M].赵鹏,何兆武,译.上海:上海人民出版社,2005.

[158][俄]尤里·谢尔巴特赫.恐惧感与恐惧心理[M].刘文华,杨进发,徐永平,译.北京:华文出版社,2008.

[159]于天龙.学会关心:与内尔·诺丁斯对话[J].全球教育展望,2010(11).

[160]袁凤凤.巴西研发新校服内置芯片追踪学生[N].东方教育时报,2012-4-25.

[161][美]约翰·杜威.确定性的寻求——关于知行关系的研究[M].傅统先,译.上海:上海人民出版社,2005.

[162][英]约翰·洛克.教育漫话[M].徐大建,译.上海:上海人民出版社,2005.

[163]张积家,陈俊.大学生成就动机和成功恐惧研究[J].应用心理学,2002(2).

[164]张琨.教育即解放——弗莱雷教育思想研究[M].福州:福建教育出版社,2008.

[165]张相乐.论师生信任关系的建构[J].教育导刊(上半月),2010(3).

[166]郑希付,许锦民,肖星,等.中学生考试焦虑与元担忧[J].心理学报,2006(3).

[167]中国社会科学语言研究所.现代汉语词典[Z].北京:商务印书馆,2005.

[168]钟佑洁,张进辅.大学生评价恐惧在自尊与社交焦虑间的中介效应分析

[J].心理发展与教育,2011(5).

[169]周采.外国教育史[M].上海:华东师范大学出版社,2008.

[170]周华珍,谭伟明.隐性逃学与我国中学压力和支持系统的关系研究[J].中国青年研究,2012(3).

[171]周全,刘向辉.教育中的恐惧文化研究——来自美国的经验[J].外国教育研究,2012(11).

[172]周全,王政.论学生作为教师教育工作者[J].教育导刊(上半月),2012(10).

[173]周全.安·兰德"理性利己"道德观及其德育意蕴[J].基础教育,2012(2).

[174]周全.学校道德教育的功利取向研究[D].南京:南京师范大学,2010.

[175]周意.4岁—6岁学前儿童恐惧源的访谈研究[J].教育导刊(下半月),2011(3).

[176]朱开君.人的发现——论文艺复兴时期的人文思想[J].四川师范学院学报(哲学社会科学版),2002(4).

[177]朱晓鑫.高中生失败恐惧、学习投入与学业成绩的关系研究[D].石家庄:河北师范大学,2010.

[178]Ackoff R L, Greenberg D. Turning Learning Right Side Up: Putting education back on track [M]. Upper Saddle River: Wharton School Publishing,2008.

[179]Adam S. The Theory of Moral Sentiments [M]. Oxford: Oxford University Press,1982.

[180]Arends R I, Kilcher A. Teaching for Student Learning: Becoming an accomplished teacher[M]. New York& London:Routledge,2010.

[181]Atkinson J W. Motivational Determinants of Risk-taking Behavior[J]. Psychological Review,1957,64(1):359-372.

[182]Ava M L. Promoting Critical Thinking and Inquiry Through Maps in Elementary Classrooms[J]. The Social Studies,2011,102(3):132-138.

[183]Bauman Z. Liquid Fear[M]. Cambridge:Policy Press,2006.

[184]Brown T, Winter K, Carr N. Residential Childcare Workers: Relationship based practice in a culture of fear[J]. Child & Family Social Work,2018,23(4):657-665.

[185]Bude H. Society of Fear[M]. Cambridge:Polity Press,2018.

[186]Burgess D. Teach Like a Pirate: Increase student engagement, boost your creativity, and transform your life as an educator[M]. San Diego:Dave

Burgess Consulting, Inc,2012.

[187]Cassidy W. From Zero to a Culture of Care[J]. Education Canada,2005, 45(3):40-42.

[188]Cohen-Vogel L, Goldring E, Smrekar C. The Influence of Local Conditions on Social Service Partnerships, Parent Involvement, and Community Engagement in Neighborhood Schools[J]. American Journal of Education,2010,117(1):51-78.

[189]Conley S, Glasman N S. Fear, the School Organization, and Teacher Evaluation[J]. Educational Policy,2008,22(1):63-85.

[190]Connelly R J. Intentional Learning: The need for explicit informed consent in higher education[J]. The Journal of General Education,2000, 49(3):211-300.

[191]Conroy D. The Unique Psychological Meanings of Multidimensional Fears of Failing[J]. Journal of Sport and Exercise Psychology,2004,26(3):484-491.

[192]Cooper B S,Randall E V. Fear and Privatization[J]. Educational Policy, 2008,22(1):204-227.

[193]Cooper B S,Sureau J. Teacher Unions and the Politics of Fear in Labor Relations[J]. Educational Policy,2008,22(1):86-105.

[194]Cox R D. "It Was Just That I Was Afraid": Promoting success by addressing students' fear of failure[J]. Community College Review,2009, 37(1):52-80.

[195]Cox R D. The College Fear Factor: How students and professors misunderstand on another [M]. Cambridge: Harvard University Press,2009.

[196]Cranton P. Types of Group Learning[J]. New Directions for Adult and Continuing Education,1996,71(Autumn):25-32.

[197]Dacey J S,Fiore L B. Yours Anxious Child: How parents and teachers can relieve anxiety in children [M]. San Francisco: Jossey-Bass Publishers,2000.

[198]Daniels L M, Haynes T L, Stupnisky R H, et al. Individual Differences in Achievement Goals: A longitudinal study of cognitive, emotional, and achievement outcomes[J]. Contemporary Educational Psychology, 2008,

33(4):584-608.

[199]David C E. Fear of Failure: An exemplar for social development research in sport[J]. Quest,2001,53(2):165-183.

[200]Davies L. Education and Conflict: Complexity and chaos[M]. New York: Routledge,2004.

[201]Defur S H. Listening to Student Voices[J]. The Clear House,2010,83(1):15-19.

[202]Duncum P. Attractions to Violence and the Limits of Education[J]. Journal of Aesthetic Education,2006,40(4):21-38.

[203]Earl L M. Assessment as Learning: Using classroom assessment to maximize student learning[M]. Thousand Oaks:CORWIN,2013.

[204]Ellerman D. Autonomy in Education and Development[J]. Journal of International Cooperation in Education,2004,7(1):3-14.

[205]Elliot A J,Thrash T M. The Intergenerational Transmission of Fear of Failure[J]. Personality and Social Psychology Bulletin,2004,30 (8):957-971.

[206]Enders J,Jongbloed B. Public-Private Dynamics in Higher Education: Expectations, developments and outcomes[M]. Bielefeld:Verlag,2007.

[207]English A,Stengel B. Exploring Fear: Rousseau, Dewey, and Freire on fear and learning[J]. Educational Theory,2010,60(5):521-542.

[208]Fischman G E,Mclaren P (Eds). Critical Theories, Radical Pedagogics, and Global Conflicts[M]. Maryland: Rowan & Littlefield Publishers Inc,2005.

[209]Fisher M R. "Culture of Fear" and Education: An annotated bibliography, 1990-2011 (Unpublished Document) [Z]. In Search of Fearlessness Institute:Technical Paper,2011,(28):15.

[210]Fletcher S. Education and Emancipation: Theory and practice in a new constellation[M]. New York & London:Teachers College Press,2000.

[211]Fried-Buchalter S. Fear of Success, Fear of Failure, and the Imposter Phenomenon: A factor analytic approach to convergent and discriminant validity[J]. Journal of Personality Assessment,1992,58(2):368-379.

[212]Furedi F. Fear and Security: A vulnerability-led policy response[J]. Social Policy & Administration,2008,42(6):645-661.

[213]Furedi F. The Only Thing We Have to Fear Is the "Culture of Fear" Itself[EB/OL]. (2007-4-4)[2012-4-28]http://www. Spiked-online. Com/index. php? /site/article/3053/.

[214]Ginsberg R,Lyche L F. The Culture of Fear and the Politics of Education [J]. Educational Policy,2008,22(1):10-27.

[215]Giroux H A,Giroux S S. Challenging Neoliberalism's New World Order: The promise of critical pedagogy [J]. Culture Studies Critical Methodologies,2006,6(1):21-32.

[216]Giroux H A. Mis/Education and Zero Tolerance: Disposable youth and the politic of domestic militarization[J]. Boundary: An International Journal of Literature and Culture,2001,28(3):61-94.

[217]Giroux H A. The Abandoned Generation: Democracy beyond the culture of fear[M]. New York:Palgrave MacMillan,2003.

[218]Giroux H A. Democracy, Freedom, and Justice After September 11th: Rethinking the role of educators and the politic of schooling[J]. Teacher College Record,2002,104(6):1138-1162.

[219]Giroux H A. Zombie Politics and Culture in the Age of Casino Capitalism [M]. New York:Peter Lang Publishing,2011.

[220]Gold J R. Exploring Landscapes of Fear: Marginality, spectacle and surveillance[J]. Capital & Class,2003,27(1):27-50.

[221]Guldberg H. Relcaiming Childhood: Freedom and play in an age of fear [M]. London and New York:Routledge,2009.

[222]Hayes D. Encyclopedia of Primary Education[Z]. Oxon and New York: Routledge,2010.

[223]Intrator S M (ed). Stories of the Courage to Teach: Horning the teacher's heart[M]. San Francisco:Jossey-Bass,2002.

[224]Jackaway R, Teevan R. Fear of Failure and Fear of Success: Two dimensions of the same motive[J]. Sex Roles,1976,2(3):283-293.

[225]Jackson C. Fear in Education[J]. Educational Review,2010,62(1):39-52.

[226]James A. Gives Aid, Not Counselling[EB/OL]. (2002-4-19)[2012-12-25] http://www. timeshighereducation. co. vk/story. asp? story code=168569 & sectionaode=26.

[227]Johnson P B,Malow-Iroff M S. Adolescents and Risk: Making sense of

adolescent psychology[M]. London:Praeger Publishers,2008.

[228]Johnson S,Taylor K (ed). The Neuroscience of Adult Learning: New directions for adult and continuing education[M]. San Francisco:Jossey-Bass,2006.

[229]Jomas H. The Imperative of Responsibility: In Search of an ethics for the technological age[M]. Chicago:The University of Chicago Press,1984.

[230]Jones A. The Monster in the Room: Safety, pleasure and early childhood education[J]. Contemporary Issues in Early Childhood, 2003, 4 (3): 235-250.

[231]Ken Jones. Fear of Emotions[J]. Simulation Gaming,2004,35(4):454-460.

[232]Kuhn J. Fear and Learning in American: Bad date, good teachers and the attack on public education[M]. New York:Teachers College Press,2014.

[233]Kupchik A,Bracy N L. The New Media on School Crime and Violence: Constructing dangerousness and fueling Fear[J]. Youth Violence and Juenile Justice,2009,7(2):136-155.

[234]Levine A,Cureton J S. When Hope and Fear Collide: A portrait of today's college student[M]. San Francisco:Jossey-Bass,1998.

[235]Lewis M,Havild-Jones J M,Barrett L F. Handbook of Emotions[Z]. 3rd ed. New York & London:The Gulford Press,2008.

[236]Li H,Prevatt F. Fears and Related Anxieties in Chinese High School Students[J]. School Psychology International,2008,29(3):89-104.

[237]Li H,Zhang Y. Factors Predicting Rural Chinese Adolescent's Anxieties, Fears and Depression[J]. School Psychology International,2008,29(3): 376-384.

[238]Linke U,Smith D T. Culture of Fear: A critical reader[M]. London& New York:Pluto Press,2010.

[239]Lipman P. The Politics of Education Accountability in a Post-9/11 World [J]. Cultural Studies<=> Critical Methodologies,2006,6(1):52-72.

[240]Lopea S J (Ed). The Encyclopedia of Positive Psychology (Volume I) [Z]. Malden:Blackwell Publishing Ltd,2009.

[241]Lupton D. Risk and Sociocultural Theory: New directions and perspectives[M]. Cambridge:Cambridge University Press,1999.

[242]Martin A. Building Classroom Success: Eliminating academic fear and

failure[M]. London:Continuum International Publishing Group,2010.

[243]Martin J R,Changing the Educational Landscape: Philosophy, women, and curriculum[M]. New York:Routledge,1994.

[244]Mayo K E. Education in a Global Society: Meeting the needs of children in a socially toxic world[J]. World Futures: The Journal of Global Education,2004,60(3):217-223.

[245]McGhee M W,Baray S N. Sacrificing Leaders, Villainizing Leadership: How educational accountability polices impair school leadership[J]. Phi Delta Kappan,2005,86(5).

[246]McGlynn C, Zembylas M. Peace Education in Conflict and Post-conflict Societies: Comparative perspectives[M]. New York:Palgrave Macmillan, 2009.

[247]McGregor H A,Elliot A J. The Shame of Failure: Examining the link between fear of failure and shame[J]. Personality and Social Psychology Bulletin,2005,31(2):218-231.

[248]McLeod B D,Wood J J,Weisz J R. Examining the Association Between Parenting and Childhood Anxiety: A meta-analysis[J]. Clinical Psychology Review,2007,27(2):155-172.

[249]Mercogliano C. In Defense of Childhood: Protecting kids' inner-wildness [M]. Boston:Beacon Press,2008.

[250]Mitra D L. The Significance of Students: Can increasing "student voice" in school lead to gains in youth development?[J]. Teacher College Record,2004,106(4):651-688.

[251]Moore J. Is Higher Education Ready for Transformative Learning?: A question explored in the study of sustainability[J]. Journal of Transformative Education,2005,3(1):76-91.

[252]Morris W. The American Heritage Dictionary of English Language[Z]. Boston:Houghton Mifflin Company,1981.

[253]Murillo E G,Villenas J A. Handbook of Latinos and Education: Theory, research and practice[Z]. New York:Routledge,2010.

[254]Muris P,Mayer H M B,Prins E. How Serious Are Common Childhood Fears? [J]. Behaviour Research and Therapy,2000,38(3):217-228.

[255] Muris P, Merckelbach H, Meesters C, Brand K V D. Cognitive

Development and Worry in Normal Children[J]. Cognitive Therapy and Research,2003,26(6):775-787.

[256]Muris P. Normal and Abnormal Fear and Anxiety in Children and Adolescents[M]. London:Elsevier Inc,2007.

[257]Naftali O. Caged Golden Canaries: Childhood, privacy and subjectivity in contemporacy urban China[J]. Childhood,2010,17(3):297-311.

[258]Ohman A,Mineka S. Fears, Phobias, and Preparedness: Toward an evolved module of fear and fear learning[J]. Psychological Review,2001, 108(3):483-522.

[259]Olsson A,Phelps E A. Social Learning of Fear[J]. Nature Neuroscience, 2007,10(9):1095-1102.

[260]Pain R. Fear: Critical Geopolitics and Everyday Life[M]. Burlington: Ashgate,2008.

[261]Palmer P J. The Courage to Teach: Exporing the inner landscape of a teacher's life[M]. San Francisco:Jossey-Bass,2007.

[262]Pawlik-Kienlen L. What Is Fear of Success? Signs of Self-sabotage[EB/ OL]. (2008-4-3)[2012-7-11]. http://suite101. com/article/how-fear-of-success-works-a49666.

[263]Piper H,Powell J,Smith H. Parents, Professionals, and Paranoia: The touching of children in a culture of fear[J]. Journal of Social Work,2006, 6(2):151-167.

[264]Piper H, Smith H. Touch in Educational and Child Care Setting: Dilemmas and Responses[J]. British Educational Research Journal,2003, 29(6):879-894.

[265]Poynor L,Wolfe P M. Marketing Fear in American's Public Schools[M]. Mahwah:Lawrence Erlbaum Associates, Inc,2005.

[266]Ramsey P. Plato and the Modern American Right: Agendas, assumptions, and the culture of fear[J]. Educational Studies, 2009, 45 (6):572-588.

[267]Reike W M, Hall C. Self-efficacy, Goal Orientation, and Fear of Failure as Predictors of School Engagement in High School Students [J]. Psychology in the Schools,2003,40(4):417-427.

[268]Robin C. Fear: The History of a Political Idea[M]. New York:Oxford

University Press,2004.

[269]Sadker M,Sadlker D. Failing at Fairness: How our schools cheat girls [M]. New York:Simon & Schuster,1994.

[270]Samier E A, Schmidt M. Emotional Dimensions of Educational Administration and Leadership [M]. New York & London: Routledge,2009.

[271]Scherer M. Engaging the Whole Child: Reflection on best practices in learning, teaching and leadership [M]. Alexandria: Association for Supervision and Curriculum Development,2009.

[272]Schweitzer E R,Duer K. Promoting Social Cohesion Through Education: Case studies and tools for using textbooks and curricula[M]. Washington DC:The World Bank Publications,2006.

[273]Seider S. "Bad Things Could Happen": How fear impedes social responsibility in privileged adolescents [J]. Journal of Adolescent Research,2008,23(6):647-666.

[274]Shaw J. Education, Gender and Anxiety[M]. London:Taylor & Francis, 1995.

[275]Shlapentokh V. Fear in Contemporary Society: Its negative and positive effects[M]. New York:Palgrave Macmillan,2006.

[276]Sparks R. Television and the Drama of Crime: Moral tales and the place of crime in public life[M]. Bristol:Open University Press,1992.

[277]Steiner E,Arnove R,McClellan B E. Education and American Culture [M]. New York:Macmillan Publishing Co. , Inc,1980.

[278]Stobart G. Testing Times: The uses and abuses of assessment [M]. London & New York:Routledge,2008.

[279]Strike K A,Egan K. Ethics and Education Policy[M]. London, Henley and Boston:Routledge& Kegan Paul,1978.

[280]Tarcher J P. You Have the Power: Choosing courage in a culture of fear [M]. New York:Penguin Group Inc,2004.

[281]Teevan R C, McGhee P. Childhood Development of Fear of Failure Motivation[J]. Journal of Personality and Social Psychology, 1972, 21 (3):345-348.

[282]Traub G W. A Jesuit Education[M]. Chicago:Loyola Press,2008.

[283]Wagner A E. Unsettling the Academy: Working through the challenges of anti-racist pedagogy[J]. Race Ethnicity and Education,2005,8(3):261-275.

[284] Webber J A. Failure to Hold: The politics of school violence[M]. Maryland:Rowan & Littlefield Publishers Inc,2003.

[285]Webster's Encyclopedic Unabridged Dictionary of English Language (New Revised Edition)[Z]. New York/Avenel:Gramercy Book,1994.

[286]Wikipedia, the Free Encyclopedia. Culture of Fear[EB/OL]. (2012-7-20) [2012-7-29]. http://en. wikipedia. org/wiki/ Culture_of_fear.

[287]Wikipedia, the Free Encyclopedia. Fear[EB/OL]. (2012-5-3)[2012-5-7]. http://en.wikipedia.org/wiki/ Fear.

[288]Wood J J,McLeod B D,Sigman M,Hwang W. Parenting and Childhood Anxiety: Theory, empirical findings, and future directions[J]. Journal of Child Psychology and Psychiatry,2003,44(1):134-151.

[289]Zembylas M. Global Economies of Fear: Affect, politics and pedagogical implications[J]. Critical Studies in Education,2009,50(2):187-199.